论语新注新译

附主要字词人名索引

杜道生　注译

中 华 书 局

图书在版编目（CIP）数据

论语新注新译：附主要字词、人名索引/杜道生注译. —北京：中华书局，2011.6（2023.11 重印）

ISBN 978-7-101-07889-3

Ⅰ.论… Ⅱ.杜… Ⅲ.①儒家②《论语》-译文③《论语》-注释 Ⅳ.B222.2

中国版本图书馆 CIP 数据核字（2011）第 044461 号

书　　　名	论语新注新译　附主要字词、人名索引
注 译 者	杜道生
责任印制	陈丽娜
出版发行	中华书局
	（北京市丰台区太平桥西里 38 号　100073）
	http://www.zhbc.com.cn
	E-mail：zhbc@zhbc.com.cn
印　　　刷	大厂回族自治县彩虹印刷有限公司
版　　　次	2011 年 6 月第 1 版
	2023 年 11 月第 2 次印刷
规　　　格	开本/700×1000 毫米　1/16
	印张 13¾　插页 4　字数 255 千字
印　　　数	6001-7000 册
国际书号	ISBN 978-7-101-07889-3
定　　　价	42.00 元

作者近照

《論語》注譯 附：主要名詞索引 主要人名索引（稿本）

四川師範大學中文系漢語研究所 杜道生續述 紀念開國五十周年

學而篇第一

入道之門，積德之基——朱熹

1·1 子²曰：學³而時習⁴之，不亦說⁵乎！有朋⁶自遠方來，不亦樂乎！人⁷不知，而不慍⁸，不亦君子⁹乎！

【注釋】1.學而篇——"學而"是篇名（以後同）。論語每篇皆以第一章中的兩三字為篇名。 2.子在古代是統治階級中男子的尊稱，論語中子曰的子都是門徒對孔丘的稱呼。 3.學主要是指禮樂《詩》《書》等文化典籍。 4.指演習禮樂復習《詩》《書》。 5.說(yuè月)同悅。 6.朋，志同道合的人。 7.人，在論語中，一般指貴族階級中的人，有時指當時的執政者。 8.慍(yùn運)，惱怒，怨恨。 9.君子在論語中，一般指貴族統治者，有時指其階層中之有品學者，亦指儒家理想之人格。

【譯】孔子說學習禮樂《詩》《書》又經常復習它，不也是令人高興的嗎！有志同道合的人從遠方來不也是令人快樂的嗎！人家不了解我我也不怨恨不也是君子嗎！

1·2 有子¹曰：其為人也孝弟²，而好犯上者，鮮³矣；不好犯上，而好作亂者，未之有也。君子務本，本立而道⁴生。孝弟也者，其為仁⁵之本與⁶！

【注】1.有子(公元前518-？)孔子的忠實門徒姓有名若。 2.孝弟(tì替)，善事父母為孝，善事兄長為弟，弟同悌。 3.鮮(xiǎn顯)少。 4.道，本指通路引伸表達處世為人的原則。 5.為仁，仁者愛之理心之德也，為仁猶曰行仁。 6.與(yú于)同歟語氣詞。

【譯】有子說孝順父母順兄長而喜好觸犯上層（統治者）的人是很少的，不喜好觸犯上層（統治者）而喜好造反的人是沒有的，君子要致力于根本，根本建立了處世為人的原則也就有了，孝悌可是行仁的根本啊！

1·3 子曰：巧言令色¹，鮮²矣仁。

【注】1.令色，裝出和顏悅色的樣子。 2.鮮少。

【譯】孔子說花言巧語裝出和顏悅色的人是很少有仁德的。

1·4 曾子¹曰：吾日三省²吾身，為人謀而不忠³乎？與朋友交而不信⁴乎？傳⁵不習乎？

粗暴放肆使自己的臉色一本正經這樣就接近於誠實守信;說話注意言辭和口氣這樣就可以避免粗野和背理至於祭祀和禮節儀式自有主管這方面事務的官吏在那兒負責。

《集註》程子曰動容貌舉一身而言也周旋中禮暴慢斯遠矣正顏色則不妄斯近信矣出辭氣正由中出斯遠鄙倍。三者正身而不外求故曰邊豆之事則有司存,尹氏曰養於中則見於外曾子蓋以修己為為政之本若乃器用事物之細則有司存焉。《備旨》蓋修己自可以治人也道字與事字相照君子與有司相照貴字與存字相照暴慢鄙倍心所本無故曰遠倍心所本有故曰道。

8·5 曾子曰:以能問於不能,以多問於寡;有若無,實若虛;犯而不校。昔者吾友嘗從事於斯矣。

【注】1校(jiào)較,計較。2吾友戴的朋友,有人認為是指顏回。

【譯】曾子說有才能卻向沒有才能的人請教,知識多卻向知識少的人請教;有本事卻象沒有本事一樣,知識學問很充實卻象很空虛一樣;被人侵犯也不計較。從前我的朋友就曾經這樣做過了。 《集註》謝氏曰不知有餘在己不足在人;不必得為在己失為在人非幾於無非盈者不能也。《備旨》曾子把自己比照顏子覺其造詣之妙有羨服企想意。胡氏曰聖賢之心能容天下之理而不見己之有餘,能容天下之人而不見人之不足。

8·6 曾子曰:可以託六尺之孤,可以寄百里之命,臨大節而不可奪也。君子人與?君子人也。

【注】1託付託。2六尺之孤死去父親的小孩子叫孤,六尺之孤指未成年而接位的年幼君主古代尺短,六尺形容个子沒長高。3寄百里之命寄寄托,百里指一個諸侯國,百里之命指國家政權或國家命運。4不可奪不可奪其志,不能使之動搖屈服。5與同歟語氣詞。

【譯】曾子說可以把幼小的君主託付給他,可以把國家的命運委托給他,面臨生死的考驗而不動搖屈服,這種人是君子嗎?是君子啊。

《集註》與平聲其才可以輔幼君攝國政其節至於死生之際而不可奪可謂君子矣。與疑辭也末解設為問答所以深著其大然也程子曰節操如是可謂君子矣。 道生記,朱子曰上兩句易,下一句難託孤寄命是有識有為,臨大節不可奪乃云有守。 按注譯口兒就字面解語傳述古語而不傳述古訓以培育後學。《集註》譯其才,難譯,標著品德,朱子揭有識有為有守指示標行良知良能終在人心教育學生不能徒此儀而鋒之此心 度安

目　录

前　言（周及徐）　…………………………………………………… 1

学而篇第一　…………………………………………………………… 1
为政篇第二　…………………………………………………………… 6
八佾篇第三　………………………………………………………… 14
里仁篇第四　………………………………………………………… 24
公冶长篇第五　……………………………………………………… 32
雍也篇第六　………………………………………………………… 42
述而篇第七　………………………………………………………… 54
泰伯篇第八　………………………………………………………… 66
子罕篇第九　………………………………………………………… 73
乡党篇第十　………………………………………………………… 83
先进篇第十一　……………………………………………………… 92
颜渊篇第十二　…………………………………………………… 102
子路篇第十三　…………………………………………………… 111
宪问篇第十四　…………………………………………………… 122
卫灵公篇第十五　………………………………………………… 138
季氏篇第十六　…………………………………………………… 151
阳货篇第十七　…………………………………………………… 158
微子篇第十八　…………………………………………………… 170
子张篇第十九　…………………………………………………… 176
尧曰篇第二十　…………………………………………………… 186

附录一　《论语》主要字词索引　………………………………… 190
附录二　《论语》主要人名索引　………………………………… 202

《论语》参考资料一　……………………………………………… 207
《论语》参考资料二　……………………………………………… 210

前　言

杜先生道生,字高厚,四川乐山人。1912 年 10 月生。父亲为乐山商人。杜家重教育,子女以读书为要。有兄弟六人,杜先生排行第六。杜先生少年时在乐山读私塾,后就读于省立乐山县中。毕业后又到成都四川省高级师范学校附属中学就读。

1934—1937 年之间,杜先生先后考入四川大学、辅仁大学、北京大学就读,曾先后受教于陆宗达、胡适、钱穆、朱光潜、唐兰、沈兼士等名师。先生不轻言自己的往事。然而一次在家谈起这段经历,先生缓缓地说:"我走上这条道路,至今五十多年了。当年在北大,与同学一起参加'一二·九'运动,上街游行,被军队的水龙冲散,棉衣湿透,时值寒冬,结了冰,藏在路边的一个门洞里,冷得打颤。回去以后,发烧生病在床。沈兼士先生派同学来问候。病愈后去见沈先生,沈先生对我说:'道生啊,中国的传统文化几千年了,需要人来继承。你来跟我学习吧。'我从此走上了这条路。五十多年了,我一直记着先生的话,走选定的路。今天想来,我一点不后悔。"

1937 年 7 月,抗日战争爆发,杜先生从北大毕业,随流亡学生向南方撤离。杜先生回到四川,在成都、乐山等地的私立和公立中学教书。1950 年任乐山省立中学校长。1956 年,四川师范学院(今四川师范大学前身)由南充迁成都东郊狮子山,杜先生应邀入中文系任教,直至 1987 年退休。

杜先生毕生从事汉语言文字教学,孜孜不倦,乐此不疲。熟读经典,能背诵《说文解字》,于段氏《说文解字注》尤熟,学生称之为"活字典"。一次到先生家请益,问到《说文解字》中的一个字,先生当即说这个字在第几卷、属于何部的第几个字,并要我从架上抽取大徐本《说文》翻看,他在一旁诵说该字的说解,我和书中的内容相对,毫发不爽。先生的书房里放着好多本《说文》,在屋里的任何一个坐位,都可以随手取到。先生八十高龄时仍在指导学生。现在家休养,仍每日手不释卷。先生讲学、著述皆谨慎细心,字字有据,不妄作,引据前人而自有心得。先生有所著述,则以蝇头小楷誊写整洁,自费油印,分赠友人和学生。著述至今多未公开发表,计有(不完全统计):《论语新注新译》《说文段注义例辑略》《汉文字学常识》《三字经译述》《千字文简注》,《四川扬琴唱本》(整理),以及许多零篇散章。其《说文段注义例辑略》一稿,曾在 1979 年编纂《汉语大字典》期间,油印供《汉语大字典》编写组内部使用。

杜先生生活俭朴。住在四川师范大学校园中两间旧室,二十多年如一日,怡然自乐。学校分配新房给他,他多次拒绝,不肯迁出。直到 2008 年春,趁他生病住院,才"强行"给他搬了家。杜先生慷慨助人,经常以自己节俭下来的薪水帮助生活困难的人。而先生自己节衣缩食,在公共食堂打饭,着粗布工作服,抽自己卷的"叶子烟"(烟叶)。新入学的同学不知,以为这是学校的一个老工友。"文革"中,老师们从农场返校,造反派命令接受思想改造的老师们两人合住一室,安排杜先生和徐仁甫先生共住。房间小,只能摆下杜先生的一只木床,于是两位老人共眠一榻,是年杜先生六十多岁,徐先生已年逾七十。如此境况,杜先生处之泰然。四川师大老中文系主任张振德先生曾讲过一段往事:解放时,杜先生的表妹夫、一位国民党军官以反革命罪入狱,一家数口孤苦无依。杜先生与这位表妹结为夫妻,尽管长期分居两地,一在陕西蒲城,一在成都。杜先生始终每月按时寄去生活费,供养一家的生活及子女读书。上世纪 80 年代,宽大释放全部在押的原国民党县团级以下军政特人员,那位国民党军官出狱,杜先生选择了退出,让原来的一家人重聚。杜先生仍旧是孑然一身,独自生活,以读书、教书为乐。

杜先生在学问上从来认真、严谨。在"文革"中,杜先生和许多大学教师一样,被视为没有改造好的旧知识分子,下放劳动。一切的教学和学术研究活动都被迫停止了,连个人读书也受到严格的限制。杜先生一生与书相伴,如何面对?杜先生不愿去读那些时下风行的以势压人的大批判文章,便在衣兜里揣一本《新华字典》,劳动间歇时和晚上,便一人偷空默读。《新华字典》体积小,很像当时人手一册的《毛主席语录》,不易被发现。就是造反派发现了,见是《新华字典》,也难归入"封资修黑货",奈何他不得。杜先生一面读,还一面用小纸片悄悄地记写。"文革"结束后,杜先生把自己读《新华字典》的积累,写成一篇长信,指出《新华字典》中三百余处应该修订或补充的地方,寄给主持《新华字典》编撰的魏建功先生。魏老回信热情肯定了杜先生的意见,并允诺在下一次《新华字典》印刷时参考杜先生的意见进行修订。在那样艰难的条件下,无其他凭借,潜心研读《新华字典》,能发现其中的错误和不足,相关的资料和权衡的尺度都已尽在胸中。

杜先生信仰中华文化的伟大,做学问,教学生,终生不已,不为世事所改,不因时俗所动。杜先生历经坎坷,中年丧妻,老年丧子,而终能战胜悲伤,豁达宽厚,恬淡安然。对于古代先贤,先生最推崇孔子,常引《论语》:"不怨天,不尤人,下学而上达。知我者其天乎!"《中庸》:"正己而不求于人,则无怨。上不怨天,下不尤人。其遇虽穷,其心自乐,人世名利,视之淡然。"孔子赞颜渊云:"一箪食,一瓢饮,在陋巷,人不堪其忧,回也不改其乐。贤哉,回也!"每读这一章,我就想到杜先生。杜先生是《论语》精神的躬行者。

杜先生喜饮酒,好诗词,善书法,解音律。识工尺谱,能民乐演奏。每逢宴饮聚会，先生常有诗作，工楷书出，以示友人。兹录数首：

《参加川师大文学院报告会》（1997年）：

改革风和草木苏，八方建设展雄图。善交克复连城璧，良政招还合浦珠①。

三色米旗归列岛，五星花蕊拥通衢。坚强凝聚凭文化②，一国能容两制殊。

《汉语大字典》首印式嘉会即席三首，其一（1986年）③：

中华历史五千年，一脉相承文字传。篆籀甲金繁简隶，包罗都在此新编。

《四川省语言学会泸州年会》（1994年）：

炎黄世宇大中华，汉字文明建国家。病树前头春万木，灵根不昧自萌芽。

杜先生曾对学生说，今人多爱创立新说，动辄洋洋著书，然而行之不久。多少道理古人已讲在前头，明白清楚，只是今人不读古人书，不知道而已。故著书不如抄书，用前人的话来表达自己的意思，述古言心，岂不两全？杜先生嗜读《论语》，熟谙全书，逐章成诵。先生《论语新注新译》一书的著述，始于1987年，至2003年春节后油印成书赠送友人和学生，前后共历十七个寒暑。全书二十余万字，逐章注译讲解《论语》，分正文、注、译、前贤述评、著者述评五项，又附录字词索引、人名索引和参考资料等项，以毛笔小楷抄录，字迹工整，读者赞叹其精审、严谨。

杜先生一生从事古代汉语教学和研究，有深厚的古代文献功底，在《论语》的注释和翻译中，斟酌古注，参以杨伯峻注，字句推敲准确严密。在古人对《论语》的述评部分，杜先生主要引用三种书：一、朱熹《四书章句集注·论语集注》。二、《四书补注附考备旨》，明代粤东人邓林（号退庵）著，此书逐章讲解《论语》字句章旨，与朱熹《论语集注》相辅翼。清乾隆江宁人杜定基（字起元）作了大量的订正和增补，乾隆己亥年（1779）成书。杜先生书中引《备旨补》当为杜定基为《四书补注附考备旨》作的增订，杜定基的序中说"又间载名家讲义之不刊

---

①指港澳回归。

②杜先生认为，文明教化与武力征服相对，相信中华的文化最终能"化"掉霸强的武力，能"化"世界走向大同。

③杜先生为《汉语大字典》编委，参与该书编写，前后十余年。

者,以补所未备"。三、《四书味根录》,清人金澄(字秋潭)辑录明清学者关于四书的著述而成,道光丁酉年(1837)成书。

　　杜先生《论语新注新译》汇集了前人对《论语》的解说,但并不盲从,而是择善而从。书中有不少地方是杜先生独到的见解。如《子罕篇》"子罕言利,与命与仁"(9·1)。朱熹《集注》引程子曰:"计利则害义,命之理微,仁之道大,皆夫子所罕言也。"杨伯峻《论语译注》从朱说,译为:"孔子很少(主动)谈到功利、命运和仁德。"而杜先生译为:"孔子很少谈到利益,却赞成天命和仁德。"并引程子之语,既坚持了自己的理解,又让读者了解不同意见。又如《季氏篇》"季氏将伐颛臾"(16·1)章,旧本作"丘也闻有国有家者,不患寡而患不均,不患贫而患不安"。前人指出句中的"寡、贫"二字可能互倒了,杜先生在正文中改为"丘也闻有国有家者,不患贫而患不均,不患寡而患不安"。并说明音理上的校订依据:这是押句中韵的古谚语,"贫、均"押韵(文部),"寡、安"押韵(歌寒对转)。以古音系统来看,这是有道理的。特别是前人指出这一章原属《齐论》,古齐语中有鼻音尾弱化或丢失的特征,例如郑玄的"壹戎衣"就是"壹戎殷"的训解①,"安、颁(寡的声符)"失去鼻音尾即与"寡"同韵了。杜先生早年从沈兼士先生学习《说文解字》和音韵学,故有此高见。又如《先进篇》"子路曾晳冉有公西华侍坐"章(11·26),对"莫春者春服既成"一段的理解,自来讲法不一,莫衷一是。为何孔子"独与(赞同)曾点之志"?有的说"善其独知时而不求为政也",有的说"(与点)志在澡身浴德,咏怀乐道",有的说"与点能知夫子之志,言乐而得其所,使万物莫不遂其性",等等。当代的解说者,则多解为"孔子当时知道他的政治主张已经实行不了,所以这样说"②,言其有消极退处之意。杜先生则提出了完全不同的解读。他认为曾晳"形象地描绘了授业讲学"的情形,与孔子兴办教育之志同,故孔子喟然长叹而赞许曾点(参见本书11·26相关部分)。复味原文,我认为杜先生之解深得本意。

　　杜先生在解说中常常谈到自己对儒家文化的理解。例如在《阳货篇》"宰我问丧"章(17·21)的评论中,杜先生概括了儒家思想中孝弟与仁义的关系,列举《论语》《孟子》的四个章节为要点,介绍了自己讲述传统儒学的纲要,归结为六点:①孝弟立根本;②仁义为成德;③《诗》《书》、礼、乐为教材;④学不厌而教不倦;⑤自觉自律为教法;⑥成己成物为志愿。

　　本书最主要的内容是通过对《论语》的注解,对儒家思想进行解读,引导读

---

①《礼记·中庸》:"壹戎衣而有天下。"郑玄注:"衣读如殷,声之误也,齐人言殷声如衣。"
②王力主编《古代汉语》(校订重排本)第一册190页,注[35],中华书局1999。

者学习《论语》，在讲述中充满了对孔子及其学说的崇敬之心。杜先生曾说：

> 我国读书人在"五四"运动以前，未有不读《论语》者，这章书(6·11)对学子影响深远广泛。"五四"运动之时，余年七岁，就读模范国民学校之丙班，排在游行队伍之末尾。当年秋，家父即着令改读私塾，一共读了六年，方改读官立小学、中学，直到大学毕业。从事教学五十二年。这章书使我受用不尽。

杜先生年近百岁，不能尽述几十年前生活、著述之详细。以上叙述，是笔者根据相关资料以及记忆整理。先生的思想和学问，我才朽学浅，仅能述其一二。文中的疏漏和错误，责在笔者。

杜先生此书写成后，曾多年不得出版。我在出差及会议期间，多次幸晤中华书局有关领导，他们为本书的出版提供了宝贵的协助和支持，使此书正式付梓发行，流播于世。在此谨代表杜先生深表谢忱。

四川师范大学文学院和科学研究处为本书的出版提供了协助和支持，在此表示感谢。

四川师范大学文学院 2009 级 4 班何畅、陈敏、王勇、王玲、曾令思和曾亚同学协助本书的录入和校对，在此表示感谢。

周及徐　谨述

2011 年 3 月于成都

学而①篇第一

1·1 子②曰："学而时习③之,不亦说④乎? 有朋⑤自远方来,不亦乐乎? 人⑥不知,而不愠⑦,不亦君子⑧乎?"

【注】①"学而"是篇名(以后同)。《论语》各篇皆以第一章中的两三字为篇名。②子,古代对男子的尊称。《论语》中"子曰"的"子"都是门徒对孔丘的称呼。③习,指演习礼乐,复习《诗》《书》。④说(yuè 月),同"悦"。⑤朋,志同道合的人。⑥人,在《论语》中,一般指贵族阶级中的人,有时指当时的执政者。⑦愠(yùn 运),恼怒,怨恨。⑧君子,在《论语》中,一般指贵族统治者,有时指其阶层中之有品学者,亦指儒家理想之人格。

【译】孔子说:"学了礼、乐、《诗》《书》,又经常复习它,不也是令人高兴的吗? 有志同道合的人从远方来,不也是令人快乐的吗? 人家不了解我,我也不怨恨,不也是君子吗?"

1·2 有子①曰："其为人也孝弟②,而好犯上者,鲜③矣;不好犯上,而好作乱者,未之有也。君子务本,本立而道④生。孝弟也者,其为仁⑤之本与⑥!"

【注】①有子(前518—?),孔子的忠实门徒,姓有,名若。②孝弟(tì 替),善事父母为孝,善事兄长为弟。弟,同"悌"。③鲜(xiǎn 显),少。④道,本指道路,引申表达处事为人的原则。⑤为仁,犹曰行仁。仁者爱之理,心之德也。⑥与(yú 于),同"欤",语气词。

【译】有子说:"孝顺父母,顺从兄长,而喜好触犯上层(统治者)的人是很少的;不喜好触犯上层而喜好造反的人是没有的。君子要致力于根本,根本建立了,处事为人的原则也就有了。孝悌可是行仁的根本啊!"

1·3 子曰："巧言令色①,鲜②矣仁!"

【注】①令色,装出和颜悦色的样子。②鲜,少。

【译】孔子说:"花言巧语、装出和颜悦色的人,是很少有仁德的!"

1·4 曾子①曰："吾日三省②吾身:为人谋而不忠③乎? 与朋友交而不信④乎? 传⑤不习乎?"

【注】①曾子(前505—前435),孔子弟子,名参(shēn 身),字子舆。②三省,再三反省。省(xǐng 醒),反省。③忠,尽之谓忠,指尽心竭力。④信,以实之谓信,指信守礼仪。⑤传(chuán 船),指受之于师者。

【译】曾子说:"我每天再三反省自己:为上层统治者出主意做事情,有没有不忠的地方呢？与朋友交往,有没有不讲信用的地方呢？老师所传授的东西,是否复习了呢?"

1·5 子曰:"道①千乘②之国,敬事而信,节用而爱人,使民③以时。"

【注】①道,同"导",此谓治理。②乘(shèng胜),辆。这里指古代军队的基层单位,每乘拥有四匹马拉的兵车一辆,车上甲士三人,车下步卒七十二人,后勤人员二十五人,共一百人。③民,在《论语》中,一般指劳动人民,主要指奴隶。

【译】孔子说:"治理拥有一千辆兵车的诸侯国家,要严肃认真(按周礼)办理国家大事而又守信用,节约财政开支而又爱护同僚和部下,役使老百姓但不要误农时。"

1·6 子曰:"弟子①入则孝,出则弟,谨而信,泛②爱众③,而亲仁④。行⑤有余力,则以学文⑥。"

【注】①弟(旧读上声)子,古代家学相传(按:在孔丘、老聃后所谓王官失守,学术在人),传业者非父即兄,受业者非子即弟。父兄先生,弟子后生,先生弟子之名,至今沿用,则教者曰先生,学者曰弟子。弟子即就学儿童,贵族阶层为主。"则弟"之"弟"即"悌",与"孝"对文。②泛,广泛。③众,众人。④亲仁,亲近有仁德者。⑤行,实践,做到。⑥文,《诗》《书》、礼、乐等文化知识。

【译】孔子说:"一个人在做子弟时,居家能孝敬父母,出外能顺从长上,谨慎而有信用,广泛友爱众人,而亲近其中有仁德的人。这样实行了还有余力,就用来学习(《诗》《书》、礼、乐等)文化知识。"

【道生记】朱熹《论语集注》(下简称《集注》)程子曰,为弟子之职,力有余则学文。不修其职而先文,非为己之学也。尹氏曰,德行本也,文艺末也,穷其本末,知所先后,可以入德矣。洪氏曰,未有余力而学文,则文灭其质,有余力而不学文,则质胜而野。愚谓力行而不学文,则无以考圣贤之成法,识事理之当然,而所行或出于私意,非但失之于野而已。

1·7 子夏①曰:"贤贤②易③色;事父母,能竭其力;事君,能致④其身;与朋友交,言而有信。虽曰未学,吾必谓之学矣。"

【注】①子夏(前507—?),孔子弟子,姓卜,名商,字子夏。②第一个"贤"是动词,尊重的意思。第二个"贤"是名词,指贤人。③易,轻视的意思。④致,献出。

【译】子夏说:"尊重贤人而不以女色为重;事奉父母能够尽力;事奉君主能豁出自己的生命;同朋友交往,说话能守信用。这样的人即使没有学过(礼、乐、《诗》《书》),我也一定要说他是学习过了的。"

【道生记】《集注》游氏曰,三代之学皆所以明人伦也,能是四者,则于人伦厚矣。学之为道,何以如此。子夏以文学名,而其言如此,则古人之所谓学者可知矣。故《学而》一篇,大抵皆在于务本。吴氏曰,子夏之言,其意善矣,然辞气之间,抑扬太过,其流之弊,将或至于废学,必若上章夫子之言,然后为无弊也。

1·8 子曰:"君子不重①,则不威;学则不固②;主忠信③;无④友不如己者;过⑤则勿惮⑥改。"

【注】①重,庄重。②固,闭塞不通。③主忠信,以忠信为百姓所主。④无,同"毋",禁止之词。⑤过,指非礼之言论行动。⑥惮,害怕。

【译】孔子说:"君子不庄重,就没有威严;学习了就不闭塞;用忠信制约行为;不要同不如自己的人交朋友;有失礼的过错,就不要害怕改正。"

【道生记】《集注》游氏曰,君子之道,以威重为质,而学以成之。学之道,必以忠信为主,而以胜己者辅之。然或吝于改过,则终无以入德,而贤者亦未必乐告以善道,故以过勿惮改终焉。

1·9 曾子曰:"慎终①,追远②,民德归厚③矣。"

【注】①终,人死为终,此指父母之丧。②远,指祖先。③厚,厚道。

【译】曾子说:"世人要慎重地办理父母的丧事,虔诚地祭祀先祖,做到这些孝敬之事,则自己的德行惇厚,民众德行将会归向厚道了。"

【道生记】旧注以为"君能行此二者,民化其德,皆归于厚也"。

1·10 子禽①问于子贡②曰:"夫子③至于是邦④也,必闻其政,求之与,抑⑤与之与?"子贡曰:"夫子温、良、恭、俭、让⑥以得之。夫子之求之也,其诸⑦异乎人之求之与?"

【注】①子禽(qín 琴),姓陈,名亢(kàng 抗),字子禽。②子贡(前520—?),孔子门徒,姓端木,名赐,字子贡。③夫子,古代一种敬称,凡是做过大夫的人都可以称夫子。孔子门徒称孔子为夫子。④邦,指诸侯国家。⑤抑(yì 意),表示选择的连词,还是。⑥温、良、恭、俭、让,温顺、善良、恭敬、俭朴、谦让。⑦其诸,或者、大概的意思。

【译】子禽问子贡道:"老师到了一个国家,一定参与该国的政事,(这种待遇)是他自己求得的呢,还是国君主动给他的呢?"子贡说:"老师温、良、恭、俭、让,所以才得到这种待遇。(这种待遇也可以说是求得的,但)他求得的方法,大概与别人的方法不一样吧?"

1·11 子曰:"父在,观其①志;父没,观其行;三年②无改于父之道,可谓孝矣。"

【注】①其,他的。②三年,按礼,父亲死后,儿子要守孝三年。

【译】孔子说:"(有一个人)当他父亲在世的时候,要看他的志向;在他父亲死后,要看他的行为;三年不改变他父亲定的那一套规矩,这样的人可以说是孝了。"

1·12 有子曰:"礼①之用,和②为贵。先王③之道,斯④为美。小大由之,有所不行,知和而和,不以礼节⑤之,亦不可行也。"

【注】①礼,"天理之节文,人事之仪则也"(《集注》)。②和,调和,和谐。③先王,指周文王等古代帝王。④斯,此,这个。⑤节,节制,约束。

【译】有子说:"礼的应用,以和谐为贵。古代君主的治国方法,好就好在这里。但小事大事只顾按和谐去做,有的地方就行不通,(这是因为)为和谐而和谐,不以礼来节制和谐,也是行不通的。"

1·13 有子曰:"信近①于义②,言可复③也。恭近于礼,远④耻辱也。因⑤不失其亲,亦可宗⑥也。"

【注】①近,接近,符合的意思。②义,事之宜。③复,实行。④远,远离,避免。近、远,旧读去声。⑤因,依靠。⑥宗,尊崇,这里是依靠的意思。

【译】有子说:"讲信用要符合于义,(符合于义的)话才能实行。恭敬要符合于礼,这样才能避免别人的羞辱。所依靠的是自己亲族里的人,才是靠得住的。"

1·14 子曰:"君子食无求饱,居无求安;敏于事而慎于言;就①有道②而正焉,可谓好学也已。"

【注】①就,靠近,亲自往见。②有道,有道德者,喻贤师良友。

【译】孔子说:"君子不追求吃喝,不追求安逸;做事勤快,说话谨慎;向有道德的人靠近看齐以改正自己的错误,这样,就可以说是好学的了。"

1·15 子贡曰:"贫而无谄①,富而无骄,何如?"子曰:"可也;未若贫而乐,富而好礼者也。"

子贡曰:"《诗》云:'如切如磋,如琢如磨。②'其斯之谓与?"子曰:"赐也,始可与言《诗》已矣,告诸往而知来者。"

【注】①谄(chǎn产),巴结,奉承。②《诗》,指《诗经》,是我国春秋时代的一部诗歌总集,共三百零五篇,其中包括国风、雅(分小雅、大雅)、颂三部分。"如切如磋,如琢如磨"两句,见《诗经·卫风·淇奥》篇。切,把骨头做成各种形状。磋,把象牙做成各种形状。琢,雕

刻玉石。磨,磨光。在原诗中,这两句话是形容一个青年男子修饰得像切磋琢磨过的象牙玉石那样美丽有文采。子贡引这两句诗说明对学业要反复切磋琢磨,才能收到修养身心的效果。

【译】子贡说:"贫穷而不去巴结人,富裕而不骄傲,这种人怎么样呢?"孔子说:"可以;但是不如贫穷而仍然快乐,富裕而又好礼的人。"

子贡说:"《诗》上说:'要像对待骨、角、象牙、玉石一样,切磋它,琢磨它。'就是讲的这个意思吧?"孔子说:"赐呀,我现在可以同你谈论《诗》了,因为告诉你这一点,你就可以知道另一点。"

【道生记】前贤曰(采自《四书味根录》):"无谄,不为贫所困,未必不为贫所苦,则乐难。无骄,不因富而奢,未始不因富而怠,则好礼难。乐无往而不存,虽富亦乐,而于贫为切。礼不可斯须去身,虽贫亦好礼,而于富为切。""者也者字,指人言,见得无谄骄外,更有高出一等人,言外便有无穷意思,所以能启子贡之悟。"

1·16　子曰:"不患①人之不己知,患不知人也。"

【注】①患,忧虑,怕。

【译】孔子说:"不怕人家不了解自己,就怕自己不了解人家。"

【道生记】《集注》尹氏曰,君子求在我者,故不患人之不己知。不知人,则是非邪正或不能辨,故以为患也。

按:"不己知"即"不知己",否定句代词宾语提前之古汉语句法。

前贤曰:"天下有君子焉,其心则是,而违俗遭尤,迹或涉于非;其心则正,而疾恶生谤,迹或涉于邪。故君子难知也。天下有小人焉,其心则非,而辩言惑众,迹或疑于是;其心则邪,而伪行欺世,迹或疑于正。故小人难知也。""是非指行事言,邪正指心术言,俱兼人品学术在内。"

为政篇第二

2·1 子曰:"为政以德①,譬如北辰②,居其所而众星共③之。"

【注】①政之为言正也,所以正人之不正也。德之为言得也,得于心而不失也。以,用。②北辰,北极星,即小熊座α星。③共,同"拱",环绕的意思。此以众星绕极比天下人归向德政。

【译】孔子说:"(国君)用道德教化来实行统治,就会像北极星一样,居于一定的方位,众星都环绕在它周围。"

【道生记】明邓林《四书补注备旨》(下简称《备旨》)范氏曰,为政以德,则不动而化,不言而信,无为而成。所守者至简,而能御烦;所处者至静,而能制动;所务者至寡,而能服众。

2·2 子曰:"《诗》三百,一言以蔽①之,曰:'思无邪。②'"

【注】①蔽,概括。②思无邪,《诗经·鲁颂·駉(jiōng)》篇之一句,原谓鲁僖公养马盛况。思,本作语助词用,没有意义。无邪,谓养马之士心不分散,专心养马,因此马很兴旺。孔子将"思无邪"解释为思想不邪恶,即《诗经》能使人得其性情之正。程子曰,思无邪者,诚也。

【译】孔子说:"《诗》三百篇,可以用一句话概括它的(全部内容),就是'思想不邪恶'。"

【道生记】《备旨》范氏曰,学者必务知要,知要则能守约,守约则足以尽博矣,经礼三百,曲礼三千,亦可以一言以蔽之,曰:"无不敬。"朱子曰,思无邪,只是要正人心。

2·3 子曰:"道①之以政,齐②之以刑,民免③而无耻④;道之以德,齐之以礼,有耻且格⑤。"

【注】①道,同"导",即治理。②齐,整齐,约束。③免,避免,此指避免犯罪。④无耻,不知羞耻,没有羞耻之心。⑤格,方正的意思。这里引申为守规矩,服从统治。

【译】孔子说:"用行政命令来治理老百姓,用刑法来约束他们,老百姓虽暂时避免犯罪,但还不知道犯罪是可耻的;用德来治理老百姓,用礼来约束他们,老百姓就会有廉耻之心,而且也就守规矩了。"

【道生记】前贤曰:"苟免刑罚而无愧耻,无他,但能整饬其身,不能激发其心也。"

2·4 子曰:"吾十有①五而志于学,三十而立②,四十而不惑,五十而知天命③,六十而耳顺④,七十而从心所欲,不逾矩⑤。"

【注】①有,同"又"。②立,指"立于礼",即能实行周礼,站得住脚。③天命,天的意志和命令。④而耳顺,即"而已顺",也就是顺天命。耳,同"尔","而已"的合音。而字可能是因为笔误而多出来的。⑤逾(yú 鱼),越出。矩,规矩。这里指周礼的规范。

【译】孔子说:"我十五岁立志学习(周礼),三十岁能按周礼办事,四十岁能不(受违反周礼言行的)迷惑,五十岁懂得了天命,六十岁能顺从天命,七十岁心里怎样想,就怎样做,都不会越出(周礼的)规范。"

【道生记】而耳顺,《集注》,声入心通,无所违逆,知之至,不思而得也。

《集注补》:"朱子谓志学亦是要行,而以知为重。立是本于知,而以行为重。志学,言知之始,不惑,知命,进于耳顺,言知之至。立,言行之始,从心不逾矩,言行之至。然细看来,知行并进,知中未尝无行,行中未尝无知也。"

前贤曰:"心之存即天之存,矩之体所以立;欲之动即天之动,矩之用所以行。不言体而言用者,用可见而体不可见也。"

2·5 孟懿子①问孝。子曰:"无违。"

樊迟②御③,子告之曰:"孟孙④问孝于我,我对曰:无违。"樊迟曰:"何谓也?"子曰:"生,事之以礼;死,葬之以礼,祭之以礼。"

【注】①孟懿子,鲁之大夫,姓孟孙,名何忌。为鲁国执政三家(孟孙氏、叔孙氏、季孙氏)之一。②樊迟(前515—?),孔子学生,姓樊,名须,字子迟。③御,赶车。④孟孙,指孟懿子。

【译】孟懿子问什么是孝。孔子说:"(孝就是)不要违背(周礼)。"

后来,樊迟给孔子赶马车,孔子告诉他说:"孟孙氏向我问孝,我回答他说:(孝就是)不要违背(周礼)。"樊迟问:"不要违背(周礼)是什么意思呢?"孔子说:"(父母)活着的时候,按周礼事奉他们;(父母)死了,按周礼埋葬他们,按周礼祭祀他们。"

2·6 孟武伯①问孝。子曰:"父母,唯其疾②之忧。"

【注】①孟武伯,姓孟孙,名彘(zhì 智),孟懿子的儿子。②其,代词。这里指父母。疾,病。"其疾"乃"忧"的宾语提前,用"之"复指,用"唯"领句,以加强语气。这里孔子影射孟懿子违反周礼的行为。

【译】孟武伯问什么是孝。孔子说:"对父母要特别为他们的疾病担忧。"

【道生记】《集注》言父母爱子之心无所不至,惟恐其有疾病,常以为忧也。

2·7 子游①问孝。子曰："今之孝者,是谓能养。至于犬马,皆能有养。不敬,何以别乎?"

【注】①子游(前506—?),孔子门徒,姓言,名偃,字子游。

【译】子游问什么是孝。孔子说:"现在所谓的孝子,都说能够养活父母就行了。然而狗马都能得到饲养。如果不按礼去孝敬父母,那和饲养狗马有什么区别呢?"

2·8 子夏问孝。子曰："色①难。有事,弟子服其劳;有酒食,先生②馔③,曾④是⑤以为孝乎?"

【注】①色,指好看的脸色。②先生,长辈。这里指父母。③馔(zhuàn 转),吃喝。④曾(zēng 增),副词,竟然。⑤是,此,这个。

【译】子夏问什么是孝。孔子说:"(当儿子的要做到孝)最难的是对父母和颜悦色。仅仅是有了事,儿子替父母去做;有了酒饭,让父母吃,(而脸色却很难看)难道能认为这就是孝吗?"

【道生记】《集注》程子曰,告懿子,告众人者也;告武伯者,以其人多可忧之事;子游能养而或失于敬,子夏能直义而或少温润之色。各因其材之高下,与其所失而告之,故不同也。

2·9 子曰："吾与回①言终日,不违,如愚。退而省其私,亦足以发,回也不愚。"

【注】①回(前521或511—前480),孔子最忠实的一个门徒,姓颜,名回,字子渊,又称颜渊。

【译】孔子说:"我整天给颜回讲学,他从来不提不同的意见,好像很愚笨。可是我考察他私下的言行,发现他对我所传授的能有所发挥,可见颜回并不愚笨。"

【道生记】前贤曰:"道之微,终日言未尝言,及其发之,则无微不显焉。道之多,终日言无尽藏,及其发之,则无之非是也。""受道者心,心无可见之迹,故愚不愚之实混焉,机之所以藏也。体道者身,身有可见之迹,故愚不愚之实辨焉,机之所以显也。"

2·10 子曰："视其所以①,观其所由②,察其所安③,人焉廋④哉?人焉廋哉?"

【注】①以,根据,这里指言行的动机。②由,经由。这里指走的道路。③安,安心,指衷诚。④廋(sōu 搜),隐藏。

【译】孔子说："(了解一个人,要)看他言行的动机,观察他所走的道路,考察他安心干什么,(这样)谁能隐藏得了呢? 谁能隐藏得了呢?"

【道生记】前贤曰:"自古纲常名教,可以范君子,亦可以束小人。然君子为之,谓其可质衾影也;小人为之,谓其可要声誉矣。此虽共为一事,而意之所发,殆南辕而北辙也。从而观之,以意辨意,吾能诚吾之意。而人之情伪,虽甚潜伏,不啻以意告矣。"

2·11　子曰:"温故而知新,可以为师矣。"

【译】孔子说:"在温习旧知识时,能有新体会、新发现,这样的人就可以当老师了。"

【道生记】《集注》温,寻绎也。故者,旧所闻;新者,今所得。言学能时习旧闻,而每有新得,则所学在我而其应不穷,故可以为人师。若夫记问之学则无得于心,而所知有限,故《学记》讥其不足以为人师。正与此意互相发也。

扬雄《法言·学行》,师者,人之模范也。

前贤曰:"温故之后,遍知其所当然而知一新,真知其所以然而知又一新,曲畅乎万殊而知一新,会归乎一本而知又一新。""言知,见有得于心;配温言知,见所知无限。有得于心是真知,真知则专叩不穷;所知无限是全知,全知则多叩不穷。"

2·12　子曰:"君子不器。"

【译】孔子说:"君子不要像器具那样(只有某一面的用途)。"

【道生记】此"君子"偏指贵族统治者。

《集注》器者,各适其用而不能相通。成德之士,体无不具,故用无不周,非特为一才一艺而已。

2·13　子贡问君子,子曰:"先行其言而后从之。"

【译】子贡问如何做君子,孔子说:"先做到你心中想说的事理,然后才把它说出来。"

【道生记】《集注》周氏曰,先行其言者,行之于未言之前。而后从之者,言之于既行之后。

前贤曰:"盖君子胸中先有个其言在,却不只做话头说过。先要行将去,然后说出来,则言皆言其所已行。八字只当一句串说,如此看方不混作敏事慎言套语。"

2·14 子曰:"君子周①而不比②,小人③比而不周。"

【注】①周,合群。②比(bì 毕),勾结。③小人,士阶层以下之一般平民,劳力为生者。亦指知识品德低劣者(就具体语言环境而定)。

【译】孔子说:"君子合群而不勾结,小人勾结而不合群。"

【道生记】《集注》周,普遍也。比,偏党也。皆与人亲厚之意,但周公而比私耳。

前贤曰:"周是周坦之周,有遍及天下意。比是比肩之比,有靠着一边意。"

2·15 子曰:"学而不思①则罔②,思而不学则殆③。"

【注】①思,自我反省。②罔(wǎng 往),同"惘",迷惑而无所收获。③殆(dài 代),危险。

【译】孔子说:"只学习(礼、乐、《诗》《书》)而不反省,就会毫无收获;只反省而不学习(礼、乐、《诗》《书》),就会走上(违背周礼的)危险道路。"

【道生记】《集注》不求诸心,故昏而无得。不习其事,故危而不安。程子曰,博学、审问、慎思、明辨、笃行五者,废其一,非学也。

前贤曰:"两则字顶两不字来,'罔'在内、外不协上见,'殆'从事、理为二上生。""罔者其心昏昧,虽安于所安,而无自得之见。殆者其心危迫,虽得其所得,而无可即之安。"

2·16 子曰:"攻①乎异端②,斯③害也已④。"

【注】①攻,攻读,钻研。②异端,不同的主张。③斯,指代词,这。④也已,决词,寓有叹息惊醒人意。

【译】孔子说:"钻研异端邪说,这就是祸害了。"

【道生记】《备旨》异端,邪说诐行戾乎正道者也,不必指定杨墨。害,兼人己说,心术政事俱受其害。也已字有慨叹意。

前贤曰:"道有定体,异端但执其所习之性以为体;道有定用,异端但执其所隔之见以为用。将循其体,时亦有所合,然其害也,非肆情于己,则玩志于时;据其用,时亦有所济,非为人太多,则刻核太过。"

2·17 子曰:"由①!诲②女③,知之④乎?知之为知之,不知为不知,是知⑤也。"

【注】①由(前542—前480),孔子的忠实门徒,姓仲,名由,字子路,又字季路。②诲(huì 会),教导。③女,同"汝",即你。④之,本段三个"之"字都是代词,指孔子教训其门徒的言论。⑤知,同"智"。

【译】孔子说:"由呀!我教导你的话明白了吗?明白就是明白,不明白就是不明白,这才是聪明哩。"

【道生记】《备旨》此章教子路以真知也,知之体具于心,心无所蔽乃足言知,是知全在不欺其心之明。

前贤曰:"诲女知之知字,是悬空摹拟底,是知也知字,是着实底,知之不知,是自己见地分界,为知为不知,是合下心上不欺。六个知字,须还他面目。"《荀子·子道》载文与《论语》大意相同,可参照。

2·18 子张①学干禄②。子曰:"多闻阙③疑,慎言其余,则寡尤④;多见阙殆,慎行其余,则寡悔。言寡尤,行寡悔,禄在其中矣。"

【注】①子张(前503—?),孔子门徒,姓颛(zhuān 专)孙,名师,字子张。②干禄,指追求官职。干,求。禄,古代官吏的俸禄。③阙,同"缺",有保留、回避的意思。④寡,少。尤,过错。

【译】子张请教谋求升官发财的方法。孔子说:"要多听,有怀疑的地方要避开,其余(有把握的地方)谨慎地说出来,这样就能少犯错误;要多看,有危险的事情要避开,其余(有把握的事情)谨慎地去做,这样就能减少后悔。说话少犯错误,做事减少后悔,升官发财的机会也就在其中了。"

【道生记】《集注》吕氏曰,疑者,所未信,殆者,所未安。程子曰,尤,罪自外至者也。悔,理自内出者也。愚谓多闻见者学之博,阙疑殆者择之精,慎言行者守之约。

《备旨》此章教子张以为己之学,重多闻六句,正示以言行之当修,乃为己实学也。

2·19 哀公①问曰:"何为则民服?"孔子对曰:"举直错诸枉②,则民服;举枉错诸直,则民不服。"

【注】①哀公,鲁定公子,姓姬,名蒋。公元前494—前468年在位。②举直错诸枉,把直者摆在枉者之上,亦即选拔直者,罢黜枉者。举,选拔的意思。直,正直,这里指正直的人。错,同"措",放置。诸,"之于"二字的合音。枉(wǎng 往),不正直,邪恶,这里指邪恶的人。

【译】鲁哀公问孔子:"怎样做才能使老百姓服从统治呢?"孔子回答说:"选拔正直的人,罢黜邪恶的人,百姓就服从统治了;选拔邪恶的人,罢黜正直的人,百姓就不服从统治了。"

【道生记】《论语》文例,臣下答君上问,定用"对曰"。

《备旨补》举错兼明断在内,知直枉而举错之,则民服其明;知直枉而毅然举错之,则民服其断。

2·20 季康子①问:"使民敬、忠以②劝③,如之何?"子曰:"临④之以庄,则敬;孝慈,则忠;举善而教不能,则劝。"

【注】①季康子,姓季孙,名肥,"康"是他的谥(shì 是)号。哀公时为宰相执政。②以,这里作连词用,相当于"而"字。③劝,努力。④临,对待。

【译】季康子问孔子:"要使老百姓对我尊敬、尽忠而又努力干活,应该如何办?"孔子说:"你用庄严的态度来对待他们,他们就会尊敬你;你对父母孝顺,对儿女慈爱,他们就会尽忠于你;你选用善良的人,又教育能力差的人,老百姓就会努力干活了。"

【道生记】《集注》张敬夫曰,此皆在我所当为,非为欲使民敬忠以劝而为之也。然能如是,则其应盖有不期然而然者矣。

前贤曰:"敬于上,忠于上,劝则民所自为,故白文用一以字别之。"

2·21 或①谓孔子曰:"子奚②不为政?"子曰:"《书》③云:'孝乎惟孝,友于兄弟,施于有政。'是亦为政,奚其为为政?"

【注】①或,有人。②奚(xī 西),疑问词,相当于为什么。③《书》,指《尚书》。春秋战国以前政治文告和历史资料的汇编。孔子引用的这几句不见于今文《尚书》。

【译】有人对孔子说:"你为什么不当官参与政治呢?"孔子回答说:"《尚书》说:'孝就是孝敬父母,友爱兄弟,把孝悌的道理应用于政治。'这也是参与了政治,何必一定要做官才算参与政治呢?"

2·22 子曰:"人而无信,不知其可也。大车无輗①,小车无軏②,其何以行之哉?"

【注】①輗(ní 泥),古代大车车辕前面横木上的木销子。②軏(yuè 月),古代小车车辕前面横木上的木销子。没有輗和軏,车就不能行走。

【译】孔子说:"一个人不讲信用,是根本不可以的。就好像大车没有輗,小车没有軏一样,它靠什么行走呢?"

2·23 子张问:"十世①可知也?"子曰:"殷因于夏礼②,所损益③可知也;周④因于殷礼,所损益可知也;其或继周者,虽百世,可知也。"

【注】①世,这里指朝代。②殷,即殷朝,又称商。因,因袭,继承。夏,夏朝。③损益,减少和增加。④周,周朝,指西周。

【译】子张问孔子:"今后十代(的社会制度)可以知道吗?"孔子说:"商朝继承夏朝的礼制,减少和增加了些什么是可以知道的;周朝又继承商朝的礼制,减少和增加了些什么也是可以知道的;将来有继承周朝的,(也不过是减少和增加一点,其基本制度)就是传一百代也是可以知道的。"

【道生记】《集注》胡氏曰,子张之问,盖欲知来,而圣人言其既往者以明之也。夫自修身以至于为天下,不可一日而无礼。天叙天秩,人所共由,礼之本也。商不能改乎夏,周不能改乎商,所谓天地之常经也。若乃制度文为,或太过则当损,或不足则当益,益之损之,与时宜之,而所因者不坏,是古今之通义也。因往推来,虽百世之远,不过如此而已矣。

《备旨》损益,《白虎通》曰,夏人之王教以忠,其失野。救野之失莫如敬。殷人之王教以敬,其失鬼。救鬼之失莫如文。周人之王教以文,其失薄。救薄之失莫如忠。朱子曰,忠只是浑然诚悫,质则渐有形质制度,文又就制度上加文采。然亦是后人命此名耳。

2·24 子曰:"非其鬼①而祭之,谄也。见义不为,无勇也。"

【注】①鬼,一般指已死的祖先,这里泛指鬼神。

【译】孔子说:"不是你应该祭的鬼神,你却去祭他,这就是谄媚。见到符合周礼的事不去做,这就是没有勇气。"

八佾篇第三

3·1 孔子谓季氏①:"八佾②舞于庭,是可忍③也,孰不可忍也?"

【注】①季氏,鲁国正卿季氏。这里指季平子。②八佾(yì 义),奏乐舞蹈的行列。一佾八人,八佾就是六十四人。周礼规定,只有天子才能用八佾。诸侯则用六佾,卿大夫用四佾,士用二佾。季氏是正卿,只能用四佾,而他却用八佾,在孔子看来,这是破坏周礼的大逆不道的行为。佾,是列、行的意思。③忍,《贾子·道术》"反慈为忍",今谓狠心。

【译】孔子谈论季氏,说:"(他竟敢)在他家庙的庭院中用八佾奏乐舞蹈,这样的事都可以狠心做出来,什么事不可以狠心做出来呢?"

【道生记】《集注》范氏曰,乐舞之数自上而下,降杀以两而已。故两之间,不可以毫发僭差也。孔子为政先正礼乐,则季氏之罪不容诛矣。谢氏曰,君子于其所不当为,不敢须臾处,不忍故也。而季氏忍此矣,则虽弑父与君,亦何所惮而不为乎。

《备旨》此章夫子正名分防乱阶意,忍字重。凡乱臣贼子,皆始于一念之忍,故孔子微辞以诛其心,不直正季氏之罪,而但曰可忍,正是拨动季氏一点良心。可见干名犯分,非惟法所不容,义所不取,其心必有恻然不安处。孰不可忍,谓何往而不忍也,此句意有含蓄,不必依谢注就弑父与君说。

3·2 三家①者以《雍》②彻③。子曰:"'相维辟公,天子穆穆④',奚取于三家之堂⑤?"

【注】①三家,鲁国当政的孟孙氏、叔孙氏、季孙氏,他们都是鲁桓(huán 环)公的后代,亦称"三桓"。②《雍》(yōng 庸),《诗经·周颂》的一篇。古代天子祭宗庙完毕撤去祭品时唱这首诗。③彻,同"撤",撤除。④相维辟公,天子穆穆,《雍》诗中的两句。相,助。维,语助词,无义。辟公,诸侯。穆穆,严肃静穆。⑤堂,接客祭祖的庙堂。

【译】仲孙氏、叔孙氏、季孙氏三家,祭祀祖先完毕的时候,唱着《雍》这首诗来撤除祭品。孔子(指责)说:"(《雍》诗上这两句话)'助祭的是诸侯,天子严肃静穆地在那里主祭',你三家堂上怎么用得上呢?"

【道生记】《备旨》此章亦夫子正名分意,首句是三家僭乐,下是夫子引诗辞而讥其妄,重奚取字。盖无论僭窃有罪,即诗之取义亦与时事不相协,不知祝史何据而陈辞。恐当之者有愧色也。只作冷辞讽他,若将大夫陪臣说明,却反无味。上章提出忍字,以其心之所不能安者惕之,此章提出奚取字,以其义之所当为者儆之。

前贤曰:"《雍》诗之词不一,夫子只摘此二句,全在辟公、天子上见非三家之所有,以引起'奚取'来。"

　　3·3 子曰:"人而不仁,如礼何①? 人而不仁,如乐何?"

【注】①如礼何,即"奈礼何",拿礼怎么办。这里指不能用礼。

【译】孔子说:"一个人没有仁德,怎么能用礼呢? 一个人没有仁德,怎么能用乐呢?"

【道生记】《集注》游氏曰,人而不仁,则人心亡矣,其如礼乐何哉? 言虽欲用之,而礼乐不为之用也。程子曰,仁者天下之正理,失正理则无序而不和。

　　前贤曰:"仁,人心也。《儒行》云,礼节者仁之貌,歌乐者仁之和。"

　　3·4 林放①问礼之本。子曰:"大哉问! 礼,与其奢也,宁俭;丧,与其易②也,宁戚③。"

【注】①林放,鲁国人。②易,治理。这里指有关丧葬的礼节仪式办理得周到。③戚,心中悲哀。《礼记·檀弓上》云:子路曰,吾闻诸夫子,丧礼与其哀不足而礼有余也,不若礼不足而哀有余也。可以看做"与其易也,宁戚"的最早解释(引自杨伯峻《论语译注》)。

【译】林放问礼的根本。孔子说:"你的问题意义重大呀! 就礼节仪式说,与其奢侈,不如节俭;就丧事说,与其在仪式上做得很完备,不如心里真正悲哀。"

【道生记】《集注》周衰,世方以文灭质,而林放独能问礼之本,故夫子大之,而告之以此。

　　《备旨补》本字不可当作质字,只就制礼之初,行礼之始说。《备旨补》朱子曰,对奢易言之,只得说俭戚是本,若礼之根本,又在俭戚之前。

　　近人云:"孔子极力主张在实行周礼的时候,不能只停留在表面仪式上,更重要的是要从内心和感情上符合礼的要求。"

　　3·5 子曰:"夷狄①之有君,不如诸夏②之亡③也。"

【注】①夷狄(yídí 移敌)。这里泛指当时的兄弟民族。②诸夏,指当时黄河流域华夏族居住的各个诸侯国。③亡,同"无"。在《论语》中,"亡"下不用宾语,"无"下必有宾语(杨伯峻)。

【译】孔子说:"夷狄有君主,还不如中原诸国没有君主好哩。"

【道生记】《集注》程子曰,夷狄且有君长,不如诸夏之僭乱,反无上下之分也。尹氏曰,孔子伤时之乱而叹之也,无非实无也,虽有之,不能尽其道尔。

　　近人云:"在孔丘看来,'诸夏'有礼乐文明的传统是好的,即使'诸夏'没有君主也比虽有君主但没有礼乐的'夷狄'要好。"

3·6 季氏旅①于泰山②。子谓冉有③曰:"女弗能救与④?"对曰:"不能。"子曰:"呜呼! 曾谓泰山不如林放乎⑤?"

【注】①旅,祭名,祭祀山川为旅。②泰山,山名,在今山东泰安境内,当时规定只有天子、诸侯才能祭祀泰山。季康子是大夫,也要去祭祀泰山。这是一种越礼行为。③冉有(前522—?),孔子学生,姓冉,名求,字子有。当时为季氏的家臣。④女,同"汝",即你。弗,不。救,挽救、劝阻。与,同"欤",语气词。⑤曾谓泰山不如林放乎,意思是:难道说泰山之神还不如林放知礼(3·4),会接受越礼的祭祀吗?

【译】季氏去祭祀泰山。孔子对冉有说:"你难道不能劝阻他吗?"冉有说:"不能。"孔子说:"哎呀! 难道说泰山之神还不如林放(知道礼)吗?"

3·7 子曰:"君子无所争。必也射①乎! 揖②让而升,下而饮。其争也君子。"

【注】①射,射箭。这里指射礼,即周礼所规定的射箭比赛。②揖(yī 衣),拱手行礼,表示尊敬。

【译】孔子说:"君子没有什么可争的事情。如果有的话,那一定是射箭比赛吧! (即使是射箭,也是)相互作揖,彼此谦让,然后上场,(箭射完)走下场来,又相互敬酒祝贺。这就是君子之争。"

【道生记】前贤曰:"盖有性情不足自持,遂误动于意气者;有学问不足自固,遂过峻其丰裁者。而君子无之。""不曰无争而曰无所争,言为君子遍寻一争之事,争之念而不可得。何也? 无其所也,射是不得不中之所,即是不得不争之所。"

3·8 子夏问曰:"'巧笑倩兮,美目盼兮,素以为绚兮。①'何谓也?"子曰:"绘事后素②。"曰:"礼后乎?"子曰:"起③予④者商⑤也! 始可与言《诗》已矣。"

【注】①巧笑倩兮,美目盼兮,素以为绚兮,前两句见《诗经·卫风·硕人》篇,后一句不见于《诗经》。倩(qiàn 欠),笑得好看。兮(xī 西),助词,相当于"啊、呀"。盼,眼珠黑白分明。绚(xuàn 眩),有文采。②绘事后素,先有白底,然后画画。绘,画画。素,白底。③起,发挥,阐明。④予(yú 鱼),我。⑤商,卜商,即子夏。

【译】子夏问孔子:"'笑得真好看呀,美丽的眼睛真明亮呀,本来长得就白,再打扮一番就更美了。'(这几句话)是什么意思?"孔子说:"先有白底,然后画画。"子夏(又)问:"那么,是不是礼节仪式在(仁之)后呢?"孔子说:"商呀,你真能阐发我的意思! 现在可以同你讨论《诗经》了。"

【道生记】《集注》礼必以忠信为质,犹绘事必以粉素为先。杨氏曰,甘受味,白受采,忠信之人可以学礼。苟无其质,礼不虚行,此绘事后素之说也。

3·9 子曰:"夏礼,吾能言之,杞①不足征②也;殷礼,吾能言之,宋③不足征也。文献④不足故也。足,则吾能征之矣。"

【注】①杞(qǐ起),古国名,在今河南杞县一带。相传杞国君主是夏朝后代。②征,证明。③宋,古国名,在今河南商丘一带。宋国君主是商朝后代。④文献,文指文字资料。献,指熟悉夏礼和殷礼的所谓贤人。

【译】孔子说:"夏代的礼,我能说出来,(但是它的后代)杞国不足以作证了;殷代的礼,我能说出来,(但是它的后代)宋国不足以作证了。这都是由于文字资料和熟悉夏礼和殷礼的人不足的缘故。如果足够的话,我就可以用来作证。"

3·10 子曰:"禘①自既灌②而往者,吾不欲观③之矣。"

【注】①禘(dì帝),古代只有天子才可以举行的祭祀祖先的非常隆重的典礼。②灌,祭祀开始的第一次饮酒。③不欲观,不愿意看。据《礼记》,周公旦死后,周成王为了追念他的功劳,特许其后代以禘礼祭祀周公旦,因此鲁国一直实行禘祭。按周礼的规定,举行禘祭时,先向太祖亡灵献酒,第一次献酒后,再祭祀其他祖先。其他祖先在周公庙中享祀时,是按着尊卑亲疏的顺序排列的。鲁文公二年,鲁执政者在臧文仲的支持下,将鲁僖公的神主排在鲁闵公神主的前头。僖公是闵公的哥哥,他是在闵公死后即位的,曾经是闵公的臣。按尊卑的关系说,享祀时他应排在闵公的后边。孔子认为把僖公神主排在前面,是破坏了君臣上下的等级名分,因此他攻击臧文仲是"不仁"。所以他评论鲁国的禘祭说:从第一次献酒后,我就不愿意看下去了。

【译】孔子说:"行禘祭的仪式,从第一次献酒以后,我就不愿意看了。"

【道生记】《集注》灌者,方祭之始用郁鬯之酒灌地以降神也。鲁之君臣,当此之时诚意未散,犹有可观。自此之后,则浸以懈怠而无足观矣。盖鲁祭非礼,孔子本不欲观,至此而失礼之中又失礼焉,故发此叹也。

近人云:"在孔丘看来,一个人的等级名分,不仅活着的时候不能改变,死后也不能改变。生时是个贵者尊者,死后其亡灵也是个贵者尊者。他正死人的名分,就是为了正活人的名分。"

3·11 或问禘之说。子曰:"不知也。知其说者之于天下也,其如示①诸斯②乎!"指其掌。

【注】①示,同"置",摆放的意思。②斯,这里。

【译】有人问孔子举行禘祭的道理。孔子说:"不知道。知道这种道理的人治天下,会像把东西摆在这里一样(容易)吧!"(一面说一面)指着他的手掌。

3·12 祭如在,祭神如神在。子曰:"吾不与①祭,如不祭。"

【注】①与(yù 玉),参与。

【译】祭祀祖先就像祖先真在面前,祭神就像神真在面前。孔子说:"我如果不亲自参加祭祀,那和不祭是一样的。"

【道生记】《集注》程子曰,祭,祭先祖也。祭神,祭外神也。祭先主于孝,祭神主于敬。愚谓此门人记孔子祭祀之诚意。

《备旨》重两如在字,俱就心上看,孝是恻怛慈爱意思,敬是谨凛俨恪意思,总归一诚。注言祖先,则父母在其中。

3·13 王孙贾①问曰:"与其媚②于奥③,宁媚于灶④,何谓也?"子曰:"不然。获罪于天,无所祷也。"

【注】①王孙贾,卫国大夫。②媚,谄媚,巴结,奉承。③奥,这里指屋内西南角的神。当时迷信认为这神的地位比灶神尊贵。④灶(zào 皂),这里指灶神。据迷信传说,地位较低,但能通天。

【译】王孙贾问道:"(人家都说)与其奉承奥神,不如奉承灶神,这话是什么意思?"孔子说:"不对。如果得罪了老天爷,就没有可以祈祷的地方(奉承谁也没有用)。"

【道生记】《集注》天,即理也,其尊无对,非奥灶之可比也。逆理则获罪于天矣,岂媚于奥灶所能祷而免乎。言但当顺理,非特不当媚灶,亦不可媚于奥也。

近人曰:"孔丘是一个唯心主义天命论的狂热鼓吹者,他把天说成是自然界和人类社会的最高主宰,人的生与死、富贵与贫贱都是由老天爷安排的,如果有谁不按天命行事,那就会受到天的惩罚,再祷告也没有用了。"杨伯峻曰:"王孙贾和孔子的问答都用的比喻,他们的正意何在,我们只能揣想。"

3·14 子曰:"周监①于二代②,郁郁③乎文哉! 吾从周。"

【注】①监(jiàn 践),借鉴。②二代,指夏、商两个朝代。③郁郁(yù 玉),丰富,繁盛。

【译】孔子说:"周朝的制度借鉴夏、商二代的制度而建立,它多么丰富美好啊! 我拥护周代的制度。"

【道生记】《集注》尹氏曰,三代之礼,至周大备,夫子美其文而从之。

《备旨》此章夫子自表其宪章之心。郁郁承损益得宜来,从周,不重为下不倍,重在文盛上。三句语气本直盖二代处,不可将二代贬倒。盖周虽有损益,其大端亦出自夏商,从周乃文质得宜之文,非周末文盛之文。

前贤曰:"周自后稷以来,与二代相终始,成败得失之故,积久而虑深,故其监之也备;周自太王以下,比二代为最盛,父子兄弟之间,才多而识远,故其监之也精。"

3·15 子入太庙①,每事问。或曰:"孰谓鄹②人之子知礼乎? 入太庙,每事问。"子闻之,曰:"是礼也!"

【注】①太庙,君主的祖庙。鲁国太庙即周公旦的庙。②鄹(zōu 邹),春秋时鲁国地名,又写作陬,在今山东曲阜附近。孔子的父亲叔梁纥(hé 河)在这里当过官。鄹人之子指孔子。

【译】孔子到周公庙,每件事情都问。有人说:"谁说叔梁纥的儿子知道礼呢? 他到了太庙,每件事都问别人。"孔子听了说:"这就是礼嘛!"

【道生记】《集注》此盖孔子始仕之时入而助祭也。尹氏曰,三代之礼至周大备。礼者敬而已矣,虽知亦问,谨之至也,其为敬莫大于此。谓之不知礼者,岂足以知孔子哉。

前贤曰:"邑大夫称人,故《春秋》书人者,《左传》多云大夫,如文九年许人是也,传称筑人仲叔于奚亦此例。"

3·16 子曰:"射不主皮①,为力不同科②,古之道也。"

【注】①射不主皮,指射箭以是否中的为主,不在于穿透靶子。皮,用兽皮做成的箭靶子。②为力不同科,指各人的力气大小不同。科,等级。

【译】孔子说:"射箭不在于穿透靶子(最重要的是中的),因为各人的气力大小不同,自古以来就是这样。"

【道生记】《集注》杨氏曰,中可以学而能力不可以强而至,圣人言古之道,所以正今之失。

《备旨》夫子伤今思古,意曰,《乡射礼》文云,射以观德,但主于中而不主于贯革。所以然者,盖以人之力有强弱不同等耳。若主于贯革,则无德而有力者,得以显其能,有德而无力者,无以自见矣。是道也,乃我周盛时,偃武修文,尚德不尚力之道也,而今安在哉!《备旨补》古人亦止是礼射不主皮,武射依旧贯革。礼射谓大射、宾射、燕射。

3·17 子贡欲去告朔①之饩羊②。子曰:"赐也! 尔③爱其羊,我爱其礼!"

【注】①告朔(shuò 硕),古代制度,每年秋冬之际,天子把第二年的历书颁发给诸侯,诸侯把历书放在祖庙里,并按照历书规定,每月初一来到祖庙杀一只活羊祭庙,表示每月听政的开始,叫做"告朔"。当时鲁君已不亲自来告朔,告朔完全流于形式,所以子贡主张去掉饩羊。朔,农历每月初一。②饩(xì 戏)羊,祭祀用的活羊。③尔,你。

【译】子贡要把每月初一祭祖庙的活羊去掉。孔子说:"赐呀! 你爱惜那个羊,我却爱惜那个礼啊!"

【道生记】《集注》杨氏曰,告朔,诸侯所以禀命于君亲,礼之大者。鲁不视朔矣,然羊存则告朔之名未泯,而其实因可举,此夫子所以惜之也。鲁自文公(前626—前609在位)始不视朔。

《备旨》(赐也节)上责赐所惜之小,下言己所惜之大也。子贡但知核实,夫子却要存名,羊存则鲁君臣尚未敢显然蔑礼。

前贤曰:"记者书法,只下一之字,便见饩羊粘连告朔,羊存礼存,羊亡礼亡。如何欲去得。""两其字但指告朔言,羊即其羊,礼即其礼。羊与礼是二是一。看礼在羊外而礼亡,看礼在羊中而礼存。"

近人云:"子贡提出去掉告朔之饩羊,孔丘对此大为不满,横加指责,不准对周礼的这种规定有一丝一毫的改变。"

3·18　子曰:"事君尽礼,人以为谄也。"

【译】孔子说:"我完完全全按照周礼的规定去事奉君主,别人却以为这是谄媚哩。"

【道生记】《集注》程子曰,圣人事君尽礼,当时以为谄,若他人言之,必曰我事君尽礼,小人以为谄,而孔子之言止于如此。圣人道大德宏,此亦可见。

《备旨》此章见事君有当然之礼,礼之非谄易辨,惟以礼为谄,则其事君者可知。夫子非徒为自己分辩,正是提动人心处。礼如拜下鞠躬之类,当时君弱臣强,事上简慢,故反以为谄。

前贤曰:"当世之人,不是耻己之不能,而诬君子为谄,他心里实见得事君之礼不消如此,盖由骄亢惯了,礼之泯没人心重可慨也。""夫分中应尽者则为礼,分外加多者乃为谄,礼之与谄,如昼夜白黑之不相入也。为此言者,宁不自知其失实哉。吾愿人之自问其心,自见其性,而各思尽礼,庶几不负于事君也。"

3·19　定公①问:"君使臣,臣事君,如之何?"孔子对曰:"君使臣以礼,臣事君以忠。"

【注】①定公,鲁国君,公元前509—前495在位,姓姬,名宋。

【译】定公问孔子:"君主怎样使用臣,臣怎样事奉君主呢?"孔子答道:"君主应该按礼来使用臣,臣应该以忠来事奉君主。"

【道生记】《集注》二者皆理之当然,各欲自尽而已。尹氏曰,君臣以义合者也,故君使臣以礼,则臣事君以忠。

《备旨》此章见君臣当各尽其道。是时定公承昭公之逐,季孙擅废立之权,事使俱失其道,故夫子云然。

前贤曰："必情文兼至，才尽得礼字；必心职兼至，才尽得忠字。""礼非一节，要令君出之无不谨之端，而臣当之无不安之实，既自免于慝，又因是以知朝廷之厚；忠非一端，要令臣盟之无苟且之志，而君信之无不白之心，既自远于邪，又因是以知学问之醇。"

3·20 子曰："《关雎》①乐而不淫②，哀而不伤。"

【注】①《关雎》(jū 居)，《诗经》中的第一篇。②淫，过分、不适当。

【译】孔子说："《关雎》这首诗，快乐而不放荡，忧愁而不悲伤。"

【道生记】《集注》淫者，乐之过而失其正者也；伤者，哀之过而害于和者也。

3·21 哀公问社①于宰我②。宰我对曰："夏后氏③以松④，殷人以柏，周人以栗，曰，使民战栗⑤。"子闻之，曰："成事不说，遂⑥事不谏⑦，既往不咎⑧。"

【注】①社，土地神。②宰我，孔子学生，姓宰，名予，字子我，鲁国人。③夏后氏，指夏代人。④松，古代人认为神总要凭借某种东西来享受人间祭祀，并把这种东西称为神主。夏代人以松树作为土地神的神主。⑤战栗，发抖，害怕。⑥遂(suì 岁)，已经完成。⑦谏(jiàn 见)，规劝。⑧咎(jiù 旧)，责备。

【译】鲁哀公问宰我土地神的神主应该用什么树木。宰我回答："夏朝用松树，商朝用柏树，周朝用栗子树，用栗子树的意思是说使老百姓战栗。"孔子听到后说："已经做过的事不用提了，已经完成的事不要再劝说了，已经过去的事不要去责备了。"

【道生记】前贤曰："此见国事不容轻议，君心最忌先入。为国为民，务片词而关宗社之重；度理审势，宁阙如而俟窾会之精。圣人婉规之意如此。"

3·22 子曰："管仲①之器小哉！"或曰："管仲俭乎？"曰："管氏有三归②，官事不摄③，焉得俭？""然则管仲知礼乎？"曰："邦君④树塞门⑤，管氏亦树塞门。邦君为两君之好，有反坫⑥，管氏亦有反坫。管氏而知礼，孰不知礼？"

【注】①管仲(？—前645)，姓管，名夷吾，齐国人，春秋时期的法家先驱。他适应当时社会的变化，主张以法治国，在政治、经济方面提出了一些改革措施，使齐国富强起来，辅助齐桓公成为当时诸侯中的霸主。孔丘对他改革中违背周礼的地方进行了指责。②三归，相传是藏钱币的府库。③摄(shè 社)，兼任。④邦君，诸侯。⑤树，树立。塞门，在大门口(天子在门外，诸侯在门内)筑的一道短墙，以别内外，相当于后来的照壁、屏风之类。⑥反坫(diàn 店)，古代君主招待别国国君时放置献过酒的空杯子的土台。

【译】孔子说："管仲这个人的器量真狭小呀!"有人问:"管仲节俭吗?"孔子说:"管仲家里有豪华的藏金钱的府库,他家里的管事也是一人一职而不兼任,怎么谈得上节俭呢?"(那人又问:)"那么,管仲知礼吗?"孔子回答:"国君大门口设立照壁,他也在大门口立照壁。国君同别国国君举行友好会见时在堂上有放空酒杯的设备,管仲也有这样的设备。如果说管仲知礼,那还有谁不知礼呢?"

【道生记】《集注》愚谓孔子讥管仲之器小,其旨深矣。或人不知而疑其俭,故斥其奢以明其非俭。或又疑其知礼,故又斥其僭,以明其不知礼。盖虽不复明言小器之所以然,而其所以小者于此亦可见矣。故程子曰,奢而犯礼,其器之小可知,盖器大则自知理而无此失矣,此言当深味也。苏氏曰,自修身正家以及于朝国,则其本深,其及者远,是谓大器。扬雄所谓大器犹规矩准绳,先自治而后治人者是也。管仲三归反坫,桓公内嬖六人而霸天下,其本固已浅矣。管仲死,桓公薨,天下不复宗齐。

前贤曰:"扬子谓大器犹规矩准绳,盖规矩准绳成众器之法则也,不器于器而能器,器所以为大。若管仲者,不知自治,何以治人。"

近人云:"管仲提倡富国强兵,辅助齐桓公称霸,他不守'先王之教',藐视周礼,破坏了以周天子为首的奴隶主贵族的统治秩序,所以孔丘骂他'气量狭小'。在孔丘眼里,不论什么人都不许对周礼有丝毫的违反。"

3·23 子语鲁①大师②乐,曰:"乐其可知也:始作,翕③如也;从④之,纯⑤如也,皦⑥如也,绎⑦如也,以成。"

【注】①鲁,古诸侯国名,在今山东省的西南部,建都曲阜。②大师,主管音乐的官。大,同"太"。③翕(xī希),协调。④从(zòng纵),放纵,展开。⑤纯,美好。⑥皦(jiǎo绞),音节分明。⑦绎(yì义),连续不断。

【译】孔子对鲁国乐官谈论演奏音乐的道理,说:"奏乐的道理是可以知道的:开始演奏,很协调;展开来,悠扬悦耳,音节分明,又连绵不断,然后结束。"

【道生记】前贤曰:"可知只作不难知看,其字逆探下文而言,是指数形容之辞。""数如字,乃圣人自得其意而想象之正'可知'光景。"

按:"如"字,今语法界所谓形容词词尾,与"然、尔"用法同。

3·24 仪封人①请见,曰:"君子之至于斯也,吾未尝不得见也。"从者见之。出曰:"二三子何患于丧②乎? 天下之无道也久矣,天将以夫子为木铎③。"

【注】①仪封人,指在仪这个地方镇守边界的长官,姓名不详。仪,地名,在今河南省兰

考县境内。封,边界。②丧,失去。这里指没有官职。③木铎(duó夺),木舌铜铃,古代发布政令时摇它以召集听众。

【译】仪这个地方的长官请求见孔子,说:"凡是君子到这里来,我没有不能见的。"随从孔子的学生带他去见了孔子。他出来后(对孔子的学生们)说:"你们何必害怕没有官做呢? 天下无道已经很久了,上天必将以孔子为圣人来号令天下。"

【道生记】《集注》封人一见夫子而遽以是称之,其所得于观感之间者深矣。或曰木铎所以徇于道路,言天使夫子失位,周流四方以行其教,如木铎之徇于道路也。

3·25 子谓《韶》①:"尽美②矣,又尽善③也。"谓《武》④:"尽美矣,未尽善也。"

【注】①《韶》(sháo勺),相传是古代歌颂虞、舜的一种乐舞。②美,指乐舞的艺术形式。③善,指乐舞的思想内容。④《武》,相传是歌颂周武王的一种乐舞。

【译】孔子讲到《韶》这一乐舞时说:"艺术形式美极了,内容也很好。"谈到《武》时说:"艺术形式很美,但内容却差一些。"

【道生记】《集注》程子曰,成汤放桀,惟有惭德,武王亦然,故未尽善。尧、舜、汤、武,其揆一也。征伐非其所欲,所遇之时然尔。

前贤曰:"美从功来,功同故俱尽美;善从德来,德异故尽美未尽善也。"

近人云:"孔丘对《韶》和《武》的评论,说明他欣赏音乐和舞蹈是有明显的政治标准的,在他看来,舜的地位是用仁义谦让得来的,而武王的君位是用暴力推翻商纣王而夺取的,因此,武王在仁义道德上差一些。"

3·26 子曰:"居上不宽,为礼不敬,临丧不哀,吾何以观之哉?"

【译】孔子说:"做一个执政者,对人不宽厚,举行礼仪的时候不严肃,参加丧礼时也不悲哀,这种情况我怎么能看得下去呢?"

【道生记】《集注》居上主于爱人,故以宽为本,为礼以敬为本,临丧以爱为本。既无其本,则以何者而观其所行之得失哉!

《备旨》此章夫子崇本之论,宽敬哀皆指心之所存,就好边说,见之于外,则有太过不及而得失分矣。故注言观其所行之得失。以字重,非是不足观,亦非是不去观,只为他本原皆不是了,更把什么去观他。

里仁篇第四

4·1 子曰:"里①仁为美。择不处②仁,焉③得知?"

【注】①里,居住。②处,居住。③焉,怎么。

【译】孔子说:"跟有仁德的人住在一起,才是好的。如果你选择的住处不是跟有仁德的人在一起,怎么能说你是明智的呢?"

【道生记】《集注》里有仁厚之俗为美,择里而不居于是焉,则失其是非之本心,而不得为知矣。

《备旨补》熏陶渐染以成德是主意,顾恤保爱以全生是辅意。

4·2 子曰:"不仁者不可以久处约①,不可以长处乐。仁者安仁,知者利仁。"

【注】①约,贫困。

【译】孔子说:"没有仁德的人不能长期过贫困的生活,也不能长期过安乐的生活。有仁德的人安于实行仁,有智慧的人认识到仁对他有利才去实行仁。"

4·3 子曰:"唯仁者能好①人,能恶②人。"

【注】①好(hào 号),喜爱。②恶(wù 务),厌恶。

【译】孔子说:"只有有仁德的人才知道爱什么人,恨什么人。"

【道生记】前贤曰:"好虽出于一人之独见,而理贞乎天下之公是,天道之所以命德者此也,鬼神之所以福善者此也;恶虽出于一人之私情,而理协乎天下之公非,天道之所以讨罪者此也,鬼神之所以祸淫者此也。故位之所在,而以赏以罚,天下归其极,道之所在而以褒以贬,天下服其明。""仁字得兼智勇在内,智则知之明,勇则行之断,故曰能也。"

4·4 子曰:"苟①志于仁矣,无恶也。"

【注】①苟,假如。

【译】孔子说:"(一个人)假如立志实行仁德,就不会做坏事了。"

【道生记】《集注》苟,诚也。志者,心之所之也。其心诚在于仁,则必无为恶之事矣。杨氏曰,苟志于仁,未必无过举也,然而为恶则无矣。

前贤曰:"《注》'之事'二字是推后说,现在止论其心。无恶者心之无恶也。一矣字重读,也字决词。""志仁与志道不同,仁是道德之精纯,志是志向之坚定,而又加之以诚焉,恶自然参入不得。"

近人云："有了'仁德'就能'无恶',即不会有'犯上作乱'的行为。"

4·5 子曰："富与贵,是人之所欲也,不以其道得之,不处也。贫与贱,是人之所恶也,不以其道得之①,不去也。君子去仁,恶乎②成名? 君子无终食之间③违④仁,造次⑤必于是⑥,颠沛⑦必于是。"

【注】①得之,从上下文看,应作"去之",所以译为"摆脱它"。②恶(wū 乌)乎,哪里。恶,同"乌",疑问词,相当于"何"字。③终食之间,吃完一顿饭的时间。④违,离开。⑤造次,仓促,紧迫。⑥是,这,此。⑦颠沛,跌倒在地,引申为流离失所。

【译】孔子说:"发财和升官,是人人所想望的,但不用正当的方法得到它,君子是不去享受的。贫穷和卑贱,是人人所厌恶的,但不用正当的方法摆脱它,君子是不摆脱的。君子如果离开了仁德,何以成名呢? 君子是不会有吃一顿饭的工夫离开仁德的,就是在最紧迫的时刻也必须按仁德办事,在流离失所的时候也必须按仁德办事。"

【道生记】《集注》言君子所以为君子,以其仁也。若贪富贵而厌贫贱,则是自离其仁而无君子之实矣,何以成其名乎。言君子为人,自富贵贫贱取舍之间以至于终食造次颠沛之顷,无时无处而不用其力也。然取舍之分明,然后存养之功密,存养之功密,则其取舍之分益明矣。

《备旨》此章见君子为仁之功,从大段说到细处,首节是取舍之分明,次节结上生下,末节是存养之功密。

前贤曰:"学以治心为要,而治心以治境为先。如富与贵是人之所同欲也,夫欲之则思虑之,遑问得之不以其道哉;然身之所便未必为心之所安,无故之获必却之而不处也。贫与贱是人之所同恶也,夫恶之则思去之,况又得之不以其道乎;然身之所苦未必非心之所甘,适然之数宁居之而不去也。其不苟取舍有如此。""终食无违尚是处常,造次颠沛又极之处变。更分之,则造次止是乘我以猝,颠沛则又动我以险,总一层逼近一层。"

4·6 子曰:"我未见好①仁者,恶不仁者。好仁者,无以尚②之;恶不仁者,其为仁矣,不使不仁者加乎其身。有能一日用其力于仁矣乎? 我未见力不足者。盖③有之矣,我未之见也。"

【注】①好(hào 号),喜爱。②尚,超过。③盖(gài 概),发语词,大概的意思(亦表肯定语气)。

【译】孔子说:"我没见过爱好仁德的人,也没有见过厌恶不仁的人。爱好仁德的人是无法超过的了;厌恶不仁的人,在实行仁德的时候,不让不仁德的人影响自己。有能一天用自己的力量去实行仁德的吗? 我还没有看见过力量不够的。这种人大概(肯定)是有的,但是我没见过。"

【道生记】《集注》此章言仁之成德,虽难其人,然学者苟能实用其力,则亦无不可至之理,但用力而不至者,今亦未见其人焉,此夫子所以反复而叹惜之也。

《备旨》章内三"未见"不同,前后两"未见"皆言无此人,中一"未见"谓无其理。

前贤曰:"不曰不见而曰未见,非绝望之词。好恶贴定仁、不仁讲,仁、不仁指自己理、欲言,非好恶他人也。两者字作两样人看。""用力兼明健二意:先要立得志定胸中,分别天理人欲,不使丝毫糊涂,是谓明以察几;又要养得气盛身上,实能存理遏欲,不使丝毫游移,是谓健以致决。"

4·7　子曰:"人之过也,各于其党①。观过,斯②知仁矣。"

【注】①党,集团,派别。这里指属于不同阶级的各个社会势力或集团。②斯,就。

【译】孔子说:"人们的错误,总是同他那个集团的人所犯的错误性质一样。(不同集团的人犯不同性质的错误,)所以考察一个人犯的是什么错误,就能知道他有没有仁德了。"

【道生记】《集注》党,类也。程子曰,人之过也,各于其类,君子常失于厚,小人常失于薄。君子过于爱,小人过于忍。尹氏曰,于此观之,则人之仁不仁可知矣。

4·8　子曰:"朝①闻道,夕死可矣。"

【注】①朝(zhāo 招),早晨。

【译】孔子说:"早晨听懂了(圣人的)道理,就是晚上(为它)死去也心甘情愿。"

【道生记】《集注》道者,事物当然之理,苟得闻之,则生顺死安,无复遗恨矣。朝夕,所以甚言其时之近。

《备旨》此章夫子激人闻道意,闻字深看,必用许多底格致工夫,倘非平日积累之勤,何由得一旦豁然之悟。夕死活看,非谓必死也。

前贤曰:"闻非但耳闻,乃是心得,心得却不易。""苟无平日积累之勤,必无一朝顿悟之妙。"

4·9　子曰:"士①志于道,而耻恶衣恶食者,未足与议也。"

【注】①士,周代的士是贵族的最低阶层,后来士逐渐成为知识分子的通称。

【译】孔子说:"士有志于(学习和实行圣人的)道理,但又以吃穿不好为耻辱,这种人是不值得谈论的。"

4·10 子曰:"君子之于天下也,无适也,无莫①也,义之与比②。"

【注】①无适无莫,即对人没有厚薄亲疏。适(dí 敌),亲近,厚待。莫,疏远,冷淡。②义之与比,同有义的人亲近。比(bì 必),靠近。

【译】孔子说:"君子对于天下的人,不固定对谁亲,也不固定对谁远,只同有义的人亲近。"

【道生记】《集注》谢氏曰,适,可也。莫,不可也。无可无不可,苟无道以主之,不几于猖狂自恣乎? 此佛老之学,所以自谓心无所住,而能应变,而卒得罪于圣人也。圣人之学不然,于无可无不可之间有义存焉。然则君子之心果有所倚乎?

前贤曰:"人心不可以有所系,又不可以无所主。有所系则拂其自然之宜,无所主则违其必然之理。""君子以人言,便有个把握在,天下以事言,便有个当然在。君子不能离事以自全,自一室达四海,自一日至终身,无不与天下相为维系,故着之于二字,也字住而不断。"

按:"天下"括存在之人、事言,概运动之时、空言。善读此章。

4·11 子曰:"君子怀德,小人怀土;君子怀刑,小人怀惠。"

【译】孔子说:"统治者想的是道德,劳动人民想的是种地的事;统治者想的是如何用刑,劳动人民想的是小恩小惠。"

【道生记】《集注》怀,思念也。怀德谓存其固有之善,怀土谓溺其所处之安;怀刑谓畏法,怀惠谓贪利。君子小人趣向不同,公私之间而已。尹氏曰,乐善恶不善,所以为君子;苟安务得,所以为小人。

《备旨补》云峰胡氏曰,他章多指君子小人所为者言。此则指其所思者言。所为者,行事之著,所思者,心术之为也。

4·12 子曰:"放①于利而行,多怨。"

【注】①放(fǎng 仿),效法,引申为追求。

【译】孔子说:"为追求财利而行动,那就会招来很多的怨恨。"

4·13 子曰:"能以礼让①为国乎,何有②? 不能以礼让为国,如礼何?"

【注】①礼让,指按照周礼,实行谦让。②何有,这里是有什么困难的意思。

【译】孔子说:"能用礼让原则来治理国家,那还有什么困难呢? 不能用礼让原则来治理国家,怎么能实行礼呢?"

4·14 子曰:"不患①无位,患所以立②。不患莫己知,求为可知也。"

【注】①患,忧虑,怕。②立,站得住脚的意思。孔丘还说过"不学礼,无以立"(16·13),不学周礼就站不住脚。这里的"患所以立"就是说要担忧自己没有学到赖以站得住脚的周礼。

【译】孔子说:"不怕没有官位,就怕自己没有学到赖以站得住脚的东西。不怕没有人知道自己,只求自己成为(懂得周礼)值得别人知道的人。"

【道生记】《集注》所以立,谓所以立乎其位者。可知,谓可以见知之实。程子曰,君子求其在己者而已矣。

《备旨补》夫子正借名位为学者鞭策到近里着己处,若把名位扫倒,便非。

前贤曰:"原非欲人绝志名位,作自了汉。只要德称其位,名符其实耳。"

4·15 子曰:"参乎! 吾道一以贯之。"曾子曰:"唯①。"子出,门人问曰:"何谓也?"曾子曰:"夫子之道,忠恕而已矣。"

【注】①唯,是的。

【译】孔子说:"参啊! 我的道理是用一个根本的东西贯彻始终的。"曾子说:"是的。"孔子走后,别的学生便问(曾子):"老师这一句话是什么意思?"曾子说:"老师(贯彻始终)的道理,就是忠恕罢了。"

【道生记】《集注》参乎者,呼曾子之名而告之。贯,通也。唯者,应之速而无疑者也。圣人之心浑然一理,而泛应曲当,用各不同。曾子于其用处,盖已随事精察而力行之,但未知其体之一耳。夫子知其真积力久,将有所得,是以呼而告之。曾子果能默契其指,即应之速而无疑也。

前贤曰:"曾子答门人,不曰一本万殊,体文用行,而云'忠恕'者,以忠恕是学者所易晓,易晓方可用功,故就学者身上事指出圣人全体来。""圣人之一只是个'诚',忠者所以尽己心之诚也,恕者所以推己心之诚也。而已矣,言此外无他求也。"

4·16 子曰:"君子喻①于义,小人喻于利。"

【注】①喻,明白,知道。

【译】孔子说:"君子明白大义,小人只知道小利。"

【道生记】《备旨》夫子严义利之辨,曰义者天理之宜。君子循理,故心之所喻者惟在于义。利者人欲之私,小人徇欲,故心之所喻者惟在于利。是义利之间正君子小人之分也,学者可不辨哉。

前贤曰:"此是公私分界处,就一件事上,君子看得理当于此做,小人看得如何方便于己,所谓同床而各梦也。喻字深看。"

4·17 子曰:"见贤①思齐②焉,见不贤而内自省③也。"

【注】①贤,贤人。这里指拥护周礼的人。②齐,看齐。③自省,反省。

【译】孔子说:"看见贤人就应该反省一下向他看齐,看见不贤的人就应该自我反省(自己有没有和他相同的地方)。"

【道生记】《集注》思齐者,冀己亦有是善。内自省者,恐己亦有是恶。胡氏曰,见人之善恶不同而无不反诸身者,则不徒羡人而甘自弃,不徒责人而忘自责矣。

前贤曰:"彼惟能思故至此,吾复不能思而终于此,则是既常见之,亦弗克由之也,且将有不见其贤之日也;彼惟不省其已然,吾复不省其所以然,则人之视己犹己之视人也,且将有不见不贤之日也。""焉字也字抑扬傲醒,须合拢来看。"

4·18 子曰:"事父母几①谏。见志不从,又敬不违,劳而不怨。"

【注】①几(jī基),轻微,委婉。

【译】孔子说:"事奉父母,要委婉地劝说他们。见父母心里不愿听从,还是要恭敬而不违背他们,替他们操劳而不怨恨。"

【道生记】《集注》此章与《内则》之言相表里。几,微也。微谏,所谓父母有过,下气怡色柔声以谏也。见志不从,又敬不违,所谓谏若不入,起敬起孝,悦则复谏也。劳而不怨,所谓与其得罪于乡党州闾,宁熟谏,父母怒不悦而挞之流血,不敢疾怨,起敬起孝也。

前贤曰:"不怨,《集注》不言复谏者,至此全不敢以口舌再进,只把精神意气精诚以感通之。"

4·19 子曰:"父母在,不远游,游必有方。"

【译】孔子说:"父母在世,不远离家乡,就是要离开,也必须有一定的地方。"

4·20 子曰:"三年无改于父之道,可谓孝矣。"

【译文】这段话重出,见1·11。

4·21 子曰:"父母之年,不可不知也。一则以喜,一则以惧。"

【译】孔子说:"父母的年纪不可不知道。一方面为他们(年纪大了还活着)而高兴,一方面为他们(年纪越大越接近死亡)而担忧。"

【道生记】《集注》知,犹记忆也,常知父母之年,则既喜其寿又惧其衰,而于爱日之诚自有不能已者。

《备旨》此章欲人子及时以孝亲,上二句言亲年之当知,下原其当知之故也。喜惧乃一时并集,重在惧边,有汲汲尽孝犹恐其迟意。

前贤曰:"喜惧紧从知字来,是两念,但一喜而惧即随之,两'一则'是叠递语,不是对语。"

近人云:"孔丘如此强调儿子对父母的感情,其目的是为了防止'臣弑君''子弑父'等'犯上作乱'的事情发生,以维护(周礼)的宗法等级制度。"

4·22 子曰:"古者言之不出,耻躬①之不逮②也。"

【注】①躬,亲身,自己。②逮,赶不上、做不到。逮(dài代),赶上。

【译】孔子说:"古代的统治者不轻易把话说出,因为他们以自己做不到为可耻。"

【道生记】《集注》范氏曰,君子之于言也,不得已而后出之,非言之难而行之难也。人惟其不行也,是以轻言之。言之如其所行,行之如其所言,则出诸其口必不易矣。

前贤曰:"耻在言后者,悔焉而难追;耻在言先者,凛然而益励。托诸不言而适以懈其行,则慎言只为避祸之地;检制其言而即以策其行,则慎言即为敦行之端。"

4·23 子曰:"以约①失之者鲜②矣。"

【注】①约,约束。这里指约之以礼,即用周礼来约束自己。②鲜,少。

【译】孔子说:"用周礼来约束自己还犯错误的人就少了。"

4·24 子曰:"君子欲讷①于言而敏于行。"

【注】①讷(nè),说话迟钝。这里指说话要谨慎。

【译】孔子说:"君子说话要谨慎迟钝而行动要敏捷。"

【道生记】《集注》谢氏曰,放言易,故欲讷,力行难,故欲敏。胡氏曰,自吾道一贯至此十章,疑皆曾子门人所记也。

前贤曰:"天地之消长,盈虚而已,约者虚以持盈之道也。人世之吉凶,敬肆而已,约者敬以防肆之道也。""以能约者而才足以济,则敬畏之意,固足以善用其所长。以能约者而才不足以济,则谨慎之心,犹足以维持其所短。"

近人云:"孔丘鼓吹'先行其言而后从(纵)之'(2·13),'言之不出,耻躬之不逮'(4·22),'讷于言而敏于行',都是强调在恢复周礼的事业中,切实按周礼的要求去做比口头上会说周礼更重要。"

4·25　子曰:"德不孤,必有邻。"

【译】孔子说:"有道德的人是不会孤立的,一定会有思想一致的人与他合作。"

【道生记】《集注》邻,犹亲也。德不孤立必以类应,故有德者必有其类从之,如居之有邻也。

《备旨补》邻字兼相亲附相挟持二意,主同德者言,不是泛指秉彝之好。

4·26　子游曰:"事君数①,斯②辱矣;朋友数,斯疏矣。"

【注】①数(shǔ),指数过,即当面一一指出其过失。②斯,就。

【译】子游说:"事奉君主时责备他,就会遭侮辱;对待朋友责备他,就会被疏远。"

【道生记】《集注》程子曰,数,烦数也。胡氏曰,事君谏不行则当去,导友善不纳则当止。至于烦渎,则言者轻,听者厌矣。是以求荣而反辱,求亲而反疏也。范氏曰,君臣朋友皆以义合,故其事同也。

《备旨》此章见事君交友,当善用其言,须是精诚感格或乘机引导,不宜徒尚言语以取疏辱。两斯字当玩,乃是欲人事君交友不至于数,不是欲人避疏避辱也。

前贤曰:"天下快心之事,尽则无余,竭于初,当念后之可继也;人情已甚之行,激则成怨,发于我,宜思人之可受也。"

公冶长篇第五

【道生记】《集注》此篇皆论古今人物贤否得失,盖格物穷理之一端也。凡二十(七)八章,胡氏以为疑多子贡之徒所记云。

5·1 子谓公冶长①:"可妻②也,虽在缧绁③之中,非其罪也。"以其子④妻之。

【注】①公冶长,孔子门徒,姓公冶,名长。②妻(qì 气),这里作动词用,指把女儿嫁给其人。③缧绁(léixiè 雷谢),绑犯人的绳子。这里指监狱。④子,儿女。这里指女儿。

【译】孔子谈论公冶长(说):"可以把女儿嫁给他,他虽然被关在监狱里,但不是他的罪过。"于是把自己的女儿嫁给了他。

5·2 子谓南容①:"邦有道②,不废③;邦无道,免于刑戮④。"以其兄之子妻之。

【注】①南容,孔子门徒,姓南宫,名适(kuò 括),字子容。②道,统治秩序。"有道"就是这种秩序比较巩固。③不废,被任用。废,废置,不任用。④刑戮(lù 鹿),刑罚。

【译】孔子谈论南容(说):"国家有道时,他有官做;国家无道时,也不受刑罚。"于是把自己的侄女嫁给了他。

5·3 子谓子贱①:"君子哉若②人! 鲁无君子者,斯③焉④取斯?"

【注】①子贱(前502—?),孔子门徒,姓宓(fú 伏),名不齐,字子贱。②若,这个。③斯,此,这个,指这个人,下面的"斯"字指这种品德。④焉,哪里。

【译】孔子谈论宓子贱(说):"这个人真是个君子呀! 如果鲁国没有君子的话,这个人哪里学到这种品德呢?"

【道生记】《集注》子贱盖能尊贤取友以成其德者,故夫子既叹其贤,而又言若鲁无君子,则此人何所取以成此德乎! 因以见鲁之多贤也。苏氏曰,称人之善必本其父兄师友,厚之至也。

《备旨补》斯焉取斯,只是说独造之难,不如观摩之易,不是说绝不能成德。

5·4 子贡问曰:"赐也何如?"子曰:"女,器也。"曰:"何器也?"曰:"瑚琏①也。"

【注】①瑚琏,古代祭祀时盛粮食用的器具,是十分贵重的。

【译】子贡问孔子:"我这个人怎么样?"孔子说:"你呀,好比一个器具。"子贡又问道:"是什么器具呢?"孔子说:"是瑚琏。"

【道生记】《集注》子贡见孔子以君子许子贱,故以己为问,而孔子告之以此。然则子贡虽未至于不器,其亦器之贵者欤。

前贤曰:"不举华靡之器而举宗庙之器,则不特玩好之具,实为邦家之光;不举本朝之器而举夏商之器,则不特今世所珍,且为古人所重。"

近人云:"孔丘把子贡比作瑚琏,是肯定子贡有一定的才能,同时又表明瞧不起子贡,认为他只有一种具体的才干,而没有达到'君子不器'的最高要求。"

5·5 或曰:"雍①也仁而不佞②。"子曰:"焉用佞? 御③人以口给④,屡憎于人。不知其仁,焉用佞?"

【注】①雍,孔子门徒,姓冉,名雍,字仲弓。②佞(nìng泞),有口才,能说善辩。③御,防御。这里是顶嘴、辩驳的意思。④口给,指嘴快话多。给(jǐ挤),足。

【译】有人说:"冉雍有仁德而不善辩。"孔子说:"为什么一定要能说善辩呢? 用一张利嘴去和人家顶,常常引起别人的憎恶。我不知道他是否能做到仁,但何必要能说善辩呢?"

5·6 子使漆雕开①仕,对曰:"吾斯之未能信。"子说②。

【注】①漆雕开,孔子门徒,姓漆雕,名开,字子开,一说字子若。②说(yuè月),同"悦"。

【译】孔子让漆雕开去做官,漆雕开回答说:"我对做官这件事情还没有信心。"孔子听了很高兴。

【道生记】《集注》斯指此理而言,信谓真知其如此,而无毫发之疑也。开自言未能如此,未可以治人,故夫子说其笃志。

《备旨》斯指修己治人之理,信谓真知确见,悦是喜其不安于小成也。

前贤曰:"信字有二意,一是细微之必尽,一是反身而皆诚。"

5·7 子曰:"道不行,乘桴①浮于海。从②我者,其由欤!"子路闻之喜。子曰:"由也好勇过我,无所取材③。"

【注】①桴(fú浮),过河用的木筏子。②从,跟从。③取,用。材,才能。

【译】孔子说:"如果我的主张行不通,就乘木筏到海外去。能跟随我的人,大概只有仲由吧!"子路听到这话很高兴。孔子说:"仲由啊好勇超过了我,其他没有什么可取的才能。"

【道生记】《集注》程子曰,浮海之叹,伤天下之无贤君也。子路勇于义,故谓其能从己,皆假设之言耳。子路以为实然,而喜夫子之与己。故夫子美其勇而讥其不能裁度事理,以适于义也。

5·8 孟武伯问:"子路仁乎?"子曰:"不知也。"又问。子曰:"由也,千乘之国,可使治其赋①也,不知其仁也。""求也何如?"子曰:"求也,千室之邑②,百乘之家③,可使为之宰④也,不知其仁也。""赤⑤也何如?"子曰:"赤也,束带⑥立于朝,可使与宾客言也,不知其仁也。"

【注】①治其赋,就是使负责军事。赋,向居民征收的军事费用。②千室之邑,指有一千户人家的城邑,这里指公邑。邑,古代的居民聚居点(相当于后来的城镇),包括它周围的土地。分公邑、采邑两种。公邑辖于诸侯,采邑是由诸侯分封给卿大夫的领地。③家,卿大夫的采邑。④宰,总管。⑤赤(前509—?),孔子门徒,姓公西,名赤,字子华。⑥束带,整理衣服,束紧衣带。这里指穿上礼服或朝服。

【译】孟武伯问孔子:"子路做到了仁吗?"孔子说:"我不知道。"他又问。孔子说:"仲由这个人,在一个有千辆兵车的国家里,可以让他管理军事,但我不知道他能否做到仁德。"(孟武伯又问:)"冉求这个人怎么样?"孔子说:"冉求这个人,可以让他在一个有千户人家的公邑或有一百辆兵车的采邑里当总管,但我不知道他能否做到仁。"(孟武伯又问:)"公西赤这个人怎么样呢?"孔子说:"公西赤可以让他穿上礼服,站立在朝廷上接待贵宾,我也不知道他能否做到仁。"

【道生记】《备旨》此章见圣门不轻言仁,盖仁必全体不息,始足以当之。三子皆日月至,故难许以仁。章内三不知是正答,三可使是带言。《备旨补》此章毕竟以仁字为主,三子之心不是都不仁,但未纯耳,故治事之才易见,本心之德难知。

前贤曰:"仁全乎德,功深者尚难自信,吾敢轻为由信乎;位蕴于心,当局者不能自必,吾能代为由必乎。""可使兼有勇知方言,在好勇上见其优为。""使之为宰,足民有志,在邑而不忧民之贫;政事素优,在家而不虑事之剧。此求之所可也。""诸侯有朝为宾,卿大夫来聘为客。'与言'兼不亢不卑二意,此从娴礼乐上见其优为,娴于礼则威仪习熟,娴于乐则辞令和雅。"

近人云:"孔丘在这里对他的三个门徒用周礼的政治标准一一作了评价,说他们有的可以管理军事,有的可以掌握内政,有的可以办理外交。但是在孔丘看来,只有管理军事、掌握内政、办理外交服务于克己复礼的政治纲领,才算做到了仁。因此他把仁放到更高的地位。"

本章参录较多,为着与11·26、12·1两章照应,发抒臆见,故不避烦琐。

5·9 子谓子贡曰:"女①与回也孰愈②?"对曰:"赐也何敢望回?回也闻一以知十,赐也闻一以知二。"子曰:"弗③如也;吾与④女弗如也。"

【注】①女,同"汝",即"你"。②愈(yù遇),更强,更好。③弗,不。④与,赞许,同意。

【译】孔子对子贡说:"你和颜回两个人相比谁更好一些?"子贡回答说:"我端木赐怎么敢和颜回相比呢? 颜回听到一件事就可以推知十件事;我呢,听到一件事只能推知两件事。"孔子说:"是不如他;我同意你说的,是不如他。"

5·10　宰予昼寝①。子曰:"朽木不可雕也,粪土之墙不可杇②也;于予与③何诛④?"子曰:"始吾于人也,听其言而信其行;今吾于人也,听其言而观其行。于予与改是。"

【注】①昼寝,白天睡觉。②杇(wū巫),同"圬",抹墙的工具。这里指粉刷墙壁。③与,语气词,表示停顿。④诛,谴责。

【译】宰予白天睡觉。孔子说:"腐朽的木头无法雕刻,粪土的墙壁无法粉刷;对于宰予这个人,责备还有什么用呢?"孔子又说:"起初我对于人,是听了他的话便相信他的行为;现在我对于人,是听了他的话还要观察他的行为。在宰予这里我改变了观察人的方法。"

5·11　子曰:"吾未见刚者。"或对曰:"申枨①。"子曰:"枨也欲,焉得刚?"

【注】①申枨(chéng橙),孔子门徒,姓申,名枨,字周。

【译】孔子道:"我没有见过强的人。"有人回答说:"申枨(就是这样的人)。"孔子说:"申枨这个人欲望太多,怎么能刚强?"

5·12　子贡曰:"我不欲人之加诸我也,吾亦欲无加诸人。"子曰:"赐也,非尔①所及也。"

【注】①尔,你。

【译】子贡说:"我不愿意别人加在我身上的事,我也不愿意加在别人身上。"孔子说:"赐呀,这不是你所能做到的。"

【道生记】《集注》此仁者之事不待勉强,故夫子以为非子贡所及。程子曰,我不欲人之加诸我,吾亦欲无加诸人,仁也。施诸己而不愿,亦勿施于人,恕也。恕则子贡或能勉之,仁则非所及矣。愚谓"无"者自然而然,"勿"者禁止之谓,此所以为仁恕之别。

《备旨补》子贡曰"欲",心期之也,夫子曰"及",身至之也。若曰:欲何容易,试以身体之,尔今日尚未及此也。似抑而实进之。

前贤曰:"圣门诸贤无不求仁。子贡尔时必是用能近取譬工夫,忽然见万物一体景象,故出以相质。但他是见到,未是行到;是初至,未是久至;故夫子曰非尔所及。若认他故作夸大自张,轻脱自许,直将仁字种子斩绝了,恐未必然。"

5·13 子贡曰:"夫子之文章①,可得而闻也;夫子之言性与天道②,不可得而闻也。"

【注】①文章,这里是指有关礼、乐、《诗》《书》等文化知识。②天道,天命。

【译】子贡说:"老师讲授的礼、乐、《诗》《书》的知识,依靠耳闻是能够学到的;老师讲授的人性和天道的理论,依靠耳闻是不能够学到的。"

【道生记】《集注》文章,德之见乎外者,威仪文辞皆是也。性者,人所受之天理。天道者,天理自然之本体,其实一理也。言夫子之文章日见乎外,固学者所共闻。至于性与天道,则夫子罕言之,而学者有不得闻者。盖圣门教不躐等,子贡至是始得闻之而叹其美也。程子曰,此子贡闻夫子之至论而叹美之言也。

前贤曰:"文章性道不是两件,文章是性道之著,性道乃文章之体。文章工夫做得透,即通性与天道。但此处只重教不躐等,是说夫子有教人文章之时,有教人性天之时,要离开说,非合并说。"

5·14 子路有闻,未之能行,唯恐有①闻。

【注】①有,同"又"。

【译】子路听到孔子的一句话,在还没有实行的时候,唯恐又听到一句新的话。

【道生记】《集注》前所闻者既未即行,故恐复有所闻而行之不给也。范氏曰,子路闻善,勇于必行,门人自以为弗及也,故著之。若子路可谓能用其勇矣。

5·15 子贡问曰:"孔文子①何以谓之'文'也?"子曰:"敏而好学,不耻下问,是以谓之'文'也。"

【注】①孔文子,卫国大夫孔圉(yǔ宇)。"子"是尊称,"文"是谥号。

【译】子贡问道:"为什么给孔文子一个'文'的谥号呢?"孔子说:"他聪敏而爱好学习,向下请教而不以为耻,因此给他以'文'的谥号。"

【道生记】《集注》凡人性敏者多不好学,位高者多耻下问,故谥法有以勤学好问为文者,盖亦人所难也。孔圉得谥为文,以此而已。

前贤曰:"敏学下问,便与俗吏趾高气傲者迥殊,故曰文。""略其治宾客之才,而独取其居稽之力,以明国家之所重,在于经术也;略其平生之他过,而独善其一节之可师,以吾党之所称,归于大雅也。"

5·16 子谓子产①有君子之道四焉:其行己也恭,其事上也敬,其养民也惠,其使民也义。

【注】①子产(？—前622),姓公孙,名侨,字子产,郑国的大夫,做过正卿,是郑穆公的孙子。他是春秋末期的政治家,拥护公室的利益,反对"犯上作乱"。他在郑国执政期间,曾采取了一些企图缓和郑国公族内部矛盾的措施,如"作封洫",整顿贵族田地的疆界,限制土地兼并和私田的发展;"作丘赋",恢复古代的军赋制度,增加公室的收入;"不毁乡校",保存贵族子弟在学堂评论国政的风气;他还提出了"宽猛相济"的政策。他自认为这些措施是为了"救世",因此孔丘认为他是"仁人、惠人"。

【译】孔子议论子产(说)他具有君子的四种道德:他自己的行为庄重,他事奉君主恭敬,他给老百姓一些恩惠,他役使老百姓合乎义理。

【道生记】《集注》恭,谦逊也。敬,谨恪也。惠,爱利也。使民义,如都鄙有章上下有服,田有封洫庐井有伍之类。吴氏曰,数其事而责之者,其所善者多也。

前贤曰:"行己就持身接物言,恭主不伐能不矜功说,如辞邑见称子羽,为善必归子皮,是其验也。""即观其不毁乡校,蔼然君子虚己纳善之心,则其行己之功则可知。"

5·17 子曰:"晏平仲①善与人交,久而敬之。"

【注】①晏平仲(？—前500),齐国大夫,曾做过齐景公的宰相,名婴,字仲。"平"是他的谥号。

【译】孔子说:"晏平仲善于和别人交往,相识久了,别人仍然尊敬他。"

5·18 子曰:"臧文仲①居蔡②,山节藻棁③,何如其知④也?"

【注】①臧文仲(？—前617),鲁国的大夫臧孙辰。"文"是他的谥号。②居蔡,把大乌龟壳藏在屋子里。蔡,蔡国出产的大乌龟。这里指大乌龟壳。古代用乌龟壳来占卜吉凶,藏乌龟壳是为占卜用。③山节藻棁(zhuō 桌),即雕梁画栋之意。山节,指斗拱雕成山形。节,柱子上的斗拱。藻棁,指短柱上饰有花草图案。藻,水草。棁,大梁上的短柱。当时只有天子才能把大乌龟壳藏在这样豪华的屋子里,臧文仲也如此,孔丘认为是越礼。④知,同"智"。

【译】孔子说:"臧文仲给大乌龟壳盖了房子,房子的斗拱雕成山形,短柱上画着水草,这个人怎么能算明智呢?"

【道生记】《备旨·附考》仲尼曰,臧文仲下展禽、废六关、妾织蒲,三不仁也。作虚器、纵逆祀、祀爰居,三不知也。按:此见《左传·文公二年》。

5·19 子张问曰:"令尹子文①三②仕为令尹,无喜色;三已③之,无愠色。旧令尹之政,必以告新令尹。何如?"子曰:"忠矣。"曰:"仁矣乎?"曰:"未知,焉得仁?""崔子④弑⑤齐君⑥,陈文子⑦有马十乘,弃而违之。至于他邦,则曰:'犹吾大夫崔子也。'违之。之一邦,则又曰:'犹吾大夫崔子也。'违之。何如?"子曰:"清矣。"曰:"仁矣乎?"曰:"未知,焉得仁?"

【注】①令尹子文,令尹,楚国的官名,相当于宰相。子文是楚国的著名宰相,姓斗(dòu豆),名谷於菟(gòuwūtú 构乌徒),字子文。②三,指多次。③已,罢免。④崔子,齐国大夫崔杼(zhù 助),曾把齐庄公杀掉。⑤弑(shì 式),古时候称地位在下的人杀死地位在上的人。⑥齐君,齐庄公,姓姜,名光。齐国,在今山东北部,建都营丘(今山东临淄)。⑦陈文子,齐国的大夫,名须无。在崔杼杀死齐庄公时出国,两年后又回到齐国。

【译】子张问孔子说:"令尹子文几次做楚国宰相,没有显出高兴的样子;几次被免职,也没有显出怨恨的样子。(每一次免职)一定把自己的一切政事全部告诉给新的宰相。你看这个人怎么样?"孔子说:"可算得忠了。"子张问:"算得上仁了吗?"孔子说:"不知道,这怎么能算得上仁呢?"(子张又问:)"崔杼杀掉齐庄公,陈文子有四十匹马,舍弃不要离开了齐国。到了另一个国家,说:'(这里的执政者)同我们的大夫崔子一样。'又离开了。到了另一国,又说道:'(这里的执政者)同我们的大夫崔子一样。'又离开了。你看这个人怎么样?"孔子说:"可算得清高了。"子张问:"算得上仁了吗?"孔子说:"不知道,这又怎么能算得上仁呢?"

【道生记】《集注》愚闻之师曰,当理而无私心则仁矣,今以是而观二子之事,虽其制行之高,若不可及,然皆未有以见其必当于理而真无私心也。子张未识仁体而悦于苟难,遂以小者信其大者,夫子之不许也宜哉。

《备旨》其所述二子之事,大都人情所难,特在事迹上论,故夫子与其行而不与其心。盖忠清一节之美,而仁则心德之全,仁者必忠必清,而忠清则未必仁也。

5·20　季文子①三思而后行。子闻之,曰:"再,斯②可矣。"

【注】①季文子,即季孙行父,鲁成公、襄公时任正卿。"文"是他的谥号。②斯,就。

【译】季文子每做一件事都要考虑多次。孔子听到了,说:"考虑两次也就行了。"

【道生记】《集注》程子曰,为恶之人未尝知有思,有思则为善矣,然至于再则已审,三则私意起,而反惑矣,故夫子讥之。是以君子务穷理而贵果断,不徒多思之为尚。

《备旨》此章因文子而立善思之准,思字只指应事说。盖文子计利害者也,故思之不已,夫子只要人计是非不计利害,故再思可矣。朱注穷理是思以前事,果断是思以后事。

前贤曰："学问之参稽,思之不嫌其熟,机务之揆测,思之无取其纷;思在理者无尽,思在事者有尽也。身心之究图,百思犹虑其泛用,世故之阅历,屡思弥益其危疑;思自内入者唯恐其浅,思自外出者又恐其深也。"

5·21 子曰:"宁武子①,邦有道,则知;邦无道,则愚②。其知可及也,其愚不可及也。"

【注】①宁武子,卫国大夫,姓宁,名俞。"武"是他的谥号。②愚,这里是装傻的意思。

【译】孔子说:"宁武子这人,当国家有道时,他就显得聪明;当国家无道时,他就装傻。他的那种聪明别人可以做得到,他的那种傻别人就做不到了。"

【道生记】《集注》按《春秋传》,武子仕卫,当文公、成公时,文公有道而武子无事可见,此其知之可及也。成公无道至于失国,而武子周旋其间,尽心竭力不避艰险,凡其所处皆智巧之士所深避而不肯为者,而能卒保其身以济其君,此其愚之不可及也。程子曰,邦无道能沉晦以免患,故曰不可及也,亦有不当愚者,比干是也。

前贤曰:"知是谓其能自养重,能自从容,因时制宜,如乖巧一般;愚是谓其不知避难,不知除艰,冒险蹈危,如痴呆一般。"

5·22 子在陈①,曰:"归与②!归与!吾党③之小子狂简④,斐然⑤成章,不知所以裁⑥之。"

【注】①陈,古国名。约在今河南东部和安徽北部。②与,语气词。③吾党,意即我的故乡。这是指鲁国。古代五百家为一党。④狂简,志向远大但行为粗率简单。⑤斐(fěi匪)然,有文采的样子。⑥裁,节制。

【译】孔子在陈国,说:"回去吧!回去吧!我们那里的学生们志向远大但行为粗率简单,文采虽然很可观,但不知道怎样来节制自己。"

【道生记】《集注》此孔子周流四方,道不行而思归之叹也。吾党小子,指门人之在鲁者。狂简,志大而略于事也。斐,文貌。成章,言其文理成就有可观者。裁,割正也。

5·23 子曰:"伯夷、叔齐①不念旧恶,怨是用希②。"

【注】①伯夷、叔齐,殷朝末年孤竹君的两个儿子。周武王进军攻打殷王朝,他们认为这是不忠不孝的行为,破坏了等级名分,曾经加以阻拦。武王灭殷后,他们"不食周粟",逃到首阳山,终于饿死。②是用,因此。希,同"稀",少。

【译】孔子说:"伯夷、叔齐两人不记过去的仇恨,(别人对他们的)怨恨因此也就少了。"

5·24 子曰:"孰谓微生高①直? 或乞醯②焉,乞诸其邻而与之。"

【注】①微生高,鲁国人。杨伯峻疑为即《庄子》《战国策》所载之尾生高。②醯(xī西),醋。

【译】孔子说:"谁说微生高这个人直? 有人向他讨点醋,他(不直说没有却暗地)到他邻居那里讨了点给人家。"

5·25 子曰:"巧言、令色、足①恭,左丘明②耻之,丘亦耻之。匿③怨而友其人,左丘明耻之,丘亦耻之。"

【注】①足,十足。②左丘明,春秋晚期鲁国的史官,相传是《左传》的著者。③匿(nì),隐藏。

【译】孔子说:"花言巧语、伪装和颜悦色、低三下四地过分恭敬,这种人左丘明认为可耻,我孔丘也认为可耻。对人把怨恨隐藏在心里,而表面上却装出友好的样子,这种人左丘明认为可耻,我孔丘也认为可耻。"

5·26 颜渊、季路侍①。子曰:"盍②各言尔志?"子路曰:"愿车马衣裘③,与朋友共,敝④之而无憾⑤。"颜渊曰:"愿无伐⑥善,无施⑦劳。"子路曰:"愿闻子之志。"子曰:"老者安之,朋友信之,少者怀之。"

【注】①侍(shì事),服侍,在旁边陪着。②盍(hé河),何不。③裘(qiú求),皮袍。原作"轻裘",据考证,"轻"字是后人误作的,现在删去。④敝,破旧。⑤憾(hàn汗),怨恨,不满意。⑥伐,夸耀。⑦施,表白。

【译】颜渊、季路两人侍立在孔子身边。孔子说:"你们何不各自说说自己的志向?"子路说:"愿意拿出自己的车马衣服皮袍,同我的朋友共同使用,用坏了也不抱怨。"颜渊说:"我愿意不夸耀自己的长处,不表白自己的功劳。"子路转问孔子说:"愿意听听您的志向。"孔子说:"(我的志向是)老者使他安逸,朋友使他信任我,年轻人使他怀念我(或:对朋友有信任,年轻人便关心他)。"

【道生记】《集注》程子曰,夫子安仁,颜渊不违仁,子路求仁。又曰,子路、颜渊、孔子之志皆与物共者也,但有小大之差尔。

《备旨》此章总见圣贤之志,公而不私,而小大各随其量。子路志在公物,颜渊志在公善,夫子之志在因物付物,各得其所也。又,老者、朋友、少者,已该尽天下之人。安信怀是应安而适予以安,应信怀而适予以信怀,不必乘权履位始行其志也。可一国,亦可天下,可一时,亦可万世。

前贤曰:"子路治个吝字,有意济人而未能忘己。颜渊治个骄字,有意忘己而未能无迹。夫子则无不吝不骄之迹,而人无不济,己无不忘,此殆因物付物,自然而然,不待较量于物我者也。""依程注提仁字作骨,各还本位,而分量自见。"

5·27 子曰:"已矣乎①!吾未见能见其过而内自讼②者也。"

【注】①已矣乎,完了。已,止。矣、乎,这里表示感叹。②自讼,自己责备自己。

【译】孔子说:"完了!我还没有看见过能够看到自己(违反周礼)的错误而内心责备自己的人。"

【道生记】《集注》人有过而能自知者鲜矣,知过而能内自讼者为尤鲜。能内自讼,则其悔悟深切而能改必矣。夫子自恐终不得见而叹之,其警学者深矣。

《备旨》此章夫子儆人以改过意。语气一串说下,能字直贯到底,内自讼三字不可放过。讼者欲胜人,内自讼则能胜己,正在一念独知中默默自咎也。既说已矣乎,又说未见,终不欲绝望意。

5·28 子曰:"十室之邑,必有忠信如丘者焉,不如丘之好学也。"

【译】孔子说:"即使十户人家的小村子,也一定有像我这样讲究忠信的人,只是不如我那样好学罢了。"

雍也篇第六

【道生记】《集注》篇内第十四章以前大意与前篇同。

6·1 子曰:"雍也可使南面①。"

【注】①使南面,这里指可以做卿大夫。南面,面向南。古代以面向南为尊位,大官坐堂听政都是面南而坐。

【译】孔子说:"冉雍这个人可以让他做官。"

6·2 仲弓问子桑伯子①。子曰:"可也,简②。"仲弓曰:"居敬③而行简,以临④其民,不亦可乎? 居简而行简,无乃⑤大⑥简乎?"子曰:"雍之言然。"

【注】①子桑伯子,人名,身世不详。②简,简要,不烦琐。③居敬,为人严肃认真,按周礼严格要求自己。④临,面临,面对。这里有治理的意思。⑤无乃,岂不是。⑥大,同"太"。

【译】仲弓问孔子子桑伯子这个人怎么样。孔子说:"还可以,办事很简要。"仲弓说:"一个人能严肃认真地按周礼的原则要求自己,而又办事简要,像这样来治理老百姓,不也是可以的吗?(但是)自己马马虎虎,又以简要的方法办事,这岂不是太简单了吗?"孔子说:"冉雍,你的话是对的。"

【道生记】《集注》程子曰,子桑伯子之简虽可取而未尽善,故夫子云可也。仲弓因言内主于敬而简则为要直,内存乎简而简则为疏略,可谓得其旨矣。又曰,居敬则心中无物,故所行自简;居简则先有心于简,而多一简字矣,故曰太简。

前贤曰:"尧舜相传以来,一'敬'统之矣。读《易》而先于惕,删《书》而始于钦,敬者儒术之本然,后世所不易。当时惟狂称简,尚仅知裁。雍非简者也,而敬者也。夫子之然雍,然其居敬也,而又何简之名乎。谓雍为简则称名者误也。""尧舜之兢业,禹之克艰,汤之圣敬,文之敬止,武之执竞,万世帝王治天下之大纲皆在此一敬中。夫子盖深有味乎敬之一字,却不说出,只在两心默契,言外自得。"

6·3 哀公问:"弟子孰为好学?"孔子对曰:"有颜回者好学,不迁①怒,不贰②过。不幸短命死矣。今也则亡③,未闻好学者也。"

【注】①迁,转移。②贰,重复。③亡,同"无"。

【译】鲁哀公问:"你的弟子中谁是好学的呢?"孔子回答说:"有一个叫颜回的人好学,他从不拿别人出气,也从不重犯同样的过错。不幸短命死了。现在没有那样的人了,没有听到有好学的人了。"

【道生记】《集注》程子曰,颜子之怒在物不在己,故不迁。有不善未尝不知,知之未尝复行,不贰过也。又曰,喜怒在事,则理之当喜怒者也,不在血气,则不迁,若舜之诛四凶也。可怒在彼,己何与焉,如鉴之照物,妍媸在彼,随物应之而已,何迁之有。

6·4 子华使于齐,冉子为其母请粟①。子曰:"与之釜②。"请益③。曰:"与之庾④。"冉子与之粟五秉⑤。子曰:"赤之适⑥齐也,乘肥马,衣轻裘。吾闻之也:君子周⑦急不继⑧富。"

【注】①粟(sù 素),谷子,小米。②釜(fǔ 府),古代量名,一釜等于六斗四升。③益,增加,增添。④庾(yǔ 雨),古代量名,二斗四升(一说十六斗)。⑤秉(bǐng 丙),古代量名,一秉十六斛(hú 胡),一斛十斗,五秉是八十斛,即八百斗。⑥适,往。⑦周,周济,救济。⑧继,接济。

【译】子华出使齐国,冉求替他母亲向孔子请求小米补助。孔子说:"给他六斗四升。"冉求请求再增加一点。孔子说:"再给他二斗四升。"冉求却给他八十斛。孔子说:"公西赤到齐国去,坐着肥马驾的车子,穿着又暖又轻的皮袍。我听说过:君子只救济急需的人,而不给富裕的人。"

6·5 原思①为之宰,与之粟九百②,辞。子曰:"毋③!以与尔邻里乡党④乎!"

【注】①原思(前515—?),孔子门徒,姓原,名宪,字子思,鲁国人。孔子做鲁国司法官的时候,原思曾做他家的总管。②九百,九百斗(一说九百斛)。③毋,不要。④邻里乡党,指原思家乡人。相传古代以五家为邻,二十五家为里,一万二千五百家为乡,五百家为党。

【译】原思替孔子家当总管,孔子给他小米九百斗,原思推辞不要。孔子说:"不要推辞!(如果你用不着)给你家乡的人吧!"

【道生记】《集注》(并6·4、6·5为一章)程子曰,夫子之使子华,子华之为夫子使,义也。而冉子乃为之请,圣人宽容不欲直拒人,故与之少,所以示不当与也。请益而与之亦少,所以示不当益也。求未达而自与之多,则已过矣,故夫子非之。盖赤苟至乏,则夫子必自周之,不待请也。原思为宰则有常禄,思辞其多,故又教以分诸邻里之贫者,盖亦莫非义也。张子曰,于斯二者可见圣人之用财矣。

6·6 子谓仲弓,曰:"犁牛之子①骍②且角,虽欲勿用,山川③其舍诸④?"

【注】①犁牛之子，耕牛生下的小牛犊。犁牛，耕牛。古代祭祀用的牛要有红毛和长角，并单独饲养，不能用耕牛代替。这里用"犁牛之子"来比喻冉雍(仲弓)。据说冉雍的父亲是失去了贵族身份的"贱人"，孔子认为冉雍虽然出身没落的家庭，但德行很好，可以做官。②骍(xīn 新)，红色。③山川，山川之神。这里比喻当时的上层统治者或君主。④其，有怎么会的意思。舍，舍弃。诸，"之乎"二字的合音。

【译】孔子在谈到仲弓的时候，说："耕牛之子长着红色的毛，完整的角，虽然不想用它作祭品，(但它够条件，)难道山川之神会舍弃它吗？"

6·7 子曰："回也，其心三月①不违仁，其余则日月②至焉而已矣。"

【注】①三月，指较长时间。②日月，指较短的时间。

【译】孔子说："颜回这个人，他的心可以在长时间内不离开仁，其余的学生只能短时间内做到仁罢了。"

【道生记】《集注》三月言其久。仁者心之德，心不违仁者，无私欲而有其德也。日月至焉者，或日一至焉，或月一至焉，能造其域而不能久也。

前贤曰："此称颜子之仁以励诸子，重其心二字，用心有疏密，故存亡有久暂。""心藏于内，何从而窥，亦只在动静语默间见之，盖心如是，气象亦必如是。"

6·8 季康子①问："仲由可使从政②也与③？"子曰："由也果④，于从政乎何有？"曰："赐也可使从政也与？"曰："赐也达⑤，于从政乎何有？"曰："求也可使从政也与？"曰："求也艺⑥，于从政乎何有？"

【注】①季康子，在公元前492年继其父季桓子做鲁国正卿时，孔子正在列国周游。八年后孔子回鲁，当时冉求已辅助康子为政。②从政，指参与上层统治，在诸侯国家中担任大夫职务。③与，语气词。④果，果断。⑤达，通情达理。⑥艺，有才能、技艺。

【译】季康子问孔子："仲由这个人可以让他管理国事吗？"孔子回答说："仲由果断，对于管理国事有什么困难呢？"又问："端木赐这个人可以叫他管理国事吗？"(孔子)说："端木赐通情达理，对于管理国事有什么困难呢？"又问："冉求这个人可以叫他管理国事吗？"(孔子)说："冉求有才能，对于管理国事有什么困难呢？"

【道生记】《集注》程子曰，季康子问三子之才可以从政乎，夫子答以各有所长。非惟三子，人各有所长，能取其长，皆可用也。

《备旨》此章见三子各抱从政之才，果、达、艺就才品说，于从政句方说到应用上。康子看得政大于才，"也与"二字犹恐有未可意。夫子看得才大于政，"何有"二字是绰然有余之辞，亦启康子以器使之道也。此果、达、艺非全是资禀，乃从学中来。

前贤曰："果与柔懦者异，与激昂奋迅亦异。达与胶固者异，与便利捷给亦异。艺与废弛异，与琐屑细碎者亦异。皆以儒效不迂疏言。"崔东壁曰(《洙泗考信录》卷三)："季康子问由、求、赐可使从政也与，当是时三子亦有所建白矣，犹不敢信如此。"

6·9 季氏使闵子骞①为费②宰。闵子骞曰："善为我辞焉！如有复我③者，则吾必在汶④上矣。"

【注】①闵子骞(qiān 千)，孔子门徒，姓闵，名损，字子骞，鲁国人。闵子骞在政治上反对季氏，谨守孝道。②费(mì 密)，季氏的封邑，在今山东省费县西北。③复我，再来召我。④在汶上，指逃奔齐国。汶上，指齐国之地。汶(wèn 问)，水名，即今山东大汶河，当时流经齐鲁之间。

【译】季氏派人请闵子骞做费的长官。闵子骞(对来请他的人)说："请你好好替我辞掉吧！要是再来召我，那我一定跑到汶水那边去了。"

【道生记】《集注》程子曰，仲尼之门能不仕大夫之家者，闵子、曾子数人而已。谢氏曰，学者能少知内外之分，皆可以乐道而忘人之势，况闵子得圣人为之依归，彼其视季氏不义之富贵，不啻犬彘，又从而臣之，岂其心哉。

《备旨》此章见闵子不仕权门意。费强则鲁弱，夫子方欲堕之，闵子不欲弱公室而强私家，故托使辞之。通节俱绝辞，但有德之言，自尔温婉耳。

前贤曰："求忠臣于孝子之门，不知闵子之孝，非所忠于季氏；求政事于德行之科，不知闵子之德，非所私于权门。却召之意固不待踌躇而决也。"

6·10 伯牛①有疾，子问之，自牖②执③其手，曰："亡之，命矣夫④！斯人也而有斯疾也！斯人也而有斯疾也！"

【注】①伯牛，孔子门徒，姓冉，名耕，字伯牛，鲁国人。孔子认为他的德性较好。②牖(yǒu 有)，窗户。③执，握着。④夫，语气词，相当于"吧"。

【译】伯牛有病，孔子去探望他，从窗户外握着他的手，说："(看样子)要死了，这是命里注定的吧！这样的人竟会得这样的病呀！这样的人竟会得这样的病呀！"

【道生记】前贤曰："包注(指东汉初包咸之《论语注》)云，牛有疾恶，不欲人见，孔子从牖执其手，此说于情事较合。"《集注》谓伯牛家以南面尊夫子。朱竹垞云，齐鲁之间土床皆筑于南牖下，夫子遂从牖执手视之。

前贤曰："此见生死由于命，虽圣人不能操气数之权也，此所谓命，以气数言。圣人罕言命，到生死之际又不得不有以解。"

6·11 子曰："贤哉，回也！一箪①食，一瓢饮，在陋巷，人不堪其忧，回也不改其乐。贤哉，回也！"

【注】①箪(dān 单),当时盛饭用的竹器。

【译】孔子说:"颜回的品质多么高尚呀!用一个竹器吃饭,一个瓢喝水,住在简陋的小巷子里,别人都受不了这种困苦,颜回却照样快乐。他的品质多么高尚呀!"

【道生记】《集注》程子曰,颜子之乐非乐箪瓢陋巷也。不以贫窭累其心而改其所乐也,故夫子称其贤。又曰,箪瓢陋巷非可乐,盖自有其乐尔,其字当玩味,自有深意。又曰,昔受学于周茂叔,每令寻仲尼颜子乐处,所乐何事。愚按程子之言,引而不发,盖欲学者深思而自得之,今亦不敢妄为之说。学者但当从事于博文约礼之诲,以至于欲罢不能而竭其才,则庶乎有以得之矣。

《备旨》颜子之乐,原自有在,但不因贫改耳。玩其字,乐在贫先,非因贫有不改,亦是夫子微窥其心,回不自知也。箪瓢陋巷,不过极言其贫,以见颜子之安贫自得耳,要看得活。颜子从博文约礼后,此心与理为一,方是颜子真乐。

金人王若虚(1174—1243)《滹南辨惑》卷五:"夫子以颜氏箪瓢陋巷不改其乐为贤,周濂溪每令学者寻仲尼颜子乐处,所乐何事?夫乐天知命而胸中有道义之味,则外物不能累矣,岂必有所指哉?今乃如祢子下句曰:'什么是受用?吾门中何事?'此等语,吕与叔诗云:'学如元凯方成癖,文似相如反类俳。独立孔门无一事,输他颜子得心斋。'一时好事者争讽诵之。予按《论语》《中庸》《系辞》所载,盖夫子之于颜氏博之以文,约之以礼,使欲罢不能。而彼其所从事者皆迁善改过,服膺克己之实。若乃嗛支体黜聪明心斋坐忘等语,此出于庄周之徒。而吾党引之以为美谈,诬先贤而惑后学,其风殆不可长也。"

前贤曰:"欲问颜子所乐何事,当先问颜子所好何学。""凡人不得其欲,则日求所欲而不乐;一得其欲,又日溺于欲而不乐。回自克己复礼以来,人欲既去,天理浑然,亦焉往而不自得哉?盖乐道者,犹与道为二,而回则与道忘也,乐仁者犹行仁未熟,而回则与仁相依也。信乎回之贤也。""程朱发明乐字之义虽多,只《语类》克去己私则乐矣一句尽之。盖人所以不乐者,以胸中为私意纷扰耳。若颜子能克己,则心触处皆是天理,不愧不怍,心广体胖,如何不乐。""凡乐之可以名言者皆非真乐,在回究莫测其乐之之事,惟见其恬然而已;凡乐之出于有意者皆非至乐,在回并不存一乐之之见,惟得其淡然而已。盖乐之在外者又尽,而乐之根心者无穷。乐之生于恣肆者有穷,而乐之出于戒慎恐惧者无尽。"

《语类》:"孔颜之乐,大纲相似,然颜子只说不改,圣人却云在中,只争些子。"

6·12 冉求曰:"非不说①子之道,力不足也。"子曰:"力不足者,中道而废。今女画②。"

【注】①说,同"悦"。②画,划线为界,停止前进。

【译】冉求说:"我不是不喜欢您所讲的道理,而是我的能力不够。"孔子说:"能力不够的人,是走到中途才(力尽)停止。而现在你是自动停止前进。"

6·13　子谓子夏曰:"女为君子儒! 无为小人儒!"

【译】孔子对子夏道:"你要去做个君子式的儒者! 不要去做那小人式的儒者!"

6·14　子游为武城①宰。子曰:"女得人焉尔②乎?"曰:"有澹台灭明③者,行不由径④,非公事,未尝至于偃⑤之室也。"

【注】①武城,鲁国的小邑,在今山东省费县境内。②尔,此处。③澹(dàn 蛋)台灭明,姓澹台,名灭明,字子羽,武城人,后来成为孔子门徒。④径,小路。引申为邪路。⑤偃,言偃,即子游,这里他自称其名。

【译】子游做武城县官。孔子问他:"你在这里发现什么人才没有?"(子游回答)说:"有一个叫澹台灭明的人,(行为严守周礼)从来不走邪路,没有公事,从不到我屋子里来。"

【道生记】《集注》杨氏曰,为政以人才为先,故孔子以得人为问。如灭明者,观其二事之小,而其正大之情可见矣。后世有不由径者,人必以为迂;不至其室,人必以为简。非孔氏之徒,其孰能知而取之。愚谓持身以灭明为法,则无苟贱之羞,取人以子游为法,则无邪媚之惑。

前贤曰:"此见圣门取人之正。为宰以表励风俗为首务,子游独取宁方毋圆,宁朴毋华之士,所以杜巧利之门而塞奔竞之路也。""得者有心契神交,相合无间意。"

6·15　子曰:"孟之反①不伐②,奔③而殿④,将入门,策⑤其马,曰:'非敢后也,马不进也。'"

【注】①孟之反,名侧,鲁国大夫。②伐,夸耀。③奔,败走。④殿,殿后,在全军最后作掩护。鲁哀公十一年(前484)鲁国跟齐国打仗,鲁国右翼军败退的时候,孟之反在最后掩护败退的鲁军。⑤策,鞭打。

【译】孔子说:"孟之反不喜欢夸耀自己,奔退的时候他留在最后掩护全军,将进城门的时候,他鞭打着自己的马说:'不是我敢于殿后,是马跑得不快。'"

【道生记】《集注》谢氏曰,人能操无欲上人之心,则人欲日消,天理日明,而凡可以矜己夸人者,皆无足道矣。然不知学者,欲上人之心无时而忘也。若孟之反,可以为法矣。

《备旨》夫子称之反意曰,有功非难,不伐为难,若孟之反者,为能有功而不伐也。

前贤曰:"味非敢后两言,不欲使功归臣下,辱在社稷,功归一己,过在三军,斯其志痛,其旨微,其言婉。""反即庄周所称孟子反者是也。"

6·16 子曰:"不有祝鮀①之佞,而②有宋朝③之美,难乎免于今之世矣。"

【注】①祝鮀(tuó 驼),卫国大夫,字子鱼,以能言善辩受到卫灵公重用。②而,与。③朝,人名,宋国贵族,以美貌得卫灵公及其夫人南子之宠信。

【译】孔子说:"如果没有祝鮀的口才,而只有宋朝的美貌,在今天的社会里是难免倒霉的。"

【道生记】《集注》言衰世好谀悦色,非此难免,盖伤之也。

《备旨》此章重慨时尚之非,为必求徇俗者恨,非为不能徇俗者惜也。两有字俱跟一不字来。佞与直对,美与德对,今之所取,正古之所弃,必如是而可免,则世道衰微可知。

按:此两有字俱跟一不字,足见"而"当训"与"。

6·17 子曰:"谁能出不由户①? 何莫②由斯道也?"

【注】①户,门。《说文》半门曰户,象形。②何莫,为什么没有。

【译】孔子说:"谁能不经过屋门而走出去呢? 为什么没有人走(我所指出的)这条道路呢?"

6·18 子曰:"质①胜文②则野③,文胜质则史④。文质彬彬⑤,然后君子。"

【注】①质,质地。这里指遵守周礼的思想感情。②文,文采。这里指礼节仪式。③野,粗野,缺乏文采。④史,言辞华丽。这里有虚伪浮夸的意思。⑤彬彬,指文质配合恰当。

【译】孔子说:"只遵守周礼的思想而缺乏一定的礼节仪式就会粗野;只有礼节仪式而缺乏遵守周礼的思想,感情就会虚伪。只有把礼节仪式和思想感情配合恰当,才能成为君子。"

6·19 子曰:"人之生也直,罔①之生也幸而免。"

【注】①罔(wǎng 往),同"枉"。这里指不正直的人。

【译】孔子说:"一个人(能在社会上)生存是由于正直,而不正直的人也能生存,那只是由于侥幸地避免了灾祸。"

6·20 子曰:"知之者不如好①之者,好之者不如乐之者。"

【注】①好(hào 号),喜爱。

【译】孔子说:"(对于任何学问和事业)懂得它的人不如爱好它的人,爱好它的人不如以实行它为快乐的人。"

6·21 子曰:"中人以上,可以语上也;中人以下,不可以语上也。"

【译】孔子说:"具有中等以上才智的人,可以给他讲治国的大道理;具有中等以下才智的人,不可以给他讲治国的大道理。"

【道生记】《集注》张敬夫曰,圣人之道精粗虽无二致,但其施教则必因其材而笃焉。盖中人以下之质,骤而语之太高,非惟不能以入,且将妄意躐等,而有不切于身之弊,亦终于下而已矣,故就其所及而语之,是乃所以使之切问近思,而渐进于高远也。

前贤曰:"说个中人上下,或是他功力如此,或是他资质如此,又都包得。""上是天人性命之奥,对日用常行之粗浅者言。可以不可以,如云领受得领受不得,俱就教者心上酌量。"

6·22 樊迟问知①,子曰:"务②民之义③,敬鬼神而远④之,可谓知矣。"问仁,曰:"仁者先难而后获,可谓仁矣。"

【注】①知,同"智"。②务,从事,致力。③义,这里主要指忠君、孝亲等优良品德。④远,作及物动词用,读去声,疏远、不去接近的意思。

【译】樊迟问孔子怎样才算智,孔子说:"致力于(提倡)老百姓应该遵从的道德,尊敬鬼神但要远离它,就可以说是智了。"又问怎样才算仁,孔子说:"仁者先(按周礼)作艰苦努力,而后获得结果,便可以说是仁了。"

【道生记】《集注》程子曰,人多信鬼神,惑也,而不信者又不能敬。能敬能远可谓知矣。又曰,先难,克己也,以所难为先而不计所获,仁也。吕氏曰,当务为急,不求所难知,力行所知,不惮所难为。

《备旨》此章见知仁有各尽之功也,知恐荡于虚,故要从实事上理会,仁恐着于实,故要从虚心上涵养。务字先字最重,务者事之所当为,先者心之所当急。务义敬神是就事上说,先难后获是就心上说。樊迟粗鄙近利,未免略人事而渎鬼神,未进修而慕功效,故夫子告之。两可谓字见不必他求意。吕云,难字即就为仁上说,盖去私存理,工夫最难。

前贤(发挥"务民"二句)曰:"天下国家,人之所治,非鬼神之所治也。知者知之,于是有君臣父子之教,于是有农工商贾之业,以为能如是亦足以成宇宙之昭明矣。而乃听于冥漠,将使鬼神操治平之责乎。吉凶祸福,人之所为,非鬼神之所为也。知者知之,于是有夙夜基命之学,于是有反躬罪己之修,以为能如是亦足以集吉祥之善事矣。而乃祈于肸向,将使鬼神司得丧之权乎。"

6·23 子曰:"知者乐水,仁者乐山。知者动,仁者静。知者乐,仁者寿。"

【译】孔子说:"智者爱水,仁者爱山。智者活跃,仁者安静。智者快乐,仁者长寿。"

6·24 子曰:"齐一变,至于鲁,鲁一变,至于道。"

【译】孔子说:"把齐国(的社会)改变一下,便达到鲁国这个样子,再把鲁国(的社会)改变一下,就达到先王之道了。"

6·25 子曰:"觚①不觚,觚哉! 觚哉!"

【注】①觚(gū 孤),古代盛酒的器具,上圆下方,有四条棱角,后来改成圆筒形没有棱角了,故孔子认为觚不像觚。

【译】孔子说:"觚不像觚,这是觚吗! 这是觚吗!"

【道生记】《集注》程子曰,觚而失其形制则非觚也,举一器而天下之物莫不皆然。故君而失其君之道则为不君,臣而失其臣之职则为虚位。范氏曰,人而不仁则非人,国而不治则不国矣。

《备旨》此章夫子伤名存实亡意,就一觚言之,去方从圆,想见人心不古。推开觚言之,春秋时凡名存实亡大于觚者,可例观也。一不字,两哉字,无限感慨,盖以无实者不得有其名也。

前贤曰:"饩羊之论所以存名,觚哉之叹,所以惜实。""觚上圆象天,下方象地,破觚为圆者,徒取其工之易铸,而不知其象之失,便于人之易持,而不计其顿之危。事虽小而轻变古制,不师先王,其渐不可长。""上觚指其器,下觚语其制,觚哉觚哉,承上不觚而重慨之。"

近人云:"孔丘通过反对酒杯形状的改变,宣扬他的'正名'思想。"

6·26 宰我问曰:"仁者,虽告之曰:'井有仁①焉。'其从之也?"子曰:"何为其然也? 君子可逝②也,不可陷也;可欺也,不可罔③也。"

【注】①仁,这里指有仁德的人。②逝,往。这里指去井边看看。③罔,诬罔。这里指被无理陷害。

【译】宰我问孔子说:"对于有仁德的人,即使告诉他说:'一位仁人掉到井里啦。'他也会跟着跳下去吗?"孔子回答说:"为什么要那样做呢? 君子可以到井边去,却不可以陷入井里;君子可能被欺骗,却不可能被无理陷害。"

【道生记】《集注》盖身在井上,乃可以救井中之人。若从之于井,则不复能救之矣。此理甚明,人所易晓,仁者虽切于救人而不私其身,然不应如此之愚也。

《备旨》此章见应世之权,即寓于救世之中。宰我设言以穷仁者之术,夫子亦自其所问之事发出君子一段变通作用,见天下不能穷仁者之仁也。何为其然句虚,君子可逝二句才说明白,末二句是上二句断案。

前贤曰:"救人有术,仁者必不为之穷也。""仁者有万物一体之心,即有与万物持权之妙。可者与天下共可之,不可者亦以不可还天下。"

6·27 子曰:"君子博学于文,约之以礼,亦可以弗畔①矣夫②!"

【注】①畔,同"叛"。②夫,语气词,相当于"吧"。

【译】孔子说:"君子广泛地学习古代的文化典籍,用周礼来约束自己,就可以不犯上作乱了!"

【道生记】《集注》程子曰,博学于文而不约之以礼,必至于汗漫。博学矣,又能守礼而由于规矩,则亦可以不畔道矣。

《备旨》此章示人以入道切实之功,博文是知,约礼是行,非博文则无以约礼,非约礼则博文为无用。约即在博之中,礼即在文之中,弗畔即在博约合一之中。朱子谓约字只合作约束意,之字是指其人而言,而非指所学之文也。《备旨补》弗畔只是不背道,若要于道合一,则仍有涵泳工夫。亦可二字当玩,是训君子以用功体道,非是赞君子语。

前贤曰:"此示学者求道之方,博属知,约属行,博文是致知格物,约礼是克己复礼。一究道之全,一守道之要,弗畔句紧从上两句勘出。""博文合内外,博学审问是外面之博文,慎思明辨是内面之博文。""约礼兼动静,有事则惟礼是从,动时之约礼,无事则澄心默坐,静时之约礼。"

6·28 子见南子①,子路不说②。夫子矢③之曰:"予所否者④,天厌之! 天厌之!"

【注】①南子,卫灵公的妻子,当时实际上左右着卫国的政权。②说,同"悦"。③矢,通"誓",发誓。④予,我。所……者,相当于"假如……的话",古代用于誓言中。否,不是,不对,指做了不正当的事情。

【译】孔子拜见了南子,子路不高兴。孔子发誓说:"我假如做了什么不正当的事的话,老天爷谴责我罢! 老天爷谴责我罢!"

6·29 子曰:"中庸①之为德也,其至矣乎! 民鲜②久矣。"

【注】①中庸,孔子所说的中,指以周礼为标准,无过无不及,不偏不倚。庸,平常,守旧

不变。中庸之道就是言行不偏不倚,调和折中,平庸守旧,走老路。②鲜,少。

【译】孔子说:"中庸作为一种道德,该是最高的了! 老百姓缺少这种道德已经很久了。"

【道生记】《集注》程子曰,不偏之谓中,不易之谓庸,中者天下之正道,庸者天下之定理。自世教衰,民不兴于行,少有此德久矣。

《备旨》中庸之理,见于日用常行,而实为吾心固有之德,故曰为德。

前贤曰:"古时只说中字,至夫子方添一庸字,一以防贤智好奇之弊,一以杜愚不肖畏难之思。"

6·30　子贡曰:"如有博施于民而能济众①,何如? 可谓仁乎?"子曰:"何事于仁,必也圣乎! 尧舜②其犹病诸③! 夫④仁者,己欲立而立人,己欲达而达人。能近取譬⑤,可谓仁之方也已。"

【注】①众,众人,指贵族。②尧舜,传说中古代的两个帝王,实际上可能是原始社会部落联盟的两个首领。孔子心目中的榜样。③病诸,对它感到为难。病,担忧。诸,"之乎"的合音。④夫(fú 扶),句首发语词。⑤能近取譬(pì 辟),能够就自身打比方,即推己及人。

【译】子贡说:"假若有一个人给老百姓很多好处又能周济众人,怎么样? 可以算是仁人吗?"孔子说:"岂止是仁人,简直是圣人了! 尧舜尚且难以做到哩! 仁人是这样的人,要想自己站得住,就要帮助人家也一同站得住;要想自己过得好,也要帮助人家一同过得好。凡事都能推己及人,可以说是实行仁的方法了。"

【道生记】《集注》程子曰,医者以手足痿痹为不仁,此言最善名状。仁者以天地万物为一体,莫非己也。认得为己,何所不至。若不属己,自与己不相干,如手足之不仁,气已不贯,皆不属己,故博施济众乃圣人之功用。仁至难言,故止曰己欲立而立人,己欲达而达人,能近取譬,可谓仁之方也已。欲令如是观仁,可以得仁之体。《论语》言尧舜其犹病诸者二(按:《宪问》14·42"修己以安百姓,尧舜其犹病诸",程子于此注连类及之)。夫博施者,岂非圣人之所欲,然必五十乃衣帛,七十乃食肉,圣人之心非不欲少者亦衣帛食肉也,顾其养有所不赡耳。此病其施之不博也。济众者,岂非圣人之所欲,然治不过九州,圣人非不欲四海之外亦兼济也,顾其治有所不及尔。此病其济之不众也。推此以求修己以安百姓,则为病可知。苟以吾治已足,则便不是圣人。吕氏曰,子贡有志于仁,徒事高远,未知其方。孔子教以于己取之,庶近而可入,是乃为仁之方,虽博施济众,亦由此进。

《备旨》此章见仁不必求诸远意。何事于仁句是一章之主。首节抑其求仁于远,次节示以仁者之体,末节教以求仁之方。子贡有志于仁而未知其方,乃问于夫子曰,如有博施恩泽于民而能尽济斯民之众,若此者何如,可谓之仁矣乎?夫子曰,博施济众,此何至于仁,必也有圣人之德,又有天子之位,行人到处极,而后可以当此乎。圣如尧舜亦尚以此为病,况非尧舜者乎。子以是求仁,岂不难且远哉。试求之仁者之心,而仁之体可识矣。夫仁者之心,已欲立矣,而立人之念即与之俱存,已欲达矣,而达人之念即与之俱兴。虽未必尽人立达,而吾心之天理固已周流无间,此仁者之体也。若夫求仁者,但能近取吾欲立欲达之心,以譬之于人,知其所欲立欲达者犹夫已也。然后推此心以立之达之,则人欲之私由此而胜,天理之公由此而全。此虽未即谓之仁,亦可谓为仁之方也已,何必以博济为哉。《备旨补》子贡在功用上问仁,故其效愈难而愈远。夫子在心体上求仁,故其术至简而至易。

崔东壁《洙泗考信录》卷二(在子见南子章下):"按此章在《雍也》篇末,其后仅两章,篇中所记虽多纯粹,然诸篇之末往往有一二章不相类者。《乡党》篇末有色举章,《先进》篇末有侍坐章,《季氏》篇末有景公、邦君章,《微子》篇末有周公、八士章,章旨文体皆与篇中不伦,而语或残缺,皆似断简,后人之所续入。"

述而篇第七

【道生记】共三十八章(《集注》把第九、第十两章并作一章,所以题为三十七章)。《集注》此篇多记圣人谦己诲人之辞及其容貌行事之事。

7·1 子曰:"述而不作①,信而好古,窃②比于我老彭③。"

【注】①作,创作,造作。②窃(qiè 切),私,私自。③我老彭,老彭,人名。过去说法不一,有的认为指殷商时代的一位"好述古事"的所谓贤大夫。孔子是殷商贵族的后代,所以对老彭特别尊敬。为了表示亲切,在"老彭"之前加一"我"字,意思就是我的老彭。

【译】孔子说:"传述(旧的)而不创造(新的),相信而且爱好古代的东西,我私自把自己比作老彭。"

【道生记】《集注》盖其德愈盛而心愈下,不自知其辞之谦也。然当是时,作者略备,夫子盖集群圣之大成而折中之,其事虽述,而功则倍于作矣。

《备旨》夫子自叙立言之有本,不作固是谦辞,然天地间止有此理,古来作者略备,亦无庸有所作也。信而好古是述而不作之本,述以事言,信好以心言,惟真信方能好,惟深好乃愈信,互看自好。窃比老彭,自言此传述信好之心与之相同,犹云先得我心耳。谢氏曰,彭之为人不可考,要之,必其则古昔称先王以名世者。

前贤曰:"述指删述六经说,然此述字正难承当,惟孔子能述,他人便不能。所以然者,其病由于不信好,虽有菲薄古人之心,更生突过古人之想。圣人惟信好,故心相孚契,古人之精神即是我底精神,古人之说话即是我底说话,何须更赘一词。""述而不作是圣人实事,信而好古是圣人实心。此古字即是《诗》《书》、礼、乐之类。"

7·2 子曰:"默而识①之,学而不厌,诲②人不倦,何有于我哉?"

【注】①识(zhì 志),记住。②诲,教诲。

【译】孔子说:"默默地记住(所学的知识),学习不觉得厌烦,教人不知道疲倦,这对我有什么困难呢?"

【道生记】末句杨伯峻译为"这些事情我做到了哪些呢?"与《集注》合,宜从。

7·3 子曰:"德之不修,学之不讲,闻义不能徙,不善不能改,是吾忧也。"

【译】孔子说:"品德不培养,学问不讲习,听到义在那里不能去做,有了

（违反周礼的）过错不能改正,这些都是我所忧虑的。"

【道生记】《集注》尹氏曰,德必修而后成,学必讲而后明,见善能徙,改过不吝,此四者日新之要也。苟未能之,圣人犹忧,况学者乎。

《备旨》德与学以治心穷理对,义与不善以迁善改过对。四平看。

7·4　子之燕居^①,申申^②如也,夭夭^③如也。

【注】①燕居,安居,家居。②申申,衣冠整齐。③夭夭(yāo 腰),行动迟缓斯文的样子。

【译】孔子住在家里的时候,衣冠楚楚,悠闲自在。

【道生记】《集注》程子曰,此弟子善形容圣人处也。为申申字说不尽,故更着夭夭字。今人燕居之时,不怠惰放肆,必太严厉,严厉时着此四字不得,怠惰放肆时亦着此四字不得,惟圣人便自有中和之气。

《备旨补》如之云者,见圣人德容气象有非可以言语尽者,殆借此以形容之耳。

段氏玉裁曰:"凡《论语》言如,或单字,孛如、躩如是;或重字,申申如、夭夭如是;或叠韵双声字,踧踖如、鞠躬如、盖阙如是。"按:如、然两字属于日母双声。《论语》用喟然(两见)、怃然、循循然,皆以形容语、抒状语之词尾出现,古人注解早已揭出。

7·5　子曰:"甚矣吾衰也,久矣吾不复梦见周公^①。"

【注】①周公,姓姬,名旦,周文王的儿子,周武王的弟弟,鲁国国君的始祖。传说是西周典章制度的制定者。他是孔丘最崇拜的"圣人"。

【译】孔子说:"我衰老得很厉害了,我好久没有梦见周公了。"

【道生记】《集注》程子曰,孔子盛时寤寐常存行周公之道,及其老也,则志虑衰而不可以有为矣。盖存道者心无老少之异,而行道者身老则衰也。

前贤曰:"梦由于志,志由于气,孔子就无梦上验血气之衰。"

7·6　子曰:"志于道,据于德,依于仁,游于艺^①。"

【注】①艺,六艺,指礼、乐、射、御(驾兵车)、书(文字)、数(算术)。孔子继承西周传统,以这六方面的知识教授学生。

【译】孔子说:"以道为志向,以德为根据,以仁为凭借,活动于(礼乐等)六艺的范围之中。"

【道生记】《集注》此章言人之为学当如是也。盖学莫先于立志,志道则心存于正而不他,据德则道得于心而不失,依仁则德性常用而物欲不行,游艺则小物不遗而动息有养。学者于此,有以不失其先后之序、轻重之伦焉,则本末兼该,内外交养,日用之间,无少间隙,而涵泳从容,忽不自知,其入于圣贤之域矣。

《备旨》叙为学之全功示人当循其序而交修之也,志据依游,分四平看。但上三句是本之立于内者欲其粹,下一句是末之该于外者亦不遗。

前贤曰:"为学有深造求全之法,无得半自足之功,有循序渐进之方,无躐等可几之势,由志道而据德,是惟精惟一之诣也;由依仁而游艺,是穷神达化之能也。"

7·7 子曰:"自行束脩①以上,吾未尝无诲焉。"

【注】①束脩(xiū 修),古代一种见面礼,即一束干肉,每束十条。但这一礼物是菲薄的,后来就称学生给老师的学费。脩,干肉。

【译】孔子说:"自愿送给我十条以上干肉的人,我从来没有不教诲的。"

7·8 子曰:"不愤①不启,不悱②不发。举一隅③不以三隅反,则不复也。"

【注】①愤,苦思苦想而仍然领会不了的样子。②悱,想说又不能明确说出来的样子。③隅(yú 鱼),角落。

【译】孔子说:"(教育学生)不到他苦思苦想而仍然领会不了的时候,不去开导他,不到他想说又说不出来的时候,不去启发他。告诉他一个角是什么样儿,他不能由此推知其他三个角是什么样儿,就不再教他了。"

【道生记】《集注》程子曰,愤悱,诚意之见于色辞者也,待其诚至而后告之。既告之,又必待其自得,乃复告尔。又曰,不待愤悱而发,则知之不能坚固,待其愤悱而后发,则沛然矣。

《备旨》程注作一串看。圣人未尝轻绝人,正是属望之辞,盖欲学者知所以愤,知所以悱,知所以反也。愤悱是能疑者,反三隅是能悟者。讲不启要见得非不欲启也,以启之无益而反生其惑也,余仿此。

7·9 子食于有丧者之侧,未尝饱也。

【译】孔子在有丧事的人旁边吃饭,从来没有吃饱过。

7·10 子于是日哭①,则不歌。

【注】①哭,这里指在吊丧时哭泣。

【译】孔子在吊丧哭泣过的这一天里,就不唱歌。

7·11 子谓颜渊①曰:"用之则行,舍②之则藏,惟我与尔有是夫③!"子路曰:"子行三军④,则谁与⑤?"子曰:"暴虎⑥冯河⑦,死而无悔者,吾不与也。必也临事而惧,好谋而成者也。"

【注】①颜渊,颜回。②舍,舍弃不用。③夫(fú 扶),语气词,相当于"吧"。④行三军,指挥三军。三军是当时大国所有的军队,每军一万二千五百人。⑤与,在一起。⑥暴虎,空着两手和虎搏斗。⑦冯河,无船而趟水过河。冯,同"凭"。暴虎冯河,早见《诗》《易》,古代俗语。

【译】孔子对颜渊说:"用我,我就去干,不用我,我就隐藏起来,唯独我和你能够做到这样吧!"子路说:"如果您统领三军,那么您和谁在一起呢?"孔子说:"空手和虎搏斗,趟水过河,死了都不后悔的人,我不和他在一起。必须是遇事小心谨慎,善于谋划而能完成任务的人(才行)。"

【道生记】《集注》谢氏曰,圣人于行藏之间无意无必。其行非贪位,其藏非独善也。若有欲心则不用而求行,舍之而不藏矣。是以惟颜子为可以与于此。

《备旨》此章总重素养上。前以出处之时许颜子,后以义理之勇进子路,分两段看。但行军亦用行中一节耳。《备旨补》夫子有东周之志,虽疏水乐亦在中,颜子有为邦之问,而箪瓢不改其乐,可见行藏同处。

前贤曰:"出处行军,皆系乎天下,圣人志在天下,故必慎其人而与之,而后文足以致太平,武足以定祸乱。""上节是出处进退之大机,下二节是治乱安危之大略。""临事而惧则有持重敬畏之心,好谋而成则无粗疏溃裂之患。"

7·12 子曰:"富①而可求也,虽执鞭之士②,吾亦为之。如不可求,从吾所好。"

【注】①富,这里指升官发财。②执鞭之士,拿着鞭子为贵族看门、开路的小官。

【译】孔子说:"如果有机会能求得富贵,就是拿着鞭子看门、开路的事我也干。如果没有机会求得富贵,我还是干我所爱好的事。"

【道生记】《集注》苏氏曰,圣人未尝有意于求富也,岂问其可不可哉。为此语者,特以明其决不可求尔。

前贤曰:"此见人当求其在我也。""以义安命,以理制欲。"

7·13 子之所慎:齐①、战、疾。

【注】①齐,同"斋",斋戒。古代在祭祀之前,不喝酒、不吃葱蒜、不与妻妾同居,叫做斋戒。

【译】孔子所谨慎小心(对待)的是:斋戒、战争和疾病这三件事。

7·14 子在齐闻《韶》①,三月不知肉味,曰:"不图为乐之至于斯也。"

【注】①《韶》，相传是古代歌颂虞舜的一种乐舞。

【译】孔子在齐国听到了《韶》乐，很长时间吃肉也不知道肉的滋味，说："想不到（古人）创作的音乐达到了这样迷人的地步。"

【道生记】《集注》，《史记》"三月"上有"学之"二字。不知肉味，盖心一于是而不及乎他也，曰，不意舜之作乐，至于如此之美，则有以极其情文之备，而不觉其叹息之深矣。盖非圣人不足以及此。

《备旨》此章记夫子心契《韶》乐有口不可得而言，言不可得而尽意。盖夫子中和之德本与舜合，而况学之三月，其心领神会，自非徒极其声容节奏而已。并当日天覆地载之蕴，平成揖让之休，如亲其事、历其时，是以叹美如此。

前贤曰："不必学而知者其情也，必学而后知者其文也。""《韶》尽美又尽善，乐之无以加此也。故学三月不知肉味而叹美之如此，诚之至，感之深也。"

7·15　冉有曰："夫子为①卫君②乎？"子贡曰："诺③，吾将问之。"入，曰："伯夷、叔齐④何人也？"曰："古之贤人也。"曰："怨乎？"曰："求仁而得仁，又何怨？"出，曰："夫子不为也。"

【注】①为，这里是帮助的意思。②卫君，卫灵公的孙子卫出公，名辄。公元前492—前481在位。他的父亲蒯聩因谋杀南子被卫灵公驱逐出国。灵公死后，辄被立为国君。蒯聩就回国同他争位。蒯聩、蒯辄互相争位这件事正好和伯夷、叔齐两兄弟互相让位成一对照。所以孔丘赞扬伯夷、叔齐，而对蒯聩、蒯辄违反等级名分极为不满。卫国，最初建都朝歌（今河南淇县），公元前660年被狄击败，迁到楚丘（今河南滑县），公元前629年又迁到帝丘（今河南濮阳）。③诺，答应的话。④伯夷、叔齐，殷末孤竹君的两个儿子。据传说，孤竹君死后两人互相让位，谁也不肯做国君，最后都逃到周文王那儿去了（参看5·23注①）。

【译】冉有（问子贡）说："老师会帮助卫国的国君吗？"子贡道："嗯，我去问他。"于是进去问孔子："伯夷、叔齐是什么样的人？"（孔子）说："古代的贤人。"（子贡又）问："他们有怨恨吗？"（孔子）说："他们求仁而得到了仁，为什么又怨恨呢？"（子贡）出来（对冉有）说："老师不会帮助卫君。"

【道生记】《集注》怨犹悔也。君子居是邦，不非其大夫，况其君乎。故子贡不斥卫君而以夷齐为问。夫子告之如此，则其不为卫君可知矣。盖伯夷以父命为尊，叔齐以天伦为重。其逊国也，借求所以合乎天理之正，而即乎人心之安。既而各得其志焉，则视弃其国犹敝屣尔，何怨之有。若卫辄之据国拒父，而唯恐失之，其不可同年而语明矣。程子曰，伯夷、叔齐逊国而逃，谏伐而饿，终无怨悔，夫子以为贤，固知其不与辄也。

《备旨》卫辄拒父自立，冉有非不知其非，只惑于嫡孙当立之说，而欲得夫子之为与否以折中之，故有此问。子贡不能自决，曰诺，曰将问，盖废辄则无君，拒聩又无父,故不能释然也。

7·16 子曰:"饭疏食①饮水,曲肱②而枕③之,乐亦在其中矣。不义而富且贵,于我如浮云。"

【注】①疏食,粗粮。②肱(gōng 公),由肩至肘的部位。泛指胳膊。③枕(zhěn 诊),动词,枕着。

【译】孔子说:"吃粗粮,喝白水,弯着胳膊当枕头,这里边也是很有乐趣的。用不正义的手段得到的富贵,对于我好像浮云一样。"

【道生记】《集注》程子曰,非乐疏食饮水也,虽疏食饮水不能改其乐也。不义之富贵,视之如浮云然。又曰,须知所乐者何事。

《备旨》此章见圣心自有真乐,两截只一串,勿以安贫贱轻富贵并说,重乐亦在其中句。亦字可玩,曰乐在即有不在,曰亦在斯无不在。

7·17 子曰:"加我数年,五十以学《易》①,可以无大过矣。"

【注】①《易》,又名《周易》《易经》,古代一部占卜的书。其中卦辞和爻辞是孔子以前的作品。

【译】孔子说:"再让我多活几年,到五十岁学习《易》,我便可以没有大的过错了。"

【道生记】《集注》刘聘君见元城刘忠定公,自言尝读他论,加作假、五十作卒。盖加、假声相近而误读,卒与五十字相似而误分也。愚案此章之言,《史记》作假我数年,若是我于《易》则彬彬矣。加正作假,而无五十字,盖是时孔子年已几七十矣,五十字误无疑也。学《易》则明乎吉凶消长之理,进退存亡之道,故可以无大过。盖圣人深见《易》道之无穷,而言此以教人,使知其不可不学而又不可以《易》而学也。

《备旨》此是夫子韦编三绝,学《易》有得时言也。其发明《易》道之无穷真有孳孳不息意,教人意尚在言外。凡居身涉世,明不见几,行不合节,便是过。止云无大者,固是谦辞,亦以见过难尽免意。其实夫子一生仕止久速,用舍行藏,全体皆《易》也。《注》吉凶消长以天时言,进退存亡以人事言。五十照《注》作卒,卒,终也。《易》是《易经》,学《易》是潜心于《易》道。

前贤曰:"盖万物之理,吉一而凶悔吝三。故《易》重乎时,然得其时而行之不中则过矣。《易》尚乎位,然当其位而处之不正则过矣。至于非时而动,无位而谋,则过之得者犹大也。此吾所未逮而有志者,不知天能降鉴否耶。""过字只作《易》中咎字看。《易》之所说,吉一而凶悔吝三,无咎为难。无咎者善补过也,悔则改,能改而至于吉。吝则不能改而至于凶。大过,如当潜不潜,当见不见皆是。""此章《语类》云,是时孔子欲赞《易》,故发此语。学《易》将作《彖》《象》《文言》以为《十翼》,不是方读《易》也。按此,则无大过亦有不谬于伏羲之《易》,不戾于周文之《易》意。"

7·18 子所雅言①,《诗》《书》、执礼,皆雅言也。

【注】①雅言,周王朝在今陕西地区,以陕西语音为标准音的周王朝的官话当时被称做雅言。孔子平时谈话用鲁国的方言,但在诵读《诗》《书》和赞礼时,则以当时陕西语音为准。

【译】孔子有时讲雅言,读《诗》《书》、赞礼时,用的都是雅言。

7·19 叶公①问孔子于子路,子路不对。子曰:"女奚不曰:其为人也,发愤忘食,乐以忘忧,不知老之将至云尔。"

【注】①叶(shè 社)公,姓沈,名诸梁,楚国的大夫,封地在叶城(今河南叶县南),所以叫叶公。

【译】叶公问子路孔子为人如何,子路不答。孔子(对子路)说:"你为什么不这样说:他的为人,发愤得忘记了吃饭,高兴得忘记了忧愁,连快要老了都不知道,如此而已。"

【道生记】《集注》未得则发愤而忘食,已得则乐之而忘忧。以是二者俛焉日有孳孳而不知年数之不足,但自言其好学之笃耳。然深味之,则见其全体至极,纯亦不已之妙,有非圣人不能及者,盖凡夫子之自言类如此。学者宜致思焉。

《备旨》叶公之问有高视孔子意,宜兼慕与疑说。

前贤曰:"凡人知老之将至,便百事放下,曰不知老之将至,便刻刻不肯放心,再无休息之期,只此终身于学之意。""记者列此章于学《易》、雅言之后,则圣人一生愤乐自可想见。"

7·20 子曰:"我非生而知之者,好古,敏以求之者也。"

【译】孔子说:"我不是生来就有知识的人,而是爱好古代的东西,勤奋敏捷地去求得知识的人。"

【道生记】《集注》尹氏曰,孔子以生知之圣,每云好学者,非惟勉人也。盖生而可知者义理尔,若夫礼乐名物,古今事变,亦必待学,而后有以验其实也。

前贤曰:"我字顿断,然后分出我之为我,不是这样的,实是那样的。两者字与我字应,一也字与非字应,两之字俱指义理言。"

按:前贤在此注所谈之词义、语法,有关于现代汉语十分亲切之处,试作分析如下:我字顿断,表示主语。非下否定式谓语。好古句用也字煞,表示肯定式谓语。者指代我,所谓与我字应。之指代所知所求之事物,所谓两之字俱指义理言。

7·21 子不语怪、力、乱、神。

【译】孔子不谈怪异、暴力、变乱、鬼神。

7·22 子曰：“三人行，必有我师焉，择其善者而从之，其不善者而改之。”

【译】孔子说：“三个人一起走路，其中必定有人可做我的老师，选择他们的优点供自己学习，看出他们的缺点（如果我也有）自己就改掉。”

【道生记】《集注》尹氏曰，见贤思齐，见不贤而内自省，则善恶皆我之师，进善其有穷乎。

《备旨》此章重能自得师上。必有者，必之于我也，必之于我之能择而从且改也。全节字字须活看，举三人以概交接，举行以概日用，举善不善以概善恶变态之极致，惟以平时有主之心去择，以临时辨别之心去从与改，故无往不可得师。

7·23 子曰：“天生德于予，桓魋①其如予何②！”

【注】①桓魋（tuí 颓），宋国的司马（古代主管军事行政的官）向魋，因为是宋桓公的后代，所以又叫桓魋。②《史记·孔子世家》：“孔子去曹，适宋，与弟子习礼大树下。宋司马桓魋欲杀孔子，拔其树。孔子去，弟子曰：‘可以速矣！’孔子曰：‘天生德于予，桓魋其如予何？’”

【译】孔子说：“上天把治天下的圣德和使命赋予了我，桓魋能把我怎么样？”

7·24 子曰：“二三子以我为隐乎？吾无隐乎尔。吾无行而不与二三子者，是丘也。”

【译】孔子说：“学生们，以为我对你们有什么隐瞒的吗？我丝毫没有隐瞒。我没有什么事情不是和你们一起干的，我孔丘就是这样的人。”

【道生记】《集注》程子曰，圣人之道犹天然，门弟子亲炙而冀及之，然后知其高且远也。使诚以为不可及，则趋向之心不几于息乎。故圣人之教常俯而就之如此。非独使资质庸下者勉思企及，而才气高迈者亦不敢躐易而进也。吕氏曰，圣人体道无隐，与天象昭然，莫非至教，常以示人而人自不察。

《备旨》无隐二句，一证一解，曰我、曰吾、曰丘皆圣人现身说法处。

前贤曰：“此见教无可隐，学者当随处体认。”“无所往不昭示于二三子者，是某之所以为某，然则二三子亦自领之而已，而何疑于某之有隐哉。”

7·25 子以四教:文、行①、忠、信。

【注】①行,按道德规范进行修养。

【译】孔子从四个方面教育学生:文、行、忠、信。

【道生记】《备旨》文以致其知,行以履其事,忠是实心,就己上看,信是实理,就事物上看。

7·26 子曰:"圣人,吾不得而见之矣;得见君子者,斯①可矣。"子曰:"善人,吾不得而见之矣;得见有恒②者,斯可矣。亡③而为有,虚而为盈,约④而为泰⑤,难乎有恒矣。"

【注】①斯,就。②恒,指恒心。③亡,同"无"。④约,穷困。⑤泰,这里是奢侈的意思。

【译】孔子说:"圣人,我不可能看到了;能看到君子,这就可以了。"孔子又说:"善人,我不可能看到了;能看到有恒心(保持好的品德)的人,这也就可以了。没有却装作有,空虚却装作充实,穷困却装作富足,这样的人是难于有恒心(保持好的品德)的。"

7·27 子钓而不纲①,弋②不射宿③。

【注】①纲,大绳。这里作动词用,在水面上拉一根大绳,在大绳上系许多鱼钩来钓鱼,叫纲。②弋(yì益),用带绳的箭射鸟。③宿,指归巢歇宿的鸟。

【译】孔子只用(有一个鱼钩的)钓竿钓鱼,而不用(有许多鱼钩的)大绳钓鱼,只射飞鸟,不射巢中歇宿的鸟。

7·28 子曰:"盖有不知而作①之者,我无是也。多闻,择其善者而从之,多见而识②之,知之次③也。"

【注】①作,创作,创造。②识(zhì志),记住。③次,次一等的。

【译】孔子说:"可能有什么都不懂而在那里凭空创造的人,我却没有这样做过。多听,选择其中好的来学习,多看,然后记在心里。这在知识上(比起生而知之的人来)是仅次一等的。"

【道生记】《集注》不知而作,不知其理而妄作也。孔子自言未尝妄作,盖亦谦辞,然亦可见其无所不知也。识,记也,所从不可不择,记则善恶皆当存之,以备参考。如此者,虽未能实知其理,亦可以次于知之者也。

《备旨》此章为聪明自用者发,首二句便见人须要真知,下正示以求知之方也。作字与述作之作不同,彼以学问言,此以作事言。说我无不知而作,则似以知自任,故又说多闻三句。见虽无不知,实非知之上者耳,虽是自谦之辞,而勉人亦在其中。朱子谓知以心言,得于闻见者次之。闻见者欲求多,否则不足为学。择,生于从;识,则未有从意,故不言择善。

前贤曰:"学者工夫,先知后行,欲行不求知,便是妄作。不知而作有二:一是为鲁莽,一是弄聪明,与下闻见择识正相反。""此只是多学而识工夫,未到一以贯之地位。故曰知之次。次字对实知其理说,必到豁然贯通,才是实知其理。"

7·29 互乡①难与言,童子见,门人惑。子曰:"与②其进也,不与其退也,唯何甚? 人洁己以进,与其洁也,不保其往也。"

【注】①互乡,地名,在什么地方,现已无可考证。②与,赞许,肯定。

【译】(孔子认为)很难和互乡那个地方的人谈话,但互乡一个小孩却受到孔子接见,弟子们都迷惑不解。孔子说:"我是肯定他向周礼前进,不是肯定他向周礼后退,何必做得太过分呢? 人家把自己身上的脏东西去掉以求进步,我是肯定他去掉身上的脏东西,并不是包庇他以往的行为。"

7·30 子曰:"仁远乎哉? 我欲仁,斯①仁至矣。"

【注】①斯,这样,指代"我欲仁"这件事。

【译】孔子说:"仁难道离我很远吗? 只要我想达到仁,仁就达到了。"

7·31 陈司败①问:"昭公②知礼乎?"孔子曰:"知礼。"孔子退,揖③巫马期④而进之曰:"吾闻君子不党⑤,君子亦党乎? 君取于吴,为同姓,谓之吴孟子⑥。君而知礼,孰不知礼!"巫马期以告。子曰:"丘也幸,苟有过,人必知之。"

【注】①陈司败,陈国主管司法的官,姓名不详。一说齐大夫,姓陈,名司败。②昭公,鲁国的君主,名裯(chóu 稠),公元前541—前510在位。③揖(yī 依),拱手行礼。④巫马期(前521—?),孔子门徒,姓巫马,名施,字子期,鲁国人。⑤党,偏袒、包庇。⑥吴孟子,鲁昭公夫人。春秋时代,国君夫人的称号一般是她出生的国名加上她的姓。吴孟子姓姬,应称吴姬。但按周礼的规定,吴鲁国君同姓,不能通婚,为了隐瞒真相,所以不叫吴姬,而叫孟子。

【译】陈司败问(孔子):"鲁昭公懂得礼吗?"孔子说:"懂得礼。"孔子出来后,陈司败向巫马期作了个揖,请他走近自己,对他说:"我听说过君子不包庇别人,难道君子也包庇别人吗? 鲁君娶了一个同姓的吴国的女子做夫人,称她吴孟子(而不称吴姬)。如果鲁君算是知礼,还有谁不知礼呢?"巫马期将这话告诉了孔子。孔子说:"我真是幸运,假如有过错,人家必定会给我指出来。"

7·32 子与人歌而善,必使反①之,而后和②之。

【注】①反,反复,再一次。②和(hè 贺),跟随着唱。

【译】孔子同别人一起唱歌，如果发现他唱得好，就一定让他再唱一遍，然后自己才跟着和一遍。

【道生记】《集注》反，复也。必使复歌者，欲得其详而取其善也。而后和之者，喜得其详而与其善也。此见圣人气象从容，诚意恳至，而其谦逊审密，不掩人善又如此。盖一事之微，而众善之集，有不可胜既者焉。读者宜详味之。

7·33 子曰："文，莫①吾犹人也。躬行君子，则吾未之有得。"

【注】①莫，大约，大概。

【译】孔子说："就（有关礼、乐、《诗》《书》的）文化知识来说，我大概和别人差不多。至于做一个身体力行的君子，那我还没有取得什么成就。"

7·34 子曰："若圣与仁，则吾岂敢！抑①为之不厌，诲人不倦，则可谓云尔②已矣。"公西华曰："正唯弟子不能学也。"

【注】①抑，转折语气词，只不过是。②云尔，这样说。

【译】孔子说："如果说到圣与仁，那我怎么敢当！不过（向圣与仁的方面）努力而从不感到厌烦，（拿周礼来）教诲别人也从不感觉疲倦，倒是可以这样说的。"公西华说："这正是我们学不到的。"

【道生记】《集注》此亦夫子之谦辞也。圣者大而化之，仁则心德之全而人道之备也。为之谓为仁圣之道，诲人亦谓以此教人也。然不厌不倦，非己有之则不能，所以弟子不能学也。

《备旨》此章夫子不以仁圣自任，而以希圣求仁者自居也。自公西华味之，又以为此即是仁圣了。《注》中非己有之则不能句最精，盖非实有是仁圣之道于己，自不觉其厌倦生焉。仁为心德，圣即仁之熟而至于化，非出乎仁之外也。

前贤曰："圣人言此时，本是不敢当圣仁，而自处于勉强从事之列；公西华却见得即此便是仁圣之事，正弟子学不得处。"

7·35 子疾病①，子路请祷②，子曰："有诸？"子路对曰："有之。诔③曰：'祷尔于上下神祇④。'"子曰："丘之祷久矣。"

【注】①疾，病。病，形容词，形容病情严重。②请祷，向鬼神请求和祷告，即祈祷。③诔（lěi垒），哀悼死者的悼文，向鬼神祈福的祷文也叫诔。下文"祷尔于上下神祇"是子路从当时流传的祷文中引用的。④神祇（qí奇），古代称天神为神，地神为祇。

【译】孔子病重，子路向鬼神祈祷。孔子说："有这回事吗？"子路说："有的。诔文上说：'为您向天地神灵祈祷。'"孔子说："我很久以来就在祈祷了。"

7·36 子曰:"奢则不孙^①,俭则固^②。与其不孙也,宁固。"

【注】①不孙,即不顺。这里意思是越礼。孙,同"逊"。②固,简陋。这里是寒酸的意思。

【译】孔子说:"奢侈就会越礼,节俭就会寒酸。与其越礼,宁可寒酸。"

【道生记】《集注》晁氏曰,不得已而救时之弊也。

《备旨》此章防趋奢之害,主世风上说,奢俭不是平较,只借俭形奢,深明不孙之害耳。

7·37 子曰:"君子坦荡荡^①,小人长戚戚^②。"

【注】①坦荡荡,心胸宽广。②长戚戚,经常忧愁。

【译】孔子说:"君子心胸宽广,小人经常忧愁。"

【道生记】《集注》程子曰,君子循理,故常舒泰,小人役于物,故多忧戚。

7·38 子温而厉,威而不猛,恭而安。

【译】孔子温和而又严厉,威严而不凶猛,庄重而又安详。

泰伯篇第八

8·1 子曰：“泰伯①，其可谓至德也已矣，三②以天下让，民无得而称焉。”

【注】①泰伯，周朝统治者的祖先古公亶（dǎn 胆）父的长子。传说他曾按古公亶父的意愿，把王位让给三弟季历（即周文王的父亲），自己和二弟仲雍避居吴国，成为周代吴国的始祖。②三，多次。

【译】孔子说：“泰伯，可以说是品德最高的人了，几次把王位让给季历，老百姓简直不知道怎样称赞他才好。”

8·2 子曰：“恭而无礼则劳，慎而无礼则葸①，勇而无礼则乱，直而无礼则绞②。君子笃③于亲，则民兴于仁；故旧④不遗，则民不偷⑤。”

【注】①葸(xǐ 洗)，畏缩，拘谨。②绞，说话尖刻，出口伤人。③笃(dǔ 赌)，厚待。④故旧，故交，老朋友。⑤不偷，不薄，厚道。偷，薄。

【译】孔子说：“只是恭敬而不以礼来指导，就会徒劳；只是谨慎而不以礼来指导，就会畏缩；只是勇猛而不以礼来指导，就会犯上作乱；只是直率而不以礼来指导，就会说话尖刻。君子如果厚待自己的亲族，老百姓就会按仁的要求来行动了；君子如果不遗弃他的老同事、老朋友，老百姓也就厚道了。”

【道生记】《集注》葸，畏惧貌。绞，急切也。无礼则无节文，故有四者之弊。

《备旨补》，《注》中节文二字要看，节谓限制，不许有过不及。文谓条理，不许率意苟且。只看劳葸乱绞之人，不特无节，亦且无文。

前贤曰：“恭以接人言，慎以处事言，勇以果敢言，直以发言言。”“笃亲，仁也，上仁则下兴仁；不遗故旧，厚也，上厚则下归厚。仁厚皆民心所自有，而其机全在上始，两则字有转移不觉意。”

8·3 曾子有疾，召门弟子曰：“启①予足，启予手！《诗》云：‘战战兢兢，如临深渊，如履薄冰。②’而今而后，吾知免③夫，小子④！”

【注】①启，同“晵”，看看。②战战兢兢(jīng 经)，如临深渊，如履薄冰，引自《诗经·小雅·小旻(mín 民)》篇。这里曾子借用来形容自己一生处小心谨慎，避免损伤身体，能够尽孝。③免，指身体免于损伤。④小子，对弟子的称呼。

【译】曾参有病（快死的时候），把他的门徒召集到身边来，说道：“看看我的脚，看看我的手（看看有没有损伤）！《诗经》说：‘小心谨慎呀！好像站在深渊旁边,好像踩在薄冰上面。'从今以后,我知道我的身体是不再会受损伤的了,弟子们!"

【道生记】《集注》程子曰,君子曰终,小人曰死。君子保其身以没,为终其事也,故曾子以全归为免矣。尹氏曰,父母全而生之,子全而归之。曾子临终而启手足,为是故也。非有得于道,能如是乎! 范氏曰,身体犹不可亏也,况亏其行以辱其亲乎。

《备旨》此章见曾子守身之学,曾子一生学问全在守身上用功,故将没而惓惓于门弟子者如此。有疾是将死时。启予二句示以身之能保。《诗》云至免夫,推原所以保身也。吾知免夫是难免意,不是幸免意。本文只言不亏体,范注亏行意,乃推广说。

前贤曰:"手足包全身言,引《诗》只是一恐字,如临如履,总是唯恐毁伤也,今而后知免,正见前此求免之难。""此以全归之学训门人。""自参乎一呼,而夫子之心传于曾子;小子一呼,曾子又欲门人之各传其心也。"

8·4 曾子有疾,孟敬子①问②之。曾子言曰:"鸟之将死,其鸣也哀;人之将死,其言也善。君子所贵乎道者三:动容貌③,斯远暴慢④矣;正颜色,斯近信矣;出辞气⑤,斯远鄙倍⑥矣。笾豆之事⑦,则有司⑧存。"

【注】①孟敬子,即孟孙捷,鲁国大夫,三家之一。②问,看望,探视。③动容貌,使自己的容貌变得庄重严肃。④暴慢,粗暴,放肆。⑤出辞气,出言,说话。指说话注意言辞和口气。⑥鄙倍,粗野,背理。倍,同"背"。⑦笾豆之事,指祭祀或礼仪方面的事情。笾(biān边)和豆都是古代祭祀和典礼中的用具。⑧有司,主管某一事务的官吏。这里指主管祭祀礼仪事务的官吏。

【译】曾参病重,孟敬子去看望他。曾子对他说:"鸟快死了,它的叫声是悲哀的;人快死了,他所说的话是善意的。君子应当重视的道德有三个方面:使自己的容貌庄重严肃,这样就可以避免粗暴、放肆;使自己的脸色一本正经,这样就接近于诚实守信;说话注意言辞和口气,这样就可以避免粗野和背理。至于祭祀和礼节仪式,自有主管这方面事务的官吏在那儿负责。"

【道生记】《集注》程子曰,动容貌,举一身而言也,周旋中礼,暴慢斯远矣。正颜色则不妄,斯近信矣。出辞气,正由中出,斯远鄙倍。三者正身而不外求,故曰笾豆之事则有司存。尹氏曰,养于中则见于外,曾子盖以修己为为政之本,若乃器用事物之细,则有司存焉。

《备旨》盖修己自可以治人也。道字与事字相照,君子与有司相照,贵字与存字相照。暴慢、鄙倍,心所本无,故曰远;信,心所本有,故曰近。

8·5 曾子曰："以能问于不能,以多问于寡;有若无,实若虚;犯而不校①。昔者吾友②尝从事于斯矣。"

【注】①校(jiào 较),计较。②吾友,我的朋友。有人认为是指颜回。

【译】曾子说："有才能却向没有才能的人请教,知识多却向知识少的人请教;有本事却像没有本事一样,知识学问很充实却像很空虚一样;被人侵犯也不计较。从前我的朋友就曾经这样做过了。"

【道生记】《集注》谢氏曰,不知有余在己,不足在人;不必得为在己,失为在人,非几于无我者不能也。

《备旨》曾子把自己比照颜子,觉其造诣之妙,有羡服企想意。胡氏曰,圣贤之心能容天下之理,而不见己之有余;能容天下之人,而不见人之不足。

8·6 曾子曰："可以托①六尺之孤②,可以寄百里之命③,临大节而不可夺④也。君子人与⑤? 君子人也。"

【注】①托,托付。②六尺之孤,指未成年而接位的年幼君主。古代尺短,六尺形容个子没长高。孤,死去父亲的小孩子。③寄,寄托。百里之命,指国家政权或国家命运。百里,指一个诸侯国。④不可夺,不可夺其志,不能使之动摇屈服。⑤与,同"欤",语气词。

【译】曾子说："可以把幼小的君主托付给他,可以把国家的命运委托给他,面临生死的考验而不动摇屈服。这种人是君子吗? 是君子啊。"

【道生记】《集注》与,平声。其才可以辅幼君,摄国政,其节至于死生之际而不可夺,可谓君子矣。与,疑词;也,决词。设为问答,所以深著其必然也。程子曰,节操如是,可谓君子矣。

朱子曰:"上两句易,下一句难。托孤寄命是有猷有为,临大节不可夺,乃云有守。"

按:注、译只克就字面词语,传述古语,而不传述古训以培育后学。《集注》举其才其节,标著品德;朱子揭有猷有为有守指示操行。良知良能,终在人心,教育学生,不能舍此。

8·7 曾子曰："士不可以不弘毅①,任重而道远。仁以为己任,不亦重乎? 死而后已,不亦远乎?"

【注】①弘(hóng 宏),广大。毅,刚毅,坚强。

【译】曾子说："士不可以不心胸宽广,意志坚强,因为他责任重大,道路遥远。以实现仁德于天下为己任,不也沉重吗? 到死方休,不也遥远吗?"

【道生记】《集注》仁者人心之全德,而必欲以身体而力行之,可谓重矣。一息尚存,此志不容少懈,可谓远矣。程子曰,弘而不毅,则无规矩而难立;毅而不弘,则隘陋而无以居。又曰,弘大刚毅,然后能胜重任而远到。

《备旨》弘是心量,毅是心力,常弘即毅也,常任重即道远也。

前贤曰:"仁兼体用,统四端,兼万物,仁之体;位天地,育万物,仁之用。仁之道全体不息,非大其心以答天下之善,必不能体全体之仁;非坚其力以贞百年之守,必不能体不息之仁。"

8·8 子曰:"兴于《诗》,立于礼,成于乐。"

【译】孔子说:"用《诗》激发志气,用礼做行为的立脚点,用乐完成修养。"

【道生记】《集注》程子曰,天下之英才不为少矣,特以道学不明,故不得有所成就。夫古人之诗,如今之歌曲。虽闾里童稚,皆习闻之而知其说,故能兴起。今虽老师宿儒,尚不能晓其义,况学者乎,是不得兴于《诗》也。古人自洒扫应对,以至冠昏丧祭,莫不有礼。今皆废坏,是以人伦不明,治家无法,是不得立于礼也。古人之乐,声音所以养其耳,采色所以养其目,歌咏所以养其性情,舞蹈所以养其血脉,今皆无之,是不得成于乐也。是以古之成材也易,今之成材也难。

8·9 子曰:"民可使由之,不可使知之。"

【译】孔子说:"老百姓,可以使他们照着我们的道路走去,不可以使他们知道那是为什么。"

【道生记】《集注》民可使之由于是理之当然,而不能使之知其所以然也。程子曰,圣人设教非不欲人家喻而户晓也。然不能使之知,但能使之由之尔。若曰圣人不使民知,则是后世朝四暮三之术也。

《备旨》盖圣人以斯道觉斯民,欲其能由,未始不欲其能知。然率履则属于外,而会通则本乎心,所以有可使不可使之分。

前贤曰:"此见教民当顺乎民也,可、不可照《注》作能、不能解。"

按:程注"朝四暮三之术"用庄子《齐物论》事,借喻"愚民"政策。

8·10 子曰:"好勇疾①贫,乱也。人而不仁②,疾之已甚③,乱也。"

【注】①疾,恨。②人而不仁,孔子说过"君子而不仁者有矣夫,未有小人而仁者也"(14·6)。可见他这里所谓"不仁"的人即指"小人"。③已甚,太过分。已,太。

【译】孔子说:"喜好勇敢而又恨自己太穷,就会犯上作乱。对不仁的人,逼迫得太厉害(而忽视用周礼来加以约束),也会出乱子。"

【道生记】《集注》好,去声。好勇而不安分,则必作乱。恶不仁之人而使之无所容,则必致乱。二者之心善恶虽殊,然其生乱则一也。

8·11 子曰:"如有周公之才之美,使骄且吝^①,其余不足观也已。"

【注】①吝(lìn赁),吝啬,小气。

【译】孔子说:"(一个统治者)即使有周公那样好的才能,如果骄傲自大而且小气,就不值得一看了。"

【道生记】《集注》才美,谓智能技艺之美,骄,矜夸,吝,鄙啬也。

前贤曰:"此为恃其才者发。曰如,曰使,皆是设言,以明其骄吝之不可。"

8·12 子曰:"三年学,不至于谷^①,不易得也。"

【注】①不至于谷,即做不了官。古代用谷(即小米)作为官吏的俸禄,这里用谷表示做官。杨伯峻谓至指意念之所至。

【译】孔子说:"读书三年并不存做官的念头,这是难得的。"

8·13 子曰:"笃信好学,守死善道。危邦不入,乱邦不居。天下有道则见^①,无道则隐。邦有道,贫且贱焉,耻也;邦无道,富且贵焉,耻也。"

【注】①见,同"现"。

【译】孔子说:"坚信并努力学习(周礼),誓死保护并爱好(先王之)道。不进入政局不稳定的国家,不居住有叛乱的国家。天下有道就出来做官,天下无道就隐居。国家有道而自己贫贱,是耻辱;国家无道而自己富贵,也是耻辱。"

【道生记】《集注》晁氏曰,有学有守,而去就之义洁,出处之分明,然后为君子之全德也。

《备旨》笃信守死,未分是否。必好学然后所信者是,必善道然后所守者是。上句属知为有学,下句属行为有守。守死,只极言所守之坚,不重死字。善道是善其所守之道,不是尽善之道。《备旨补》许行、陈相非不笃信,未能好学。召忽、荀息非不守死,未能善道。

前贤曰:"此以全德望天下,见善于修身,自善于处世也。重首节,是本领,次节说到出处去就,所以验其守,末节反言以足上节意。"

8·14 子曰:"不在其位,不谋其政。"^①

【注】①此条重出,见14·26。

8·15 子曰:"师挚之始^①,《关雎》之乱^②,洋洋乎盈耳哉!"

【注】①师挚(zhì志)之始,古代奏乐,开端叫做"升歌",一般由太师演奏,所以说"师挚之始"。师挚,鲁国的乐师,名挚。始,乐曲的开端,即序曲。②《关雎》之乱,乐曲的结尾一段,多种乐器合奏,叫"乱"。结尾时,奏《关雎》(见3·20注①)的乐章,所以说《关雎》之

乱"。

【译】孔子说:"从太师挚演奏开始,到最后演奏《关雎》,满耳都是丰富而优美的乐曲呀!"

8·16　子曰:"狂而不直,侗①而不愿②,悾悾③而不信,吾不知之矣。"

【注】①侗(tóng 童),幼稚无知。②愿(yuàn 院),谨慎。③悾,诚恳的样子。这里指表面的诚恳。

【译】孔子说:"狂妄而不正直,无知而不谨慎,表面上诚恳而不守信用,我真不知道有的人怎么会这样。"

【道生记】《集注》苏氏曰,天之生物,气质不齐,其中材以下,有是德则有是病,有是病必有是德,故马之蹄啮者必善走,其不善者必驯。有是病而无是德,则天下之弃材也。

《备旨》此章圣人欲人去伪反真意。狂、侗、悾悾是气质之偏,直、愿、信是偏中之美,不直、不愿、不信则习染之恶也。但不直则以曲济妄,不愿则藏巧于愚,不信则隐诈于拙。不知,犹言不知其何等样人,绝之也,亦深醒之也。

8·17　子曰:"学如不及,犹恐失之。"

【译】孔子说:"学习知识就像追赶不上那样(心情迫切),(学到以后)还恐怕忘掉。"

8·18　子曰:"巍巍乎①! 舜、禹之有天下也,而不与②焉。"

【注】①巍巍乎,崇高的样子。②与,同"举",指夺取。

【译】孔子说:"多么崇高呀! 舜和禹得到的天下,不是夺取来的。"

8·19　子曰:"大哉! 尧之为君也。巍巍乎! 唯天为大,唯尧则①之。荡荡②乎! 民无能名③焉。巍巍乎! 其有成功也。焕④乎! 其有文章。"

【注】①则,效法。②荡荡,广大的样子。③名,形容,称赞。④焕,光辉。

【译】孔子说:"真伟大呀! 尧这样的君主。多么崇高啊! 只有天是最高大的,只有尧才能效法天。他的(恩德)多么广大呀! 老百姓真不知道怎样称赞他。他的功绩多么崇高呀! 他的典章制度多么光辉呀!"

8·20　舜有臣五人①,而天下治。武王曰:"予有乱臣十人②。"孔子曰:"才难,不其然乎? 唐虞之际③,于斯④为盛,有妇人焉,九人而已。

三分天下有其二,以服事殷。周之德,其可谓至德也已矣。"

【注】①舜有臣五人,传说是禹、稷、契(xiè 谢)、皋陶(gāoyáo 高摇)、伯益等五人。②乱臣,即能治理国家的大臣。乱,这里是治理的意思。十人,指周公旦等十人,其中有一妇女。③唐虞之际,指唐虞之后。传说尧在位的时代叫唐,舜在位的时代叫虞。④斯,指武王时代。

【译】舜有五个好臣子,就能治理好天下。武王也说过:"我有十个帮助我治理国家的臣子。"孔子说:"人才很难得呀,难道不是这样吗? 唐虞之后以周武王这个时期人才最盛,但是十个治国大臣中有一个是妇女,实际上只有九个人罢了。周文王已经有了三分之二的天下,仍然侍奉殷纣王。周朝的德可以说是最高的了。"

8·21 子曰:"禹,吾无间然①矣! 菲②饮食而致③孝乎鬼神;恶衣服而致美乎黻冕④;卑⑤宫室而尽力乎沟洫⑥。禹,吾无间然矣!"

【注】①间(jiàn 见)然,挑剔,批评。间,空隙。②菲(fěi 匪),菲薄,不丰厚。③致力,努力。④黻冕(fúmiǎn 福免),祭祀时穿的衣服叫黻,戴的帽子叫冕。⑤卑,低矮。⑥沟洫(xù 绪),沟渠。

【译】孔子说:"对于禹,我没有什么可挑剔的了! 他的饮食很简单,却尽量孝敬鬼神;他平时穿的衣服很简朴,而祭祀时却尽量穿得华美;他住的宫室很低矮,却尽力治水。对于禹,我没有什么可挑剔的了!"

子罕篇第九

9·1 子罕①言利,与②命与仁。

【注】①罕,稀少。②与,赞同,肯定。

【译】孔子很少谈到利益,却赞成天命和仁德。

【道生记】《集注》罕,少也。程子曰,计利则害义,命之理微,仁之道大,皆夫子所罕言也。

9·2 达巷党人①曰:"大哉孔子! 博学而无所成名。"子闻之,谓门弟子曰:"吾何执? 执御乎? 执射乎? 吾执御矣。"

【注】①达巷党人,达巷地方的人。达巷,地名。党,见5·22注③。

【译】达巷地方的一个人说:"孔子真伟大啊! 知识很广博而没有什么可以成名的专长。"孔子听了这话,便对学生们说:"我干什么呢? 驾车吗? 射箭吗? 我驾车好了。"

9·3 子曰:"麻冕①,礼也;今也纯②,俭③。吾从众。拜下④,礼也;今拜乎上⑤,泰⑥也。虽违众,吾从下。"

【注】①麻冕,麻布制成的礼帽。②纯,丝绸。③俭,俭省。当时作麻冕的麻布,规定要用二千四百根麻线织成二尺二寸宽(约合现在的一尺五寸),很费工,反不如用丝俭省。④拜下,臣见君,先在堂下拜君打招呼后才到堂上拜。拜,磕头。⑤拜乎上,臣见君,不先在堂下拜,而直接到堂上拜。⑥泰,这里指骄傲。

【译】孔子说:"礼帽用麻布制成,是符合周礼的;现在大家都用丝绸来做,这样比较节约。我赞成大家的做法。(臣见君主)先在堂下叩头(然后升堂叩头),这是符合周礼的;现在大家只是升堂叩头,这是高傲的表现。虽然违反大家的做法,我仍然赞成先在堂下磕头。"

9·4 子绝四:毋意①,毋必②,毋固③,毋我④。

【注】①意,同"忆、臆",猜想,猜疑。②必,必定。孔子反对"言必信,行必果"(13·20)。③固,固执。孔子主张"学则不固"(1·8)。④毋我,即克己,消除私心。我,这里指自私。

【译】孔子杜绝了四种弊病:不凭空揣测,不绝对肯定,不拘泥固执,不唯我独是。

【道生记】《集注》绝,无之尽者。毋,《史记》做"无"是也。意,私意也。必,期必也。固,执滞也。我,私己也。四者相为终始,起于意,遂于必,留于固,而成于我也。盖意必常在事前,固我常在事后。至于我又生意,则物欲牵引,循环不穷矣。杨氏曰:非知足以知圣人,详观而默识之,不足以记此。

前贤曰:"四者是常人事,借常人反面,写出圣人正面。"

9·5 子畏于匡①,曰:"文王②既没,文不在兹③乎? 天之将丧斯文也,后死者④不得与⑤于斯文也;天之未丧斯文也,匡人其如予何⑥!"

【注】①子畏于匡,公元前496年,孔子自卫去陈时经过匡地,被匡地老百姓围困。畏,受到威胁。匡,地名,今在河南长垣县西南。②文王,周文王,姓姬,名昌,西周开国之君,周武王的父亲。③兹,这里指孔子自己。④后死者,孔子自称。⑤与,这里同"举",掌握。⑥如予何,奈我何,把我怎么样。

【译】孔子被匡地的老百姓围困时,说道:"周文王死了以后,周代的文化不都体现在我身上了吗? 上天如果想要毁灭这种文化,那我就不可能掌握这种文化了;上天如果不毁灭这种文化,那匡人能把我怎么样呢!"

9·6 太宰①问于子贡曰:"夫子圣者欤? 何其多能也?"子贡曰:"固天纵②之将圣,又多能也。"子闻之,曰:"太宰知我乎? 吾少也贱,故多能鄙事③。君子多乎哉? 不多也。"

【注】①太宰,官名,掌握国君宫廷事务。这里的太宰有人说是吴国的太宰伯嚭(pǐ 痞),现已不可确考。②纵,让,使。③鄙事,卑贱的事。

【译】太宰问子贡:"孔夫子是位圣人吧? 为什么这样多才多艺呢?"子贡说:"这本是上天让他成为圣人,而且使他多才多艺。"孔子听到后说道:"太宰怎么会了解我呢? 我少年时由于低贱,所以会干许多卑贱的技艺。真正的君子会有这样多的技艺吗? 是不会多的。"

9·7 牢①曰:"子云:'吾不试②,故艺。'"

【注】①牢,孔子的门徒子牢。②试,被任用,即做官。

【译】子牢说:"孔子说过:'我(年轻的时候)没有当官,所以会一些技艺。'"

9·8 子曰:"吾有知乎哉? 无知也。有鄙夫①问于我,空空如也。我叩②其两端③而竭④焉。"

【注】①鄙夫,指乡野平民。②叩(kòu 扣),叩问,询问。③两端,两头,指正反、始终、本末、上下两方面。④竭,穷尽,尽力追究。

【译】孔子说:"我有知识吗? 没有知识。有一个乡下人问我,我对于他的问题本来一点也不知道。但我抓住问题的正反两面加以彻底盘问(答案就有了),然后尽量地告诉他。"

【道生记】《集注》程子曰，圣人之教人，俯就之若此，犹恐众人以为高远而不亲也。圣人之道，必降而自卑，不如此则人不亲。贤人之言，则引而自高，不如此则道不尊。观于孔子、孟子则可见矣。尹氏曰，圣人之言，上下兼尽。即其近，众人皆可与知。极其至，则虽圣人亦无以加焉。是之谓两端。如答樊迟之问仁知，两端竭尽，无余蕴矣。若夫语上而遗下，语理而遗物，则岂圣人之言哉？

9·9　子曰："凤鸟①不至，河不出图②，吾已矣夫！"

【注】①凤鸟，古代传说中的一种神鸟。传说凤鸟在舜和文王时代出现过，它的出现，象征着"圣王"将要出世。②河不出图，传说上古伏羲时代，黄河中有龙马背负八卦图而出，它的出现象征着"圣王"将要出世。

【译】孔子说："凤鸟不来了，黄河也不出现八卦图了，我这一生完了！"

9·10　子见齐衰①者、冕衣裳者②与瞽者③，见之，虽少，必作④；过之，必趋⑤。

【注】①齐衰(zīcuī 咨崔)，丧服。②冕衣裳者，即当官的。冕，官帽。衣，上衣。裳，下服。这里指官服。③瞽(gǔ 古)者，盲人。这里指乐师。④作，站起来，表示敬意。⑤趋，快步走，表示敬意。

【译】孔子遇见穿丧服的人、当官的人和盲人时，尽管对方年轻，也一定要站起来；在这些人面前走过时，一定要快步走。

9·11　颜渊喟然①叹曰："仰之弥②高，钻③之弥坚；瞻④之在前，忽焉在后。夫子循循然⑤善诱⑥人，博我以文，约我以礼，欲罢不能，既竭吾才。如有所立卓尔⑦，虽欲从之，末由⑧也已。"

【注】①喟(kuì 溃)然，叹息的样子。②弥(mí 迷)，更加，越发。③钻，钻研。④瞻(zhān 沾)，视，看。⑤循循然，有次序地。⑥诱，引导。⑦卓尔，高大的样子。⑧末，无，没有。由，途径。这里指办法。

【译】颜渊感叹道："(老师的学问道德)我抬头仰望，越望越觉得高，我努力钻研，越钻研越觉得深；看看好像在前面，忽然又像在后面(简直叫人难以捉摸)。老师善于一步一步诱导我，用各种典籍来丰富我的知识，又用各种礼节来约束我的行为，使我想停止前进也不可能，直到竭尽了我的才能(也停止不下来)。好像有一个十分高大的东西立在前面，虽然想要攀登上去，却没有办法。"

【道生记】《集注》程子曰，此颜子所以为深知孔子而善学之者也。胡氏曰，无上事而喟然叹，此颜子学既有得，故述其先难之故，后得之由，而归功于圣人也。高坚前后，语道体也，仰钻瞻忽，未领其要也。惟夫子循循善诱，先博我以文，使我知古今，达事变。然后约我以礼，使我尊所闻，行所知。如行者之赴家,食者之求饱,是以欲罢而不能,尽心尽力,不少休废;然后见夫子所立之卓然,虽欲从之,末由也已,是盖不怠所从,必欲至乎卓立之地也。抑斯叹也,其在请事斯语之后,三月不违之时乎?

《备旨补》朱子曰,高坚前后,始时之所见也。博文约礼,中间用力之方也。欲罢不能以后,后来得力之效验也。

前贤曰:"博学于文,约之以礼,是我自去博约,以学言。博我以文,约我以礼,是夫子博我约我,以教言。""欲罢不能,不是说颜子用功,正见博约之教之妙能使人如此。"

9·12　子疾病[①],子路使门人为臣[②]。病间[③],曰:"久矣哉,由之行诈也! 无臣而为有臣。吾谁欺? 欺天乎? 且予与其死于臣之手也,无宁[④]死于二三子之手乎? 且予纵不得大葬[⑤],予死于道路乎?"

【注】①病,这里指重病。②臣,指家臣。孔子当时已不是大夫,没有家臣,但子路叫门人充当孔子家臣,准备以大夫之礼安葬孔子。③间,间隙。这里指病势转轻。④无宁,"无"是发语词,没有意义。宁,宁可。⑤大葬,这里指大夫的葬礼。

【译】孔子病重,子路派(孔子的)门徒去做孔子的家臣(负责料理后事)。后来孔子的病好了一些,便说:"仲由很久以来就干这种骗人的勾当了! 我明明没有家臣,却一定要装着有家臣。我在骗谁呢? 骗上天吗? 而且我与其在家臣的侍候下死去,宁肯在你们这些学生的侍候下死去(不更好吗)? 而且我即使不能以大夫之礼来安葬,难道就会被丢在路上没人埋吗?"

【道生记】《集注》范氏曰,曾子将死,起而易箦,曰:"吾得正而毙焉,斯已矣。"子路欲尊夫子,而不知无臣之不可为有臣,是以陷于行诈,罪至欺天。君子之于言动,虽微不可不谨,夫子深惩子路,所以警学者也。

9·13　子贡曰:"有美玉于斯,韫椟[①]而藏诸? 求善贾[②]而沽[③]诸?"子曰:"沽之哉! 沽之哉! 我待贾者也!"

【注】①韫椟(yùndú 运读),收藏在柜子里。韫,收藏。椟,柜子。②贾(gǔ 古),商人。③沽,卖出。

【译】子贡说:"这里有一块好玉,是把它收藏在柜子里呢? 还是找一个识货的商人卖掉呢?"孔子说:"卖掉吧! 卖掉吧! 我正等着识货的人呢!"

【道生记】《集注》范氏曰,君子未尝不欲仕也,又恶不由其道。士之待礼,犹玉之待贾也。若伊尹之耕于野,伯夷、太公之居于海滨,世无成汤、文王,则终焉而已。必不枉道以从人,炫玉而求售也。

王若虚《滹南辨惑》卷五:"子贡曰:'有美玉于斯,韫椟而藏诸,求善贾而沽诸.'夫子答以待贾。南轩曰:'待贾者循乎天理;求善贾,则心已先动矣.'其说甚好,此便是义利之分。"

9·14 子欲居九夷①。或曰:"陋,如之何?"子曰:"君子居之,何陋之有?"

【注】①九夷(yí 移),对我国东部地区兄弟民族的一个总括的称呼。夷,古代指我国东部地区兄弟民族。

【译】孔子想要搬到九夷地方去居住。有人说:"那里落后,怎么能住呢?"孔子说:"像我这样的君子住在那里,还有什么落后的呢?"

9·15 子曰:"吾自卫反鲁①,然后乐正,《雅》《颂》②各得其所。"

【注】①自卫反鲁,公元前484年(鲁哀公十一年)冬,由于卫国发生内讧,孔子返回鲁国。②《雅》《颂》,是《诗经》中的两类诗(见1·15注②)。不同类的诗配有不同的乐曲,这里的《雅》和《颂》是指乐曲,即雅乐、颂乐。

【译】孔子说:"我从卫国回到鲁国后,才把乐曲进行一番审定和整理,使《雅》《颂》乐章都能得当(发挥维护周礼的作用)。"

9·16 子曰:"出则事公卿,入则事父兄,丧事不敢不勉,不为酒困,何有于我哉?"

【译】孔子说:"在外事奉国君和大臣,在家孝敬父兄,有丧事不敢不努力(按周礼)去办,喝酒不被酒所醉倒,这些事对我有什么困难呢?"

【道生记】末句译语有两种,请参阅7·2。

9·17 子在川上曰:"逝者如斯夫①!不舍②昼夜。"

【注】①夫(fú 扶),语气词。②舍,止,停留。

【译】孔子在河边叹道:"消逝的时光像河水一样呀!日夜不停地流去。"

【道生记】《集注》天地之化,往者过,来者续,无一息之停。乃道体之本然也。然其可指而易见者,莫如川流,故于此发以示人。欲学者时时省察,而无毫发之间断也。程子曰,此道体也。天运而不已,日往则月来,寒往则暑来,水流而不息,物生而不穷,皆与道为体,运乎昼夜,未尝已也。是以君子法之,自强不息,及其至也,纯亦不已焉。

前贤曰:"此即川流以明道体,欲人亦无须臾之息也。当与《中庸》鸢飞鱼跃参看。彼指道机之活泼,无物不有之意多;此指道体之流行,无时不然之意多。""天下无形之体,皆有形者为之显其象;有形之物,必有无形者为之宰其机,特人不自觉察耳。"

9·18 子曰:"吾未见好德如好色者也。"

【译】孔子说:"我没有见过像好色那样好德的人。"

【道生记】《集注》好,去声。谢氏曰,好好色,恶恶臭,诚也。好德如好色,斯诚好德矣,然民鲜能之。《史记》,孔子居卫,灵公与夫人同车,使孔子为次乘,招摇市过之。孔子丑之,故有是言。

前贤曰:"德兼人己说,色专属在人者。"《史记》是另一说,不必从。"

9·19 子曰:"譬如为山,未成一篑①,止,吾止也。譬如平地,虽覆一篑,进,吾往也。"

【注】①篑(kuì 溃),装土的筐。

【译】孔子说:"譬如用土堆山,只差一筐土便成山了,如果停止下来,那是我自己要停止的。譬如平地,虽然才倒下一筐土,如果前进了,那是我自己要前进的。"

【道生记】《集注》篑,土笼也。《书》(《尚书古文·旅獒》)曰,为山九仞,功亏一篑。夫子之言,盖出于此。言山成而但少一篑,其止者,吾自止耳。平地而方覆一篑,其进者,吾自往耳。盖学者自强不息,则积少成多,中道而止则前功尽弃。其止其往,皆在我而不在人也。

前贤曰:"此章以譬如二字发端,正意已在题先,较之松柏、骥力、苗秀章自别。"

9·20 子曰:"语之而不惰者,其回也与①!"

【注】①与,同"欤",语气词。

【译】孔子说:"听我说话而不懈怠的,只有颜回一个人吧!"

【道生记】《集注》惰,懈怠也。范氏曰,颜子闻夫子之言,而心解力行,造次颠沛未尝违之。如万物得时雨之润,发荣滋长,何有于惰。此群弟子所不及也。

《备旨》此章如颜子之善于体教,颜子闻言便有心解处。惟其心解,所以力行。称颜子,正以励群弟子也。

前贤曰:"三月不违,见颜子之仁;闻一知十,见颜子之智;此章是颜子之勇。"

9·21 子谓颜渊,曰:"惜乎! 吾见其进也,未见其止也。"

【译】孔子谈到颜渊时说:"这个人可惜死了! 我只看见他不断前进,从来没有看见他停止过。"

9·22 子曰："苗而不秀①者有矣夫②！秀而不实者有矣夫！"

【注】①秀，稻、麦等庄稼吐穗扬花。②夫（fú 扶），语气词。

【译】孔子说："出苗而不吐穗扬花的庄稼是有的！吐穗扬花而不灌浆结果的庄稼也是有的！"

【道生记】《集注》谷之始生曰苗，吐华曰秀，成谷曰实。盖学而不至于成，有如此者。是以君子贵自勉也。

前贤曰："天下事不习其事者常知其易，而身其事者每知其难，不秀不实，观者或不得其说，而从事于苗者早知其故，此其际有独喻之者矣；亦惟不尽其力者常觉其盈，而致其力者弥觉其歉，不秀不实，惰者曾不以为意，而厚望于苗者时以为忧，此其情有倍凛之者也。"

9·23 子曰："后生可畏，焉知来者之不如今也？四十五十而无闻焉，斯亦不足畏也已。"

【译】孔子说："年轻人是可怕的，怎么知道他的将来赶不上现在的人呢？但如果（他）到了四五十岁还没有成名，也就没有什么可怕了。"

【道生记】《集注》孔子言后生年富力强，足以积学而有待，其势可畏。安知其将来不如我之今日乎？然或不能自勉，至于老而无闻，则不足畏矣。言此以警人，使及时勉学也。曾子曰，五十而不以善闻，则不闻矣，盖述此意。尹氏曰，少而不勉，老而无闻，则亦已矣。自少而进者，安知其不至于极乎，是可畏也。

《备旨》首句有期望耸动意，末二句乃预言以儆惕之耳。只作一人看。但此亦为后生而发（是为后生鞭策，不是为衰老嗟伤），非以四十五十限定人也。无闻，只作无善可闻说，不作闻道之闻。

9·24 子曰："法语之言①，能无从乎？改之为贵。巽与之言②，能无说③乎？绎④之为贵。说而不绎，从而不改，吾末⑤如之何也已矣。"

【注】①法语之言，指合乎周礼的话。法，指礼仪规则。②巽（xùn 逊）与之言，指顺耳好听的言辞。巽，谦逊。与，称许。③说，同"悦"。④绎（yì 亦），本指抽丝。这里指分析鉴别。⑤末，没有。

【译】孔子说："符合周礼的话，谁能不听从呢？但（只有按它来）改正（自己的行为）才是可贵的。顺耳好听的话，谁能听了不高兴呢？但只有分析（其真伪是非）才是可贵的。只高兴而不去分析，只听从而不改正，（对这样的人）我拿他实在没有办法。"

【道生记】《集注》法语者，正言之也。巽言者，婉而导之也。绎，寻其绪也。法言人所敬惮,故必从,然不改,则面从而已。巽言无所乖忤,故必悦,然不绎,则又不足以知其微意之所在也。杨氏曰,法言若孟子论行王政之类是也。巽言若其论好货好色之类是也。语之而未达,拒之而不受,犹之可也。其或喻焉,则尚庶几其能改绎也。从且悦矣,而不改绎焉,则是终不改绎也已。虽圣人其如之何哉。

《备旨》此章见听言者当实受其益,概指君友说。

前贤曰:"说而不绎,将并不能说也,引喻之旨渎陈,而信而见疑,遂被微文以怨诽之罪;从而不改,将并不能从也,廷诤之词屡上,而忠而受斥,且指痛哭为不祥之言。"

9·25 子曰:"主忠信;毋友不如己者;过则勿惮改。"①

【注】①这段话重出,见1·8。

9·26 子曰:"三军①可夺帅也,匹夫②不可夺志也。"

【注】①三军,见7·11注④。②匹夫,男子。

【译】孔子说:"三军的主帅是能够俘虏过来的,男子汉的志向是不能强迫改变的。"

【道生记】《集注》侯氏曰,三军之勇在人,匹夫之志在己,故帅可夺而志不可夺。如可夺,则亦不足谓之志也。

《备旨》夫子勉人立志曰,天下资诸人者难凭,存诸己者足恃。今夫三军至众,以三军而卫一帅,宜不可夺也。然三军虽众,其勇在人。苟三军之心有不齐,而力有不一,其帅固可得而夺也。匹夫至寡,以匹夫而立一志,孰不谓其可夺乎。然匹夫虽微,其志在己。苟所立之志一定,则有可荣可辱,可生可杀,而志必不可屈也,孰得而夺之哉。

前贤曰:"匹夫对三军看,犹言一人,非卑贱之称。""可夺,谓以智胜者,可以伐其谋;以力胜者,可以挫其气。"

9·27 子曰:"衣敝缊袍①,与衣狐貉者②立,而不耻者,其由也与?'不忮不求,何用不臧?③'"子路终身诵之。子曰:"是道也,何足以臧?"

【注】①衣,动词,穿。敝缊袍,破旧的丝绵袍。敝,坏。缊(yùn孕),旧的丝绵絮。②衣狐貉(hé禾)者,穿狐貉皮袍的人,即富人。③不忮(zhì志)不求,何用不臧(zāng脏),见《诗经·邶(bèi贝)风·雄雉》篇。忮,嫉妒。求,贪求。臧,善,好。

【译】孔子说:"穿着破旧丝绵袍子,和穿着狐貉皮袍的人一道站着,而不觉得惭愧的,大概只有仲由吧?(《诗经》上说)'不嫉妒,不贪求,为什么说不好呢?'"子路听后,便老念着这两句诗。孔子又说:"仅仅这个样子,怎么能够好得起来?"

【道生记】《集注》终身诵之,则自喜其能,不复求进于道矣。故夫子复言此以警之。谢氏曰,耻恶衣恶食,学者之大病。善心不存,盖由于此,子路之志如此,其过人远矣。然以众人而能此,则可以为善矣。子路之贤,宜不止此,而终身诵之,则非所以进于日新也,故激而进之。

前贤曰:"子路惟有缊袍不耻之志,故有车马与共之情。""与立不耻,只借来形容子路胸次,非实有其事。""此始终进子路以臧也,始嘉其淡心于世外,终冀其虚心于道中,总是进之之意。"

9·28 子曰:"岁寒,然后知松柏之后彫①也。"

【注】①彫,同"凋",凋零衰落。

【译】孔子说:"到了寒冷的季节,才看得出松树柏树是最后凋零的。"

9·29 子曰:"知①者不惑,仁者不忧,勇者不惧。"

【注】①知,同"智"。

【译】孔子说:"聪明的人不会迷惑,仁德的人经常乐观,勇敢的人无所畏惧。"

【道生记】《集注》明足以烛理,故不惑。理足以胜私,故不忧。气足以配道义,故不惧。此学之序也。

《备旨》三平看,皆以成德者。论德则以仁为先,论学则以知为先。此先知后仁,是学之序耳。

前贤曰:"此举成德者,就其心体无累处言之。心体既全,物欲自却。""此知者兼聪明之德格致之学言,仁者兼无私之德克复之学言,勇者兼刚大之德养成之气言。"

9·30 子曰:"可与①共学,未可与适②道;可与适道,未可与立;可与立,未可与权③。'唐棣之华,偏其反而。岂不尔思? 室是远而。④'"子曰:"未之思也,夫何远之有?"

【注】①与,以。②适,往。这里是达到、学习到的意思。③权,本意是秤锤。秤锤在秤杆上左右移动,引申为随机应变的意思。④"唐棣(dì 弟)之华"四句,出处现已无法查考。唐棣,是一种果树。又写做棠棣。华,花。一般树木开花都是先合后开,唐棣开花却是先开后合,违反常规,故说"反而"。偏,同"翩",随风翻动。而,语助词。原诗作者可能是借唐棣花的先开后合来表达他希望同他的情人或友人先离后聚的心情。孔子引此诗是比喻随机应变合乎"克己复礼"的根本目的。室,居住的地方。

【译】孔子说:"能够一起学习的人,未必都能学到道;能够学到道的人,未必能够坚守道;能够坚守道的人,未必能够随机应变。(正如古诗所说)'唐棣树的花,摇摆着先开后合。难道我不思念你? 你住的太远了。'"孔子接着加以发挥说:"没有思考罢了,(如果思考了)怎么会认为(这种随机应变)离开道很远呢?"

【道生记】《集注》可与者,言其可与共为此事也。程子曰,可与共学,知所以求之也。可与适道,知所往也。可与立者,笃志固执而不变也。权,秤锤也,所以称物而知轻重者也。可以权,谓能权轻重使合义也。杨氏曰,知为己,则可与共学矣。学足以明善,然后可与适道。信道笃,然后可与立。知时措之宜,然后可以权。洪氏曰,《易》九卦(朱子《周易本义·系辞下传》第七章记九卦),终于《巽》以行权。权者,圣人之大用。未能立而言权,犹人未立而欲行,鲜不仆矣。唐棣,郁李也。偏,《晋书》作翩,然则反亦当与翻同,言华之摇动也。而,语助也。此逸诗也,于六义属兴。上两句无意义,但以起下两句之辞耳。其所谓尔,亦不知其何所指也。夫子借其言而反之,盖亦前篇仁远乎哉之意。程子曰,圣人未尝言易以骄人之志,亦未尝言难以阻人之进。但曰,未之思也,夫何远之有。此言极有涵蓄,意思深远。

乡党篇第十

【道生记】《集注》杨氏曰,圣人之所谓道者,不离乎日用之间也。故夫子之平日,一动一静,门人皆审视而详记之。尹氏曰,甚矣,孔门诸子之嗜学也。于圣人之容色言动,无不谨书而备录之,以贻后世。今读其书,即其事,宛然如圣人之在目也。虽然,圣人岂拘拘而为之者哉。盖盛德之至,动容周旋,自中乎节耳。学者欲潜心于圣人,宜于此求焉。

10·1 孔子于乡党①,恂恂②如也,似不能言者。其在宗庙朝廷,便便③言,唯谨尔。

【注】①乡党,这里指本乡本土。②恂恂(xún 旬),温和恭顺。③便便,同"辩辩",善于谈论。

【译】孔子在家乡显得温和恭顺,好像不会说话一样。但在祭祀和朝见的场合,却善于谈论,只是比较谨慎罢了。

【道生记】《备旨》此章合乡党宗庙朝廷而见圣人之时中,上节是在乡党尽其礼,下节是在朝庙致其恭,正于言貌不同处见之。

前贤曰:"《乡党》形容夫子一动一静,可得而直遂者,曰必曰不。不可得而直遂者,曰如曰似。随时变易,而无非道之所在。""全篇分两支看,孔子提头,自于乡党至私觌愉愉如也,记朝聘傧相之大。其下复以君子提起,则零星碎记,而各以类从。到末节以时字点睛,会得来总是一个圣之时。""庙有五而百世不祧,宗以冠焉。朝有三而平地不屋,廷以名焉。""出接宾曰傧,入赞礼曰相。"

10·2 朝①,与下大夫②言,侃侃③如也;与上大夫言,訚訚④如也。君在,踧踖⑤如也,与与⑥如也。

【注】①朝(cháo 潮),朝见。②下大夫,在周代的等级制度中,大夫是诸侯下面的一个等级。其中又分为不同等级,最高一级称为卿,即上大夫,其余称为下大夫。孔子的地位相当于下大夫。③侃侃(kǎn 砍),说话理直气壮。④訚訚(yín 银),和颜悦色的样子。⑤踧踖(cùjí 促吉),恭顺而不安的样子。⑥与与,小心谨慎的样子。

【译】孔子在朝廷上,当国君不在场时,同下大夫说话,理直气壮;同上大夫说话,和颜悦色。君主来了,恭敬而又不安,非常小心谨慎。

10·3 君召使摈①,色勃如也②,足躩③如也。揖所与立,左右手,衣前后,襜④如也。趋进,翼如也⑤。宾退,必复命曰:宾不顾矣。

【注】①摈(bìn 殡),同"傧",负责招待国君的官员。这里作动词用,即接待宾客。②色

勃如也,脸色立刻庄重起来。③躩(jué 决),快走。④襜(chān 掺),整齐。⑤翼如也,如鸟儿展翅一样。

【译】鲁君召孔子去接待宾客,孔子脸色立刻庄重起来,脚步也快起来。他向和他站在一起的人作揖时,向左或向右拱手,衣服前后摆动,却很整齐。快步向前,姿态像鸟儿展翅一样。贵宾走后,一定向国君回报说:客人已经不回头了。

【道生记】前贤曰:"首段承命之初,中二段行礼之时,末段礼毕之后。始终尽礼,皆一于敬也。"

10·4 入公门,鞠躬如也,如不容。立不中门,行不履阈①。过位,色勃如也,足躩如也,其言似不足者。摄齐②升堂,鞠躬如也,屏气③似不息者。出,降一等④,逞⑤颜色,怡怡如也。没阶⑥,趋,翼如也。复其位,踧踖如也。

【注】①阈(yù 玉),门坎。②摄(shè 社),提起。齐(zī 咨),衣服的下摆。③屏(bǐng 丙)气,憋住气。④降一等,从台阶上走下一级。⑤逞,舒展开脸色,松一口气。⑥没阶,走完台阶。

【译】孔子走进朝廷的门,谨慎恭敬的样子,好像没有容身之地。他不在门的中间站立,进门时不踩门坎。经过国君的座位时,脸色立刻庄重起来,脚步也加快起来,说话也好像气不足的样子。提起衣服下摆向堂上走时,恭敬谨慎的样子,憋住气好像停止呼吸一样。出来时,走下一级台阶才松一口气,脸色显出轻松的样子。走完了台阶,向前快走,姿态像鸟儿展翅一样。回到自己的位置上,表现出恭敬而不安的样子。

【道生记】段氏注《说文》"其于所不知,盖阙如也"云:"此用《论语·子路》篇语。盖、阙叠韵字。凡《论语》言如:或单字,孛如、躩如是;或重字,申申如、夭夭如是;或叠韵双声字,踧踖如、鞠躬如、盖阙如是。盖旧音如割。"按:此即今所谓形容词、副词之词尾。《论语》用"如"特多,但也用"然、焉、尔、乎、哉"等字。又按:《周易》亦多用"如"。窃拟测《易》与《论语》可能同时写定。

10·5 执圭①,鞠躬如也,如不胜。上如揖,下如授。勃如战色,足蹜蹜②,如有循③。享礼④,有容色。私觌⑤,愉愉如也。

【注】①圭(guī 归),一种上圆(或作剑头形)下方的玉器,举行典礼时,不同身份的人拿着不同的圭。这里指大夫出使别的诸侯国时拿在手里代表君主的圭。②蹜(sù 速),小步走路。③如有循,好像沿着一条直线向前走一样。循,沿。④享礼,享献。指向对方贡献礼物的仪式。使者受到接见后接着举行献礼仪式。⑤觌(dí 狄),会见。

【译】（孔子出使别的诸侯国）举着圭,恭敬谨慎地,好像举不起来的样子。向上举好像在作揖,放下来好像递东西给人。脸色庄重得像战栗的样子,步子很小,好像沿着一条直线向前走一样。在赠送礼物的仪式中,显得和颜悦色。私下会见时,满脸堆笑。

【道生记】《集注》晁氏曰,孔子定公九年仕鲁,至十三年适齐,其间绝无朝聘往来之事。疑使摈执圭两条,但孔子尝言其礼当如此耳。

《备旨》鞠躬以下,皆要跟执圭来,以身手足色四平看。

前贤曰:"通节以聘为主,享与觌,皆聘中事。容色愉愉,特敬中之和,盖非敬无以致聘问之礼,非和无以通聘问之情。"

10·6 君子①不以绀緅饰②,红紫不以为亵服③。当暑,袗絺绤④,必表而出之⑤。缁⑥衣,羔裘⑦;素⑧衣,麑裘⑨;黄衣,狐裘。亵裘长,短右袂⑩。必有寝衣,长一身有半。狐貉之厚⑪以居。去丧无所不佩。非帷裳⑫,必杀之⑬。羔裘玄冠⑭不以吊。吉月⑮,必朝服而朝。

【注】①君子,这里指孔子。②不以绀緅饰,即不用深青透红或黑中透红的布来给平常穿的衣服镶边。绀(gàn 干),深青透红,斋戒时服装的颜色。緅(zōu 邹),黑中透红,丧服的颜色。③亵(xiè 泻)服,平常在家穿的衣服,即便服。亵服不用红紫色,因为红紫色是礼服的颜色。④袗絺绤(zhěnchīxì 枕痴细),穿粗的或细的麻布单衣。袗,单衣。絺,细麻布。绤,粗麻布。⑤必表而出之,把麻布单衣套在外面,里面还要衬有内衣。⑥缁(zī 兹),黑色。⑦羔裘,羔羊皮袍(黑色)。⑧素,白色。⑨麑(ní 尼)裘,小鹿皮袍(白色)。⑩短右袂(mèi 妹),右手的袖子短一点,这是为了便于做事。袂,袖子。⑪狐貉之厚,厚毛的狐貉皮。⑫帷裳,朝拜和祭祀时穿的礼服,用整幅布做,多余的布不裁掉,折叠缝上。⑬必杀之,一定要去掉多余的布,即一定要加以剪裁。⑭玄冠,黑色礼帽。⑮吉月,每月初一。杨伯峻订为"大年初一",从程树德《论语集释》之说。

【译】君子不用深青透红或黑中透红的布镶边,不用红色或紫色的布做平常在家穿的衣服。夏天穿粗的或细的麻布单衣,但一定要套在外面。黑色的羔羊皮袍,配黑色的罩衣;白色的鹿皮袍,配白色的罩衣;黄色的狐皮袍,配黄色的罩衣。平常在家穿的皮袍做得长一些,右边的袖子短一点。一定要有睡衣,要有一身半长。用长毛的狐貉皮做坐垫。（服丧期满）脱下丧服以后,便佩戴上各式各样的装饰品。如果不是礼服,一定要加以剪裁。不穿着黑色的羔羊皮袍和戴着黑色的礼帽去吊丧。大年初一,一定要穿着礼服去朝拜君主。

【道生记】《集注》长,去声。齐主于敬,不可解衣而寝,又不可着明衣而寝,故别有寝衣,其半盖以覆足。程子曰,此错简,当在齐必有明衣布之下。愚谓如此,则此条与明衣变食,既得以类相从,而亵裘狐貉,亦得以类相从矣。

按:《备旨》即在本章删除,下章作"齐必有明衣布,必有寝衣长一身有半……"

前贤曰:"盖君子非服不服,故邪正有辨,公私有别,寒暑得宜,表里相称,长短有度,吉凶有等,朝祭有经,厚薄有节,或有所不为,或有所必为,总见圣心化裁之妙。"

10·7 齐①,必有明衣②,布。齐必变食③,居必迁坐④。

【注】①齐,同"斋"。见7·13注①。②明衣,浴衣。③变食,改变平常的饮食。指不饮酒,不吃葱蒜。④居必迁坐,指从内室迁移到外室居住,不和妻妾同房。

【译】孔子斋戒的时候,一定要有洗澡用的浴衣,用布做。斋戒的时候,一定要改变饮食,也一定要迁移卧室。

10·8 食不厌精,脍①不厌细。食饐②而餲③,鱼馁④而肉败⑤,不食。色恶,不食。臭恶,不食。失饪⑥,不食。不时⑦,不食。割不正,不食。不得其酱,不食。肉虽多,不使胜食气⑧。唯酒无量,不及乱⑨。沽酒市脯⑩,不食。不撤姜食,不多食。

【注】①脍(kuài 快),切细的肉。②饐(yì 意),陈旧。③餲(ài 爱),变味。④馁(něi),鱼腐烂。这里指鱼不新鲜。⑤败,肉腐烂。这里指肉不新鲜。⑥饪(rèn 任),烹调。⑦时,应时,时鲜。⑧气,同"饩"(xì 戏),即粮食。⑨乱,神志昏乱,即酒醉。⑩脯(fǔ 辅),熟肉干。

【译】孔子吃饭,粮食舂(chōng 冲)得越精越好,肉切得越细越好。粮食陈旧了和变味了,鱼和肉不新鲜了,不吃。食物的颜色变坏了,不吃。气味难闻,不吃。烹调不当,不吃。不时新的菜蔬,不吃。肉切得不方正,不吃。作料放的不恰当,不吃。席上的肉虽多,但吃得不超过米面的量。只有酒没有限制,但不喝醉。从市上买来的酒和熟肉,不吃。每餐必须有姜,但也不多吃。

【道生记】前贤曰:"此章在不多食处断。上是饮食之节,下是因饮食而类记之。首段善其养生;次段戒其伤生;三段虽不伤生,亦不苟食;四段虽当食当饭者亦有酌量;五段卫生之严;六七段养生之周。""把上面除不食外,凡所食者都收拾在此句(按:指"不多食")中,不但指姜。"

10·9 祭于公,不宿肉①。祭肉②不出三日。出三日不食之矣。

【注】①不宿肉,不使肉过夜。古代大夫参加国君祭祀后,可以分到一些祭肉。但这些肉往往已不新鲜,不能再过夜,必须立即吃掉或送人。②祭肉,祭祀用过的肉。

【译】孔子参加国君祭祀典礼时分到的肉,不过夜就处理掉。祭祀用过的肉不超过三天。超过三天,就不吃了。

【道生记】《备旨》此以下就饮食而推其锡类报本,向晦通幽,无非见圣人之敬也。

10·10 食不语,寝不言。

【译】吃饭的时候不交谈,睡觉的时候不说话。

10·11 虽疏食菜羹①,必祭,必齐②如也。

【注】①菜羹(gēng 庚),用菜做成的汤。②齐,同"斋"。

【译】即使是粗米饭蔬菜汤,也一定要拿它先祭一祭,而且一定要像斋戒时那样严肃恭敬。

10·12 席①不正,不坐。

【注】①席,席子。古代没有椅子和凳子,都坐在铺在地面上的席子上。

【译】(孔子坐时)席子放得不端正,不坐。

10·13 乡人饮酒,杖者①出,斯出矣。

【注】①杖者,拿拐杖的人,即老年人。

【译】(孔子)和本乡人一道喝酒,(喝完之后)一定要等老年人先走出去,然后自己才出去。

10·14 乡人傩①,朝服而立于阼阶②。

【注】①傩(nuó 挪),迎神驱鬼的宗教仪式。②阼(zuò 作)阶,主人大堂前东面的台阶,主人立在这里欢迎客人。

【译】本乡人举行迎神驱鬼的仪式时,孔子总穿着朝服站在东面的台阶上。

【道生记】前贤曰:"一是人道,一是神道,并记之以为居乡法。"

10·15 问①人于他邦,再拜而送之。

【注】①问,问候。

【译】(孔子)托人向在其他诸侯国的朋友问好(送礼),在送别受托者时要拜两次。

10·16 康子馈①药,拜而受之。曰:"丘未达②,不敢尝。"

【注】①馈(kuì 愧),赠送。②达,通达,了解。

【译】季康子赠送药给(孔子),(孔子)行礼致谢后接受了。说:"我对药性不了解,不敢尝。"

【道生记】《集注》杨氏曰,大夫有赐,拜而受之,礼也。未达不敢尝,谨疾也。必告之,直也。

王若虚《滹南辨惑》卷五:"康子馈药,拜而受之曰:'丘未达,不敢尝。'杨氏曰:'不敢尝,慎疾也。必告之,直也。'予谓人以善意馈药,而告之以疑不敢尝,凡人交际,皆知其不可,况孔子之于康子乎?且使馈药,无迫使面尝之理,何必以此语怃之?当是退而谓人之辞。记者简其文,故一曰字而足耳。"

按:此段与下段所引若虚之说,皆能开人心思,益领悟《论语》记言笔法。

10·17 厩①焚。子退朝,曰:"伤人乎?"不问马。

【注】①厩(jiù旧),马棚。

【译】马棚失火烧掉了。孔子从朝廷回来,问道:"伤着人了吗?"没有问马怎样。

【道生记】《集注》非不爱马,然恐伤人之意多,故未暇问。盖贵人贱畜,理当如此。

王若虚《滹南辨惑》卷五:"孔子厩焚而不问马,盖其已见,故不必问,初岂有深意哉?特弟子私疑而记之耳。后人因其记之,遂妄意而为之说。本不须着此三字。郑氏以为贵人贱畜而然。夫君子之待畜固轻于人,然不应无情如此。张子韶之说美矣。至举'敝帷不弃'等语,以发忠厚之心,亦所谓矫枉过正也。"

10·18 君赐食,必正席先尝之。君赐腥,必熟而荐①之。君赐生,必畜之。侍食于君,君祭,先饭。

【注】①荐(jiàn箭),供奉。

【译】君主赐给熟食,(孔子)一定摆正坐席先尝一尝。君主赐给生肉,一定煮熟了先给祖宗上供。君主赐给活物,一定把它养起来。陪同君主一起吃饭,在君主举行饭前祭礼的时候,抢先尝一尝。

10·19 疾,君视之,东首①,加朝服,拖绅②。

【注】①东首,头朝东。孔子病中不能起来,只好卧在床上,头朝东来迎接国君。②加朝服,拖绅,孔子病卧在床,国君来了不能起身穿朝服,但也要把它盖在身上。绅,束在腰间的大带。这时不能束在腰上,但也要放在身上。

【译】(孔子)病了,国君来探视,他头朝东(躺在床上),把上朝的衣服盖在身上,拖着大带(表示迎接国君)。

10·20 君命召,不俟①驾行矣。

【注】①俟(sì四),等待。

【译】君主召见(孔子),他不等车马驾好就先步行走了。

【道生记】《集注》自"君赐食"至此总为一节。结云"此一节记孔子事君之礼"。

前贤曰:"前说事君多矣。然前指容貌,此指礼节不同。七个君字,须着眼重提。首段受君赐,二段侍君食,三段答君顾,末段奉君召,非求合于礼,而自悉当乎礼也。"

10·21 入太庙,每事问①。

【注】①这条重出,参见3·15。

10·22 朋友①死,无所归,曰:"于我殡。"

【注】①朋友,指与孔子志同道合的人。

【译】(孔子的)朋友死了,没有人管,(孔子)说:"由我来负责安葬。"

10·23 朋友之馈①,虽车马,非祭肉,不拜。

【注】①馈(kuì 愧),这里指赠品。

【译】朋友赠送的礼品,即使是车马,如果不是祭肉,(孔子)在接收时也是不拜的。

【道生记】《集注》朋友有通财之义,故虽车马之重不拜。祭肉则拜者,敬其祖考同于己亲也。此一节(指10·22、10·23)记孔子交朋友之义。

《备旨》义所当殡不可辞,义所当受不必拜。

近人云:"孔丘把朋友赠送的车马看得不如祭肉重要,这是因为孔丘认为祭肉关系到孝的问题,而孝和弟(悌)是仁的根本,是'克己复礼'的重要内容。"

10·24 寝不尸,居①不客②。

【注】①居,这里当"坐"讲。②客,宾客。这里作动词,指像做客或接客那样坐着。古时做客或接客时两膝着地,屁股坐在脚跟上,比较费力。

【译】(孔子)睡觉不像死尸一样挺着,平日也不像做客或接待客人时那样坐着。

10·25 见齐衰①者,虽狎②,必变。见冕者与瞽者③,虽亵④,必以貌。凶服⑤者式⑥之。式负版者⑦。有盛馔⑧,必变色而作⑨。迅雷风烈必变。

【注】①齐衰(zīcuī 咨崔),孝服。②狎(xiá 匣),亲近。③瞽者,盲人,指乐师。④亵(xiè 泻),常见,熟悉。⑤凶服,丧服。⑥式,同"轼",车前拱扶手用的横木。这里作动词。遇见地位高的人或其他人时,身子向前微俯,伏在横木上,以表尊敬或同情,叫轼。是当时一种礼节。⑦负版者,背着国家图籍的人。版,方形木板,指国家的图籍,如地图、户口册等。当时无纸,用木板来书写。⑧盛馔,盛大的筵席。馔(zhuàn 转),饮食。⑨作,站起来。

【译】(孔子)看见穿孝服的人,即使是关系亲密的,态度也一定要严肃起来。看见当官的和盲人,即使是常在一起的,也一定要有礼貌。在乘车时遇见穿丧服的人便俯身伏在车前横木上(以示同情)。对背着国家户籍册、疆域图的人也这样做(以示敬意)。做客时,如果有丰盛的筵席,就神色一变,并站立起来(以示感谢)。遇见迅雷大风,也改变神色(以示对上天的敬畏)。

【道生记】《集注》式此二者(凶服者、负版者),哀有丧,重民数也。人惟万物之灵,而王者之所天也。故《周礼》献民数于王,王拜受之,况其下者,敢不敬乎。敬主人之礼,非以其馈也。迅,疾也,烈,猛也,必变者所以敬天之怒。记曰:若有疾风迅雷甚雨,则必变,虽夜必兴,衣服冠而坐。

前贤曰:"首段敬以处己,中三段敬以待人,末段敬以事天。"

10·26 升车,必正立,执绥①。车中,不内顾②,不疾言,不亲指③。

【注】①绥(suí 隋),上车时扶手用的索带。②内顾,回头看。③亲指,用自己的手指划。

【译】(孔子)上车时,一定先直立站好,然后拉着索带上车。在车上,不回头看,不很快地说话,不用自己的手指划。

10·27 色斯举矣①,翔而后集②。曰:"山梁雌雉③,时哉时哉④!"子路共⑤之,三嗅而作⑥。

【注】①色举斯矣,这句话可能有错漏,从过去的注和后面的文字来看,意思可能是指孔子看见一群野鸡,神色动了一下。色,脸色。举,鸟飞起来。②翔而后集,飞翔一阵,然后落到树上。鸟群停在树上叫"集"。③山梁雌雉(zhì 至),聚集在山梁上的母野鸡。④时哉时哉,得其时呀,得其时呀! 指野鸡时运好,能自由飞翔,自由落下。⑤共,同"拱"。⑥三嗅而作,长叫几声飞走了。嗅,唐石经《论语》作"戛"(jiá 夹)字。戛,鸟长叫声。作,飞起。

【译】(孔子)在山谷中行走,看见一群野鸡在飞,(孔子的)神色动了一下。野鸡飞翔了一阵落在树上。(孔子)说:"这些山梁上的母野鸡,得其时呀! 得其时呀!"子路向它们拱拱手,野鸡便叫了几声飞走了。

【道生记】《集注》言鸟见人之颜色不善,则飞去。回翔审视而后下止。人之见几而作,审择所处,亦当如此。然此上下,必有阙文矣。邢氏曰,梁,桥也。时哉,言雉之饮啄得其时。子路不达,以为时物而共具之。孔子不食,三嗅其气而起。晁氏曰,石经嗅作戛,谓雉鸣也。刘聘君曰,嗅,当作臭,古阒反,张两翅也。见《尔雅》。愚按,如后两说,则共字当为拱执之义。然此必有阙文,不可强为之说,姑记所闻以俟知者。

《备旨》此章示人以知几之学,当重一时字。色举翔集,即得时处,三嗅而作,即时举而举意。记此于《乡党》之末,盖以孔子圣之时,所会心者,无非时也。即鸟以警人,鸟有相时之智,斯字而后字当玩。二句盖为夫子叹雌雉记也。雉,《禽经》云,介鸟也,耿介而一志者也。

　　前贤曰:"此其意尤莫切于雌雉者。昔夫子具文明之德,而雌伏山林,有感发叹曰,山梁雌雉得其时哉。夫学在大易,而观物察则,无在非龟龙之象,觉蠢者之纯乎天,非灵者所敢望也。志在春秋,而避色避言,谁为指麟凤之姿,觉静者之藏器以待,非躁者所得与也。盖子之所藏深矣,而子路不喻也。""山梁为艮卦,艮象为止,宜止不宜行。又象为静,宜静不宜动。""夫子为圣之时,《乡党》一篇,本自散散说来,节节藏一时字,到此结穴。却不与明言,只就夫子叹山雉之时,然后识得破时。时哉时哉,分明是夫子自道。然却须会得大易艮象,时止则止,时行则行,动静不失其时,其道光明,乃见圣人全体。"

先进篇第十一

【道生记】《集注》此篇多评弟子贤否。

11·1 子曰:"先进于礼乐①,野人②也;后进于礼乐,君子③也。如用之,则吾从先进。"

【注】①先进于礼乐,指先学习礼乐然后再做官的人。②野人,一般指从事农业生产的奴隶和劳动人民。这里指失去世袭特权的没落奴隶主贵族及其后代,即在野的人,也就是孔子要举的"逸民"。春秋末期,由于奴隶制的崩溃,许多奴隶主贵族没落了,有的曾经是奴隶制国家中掌管礼、乐、典章的官吏,流落民间后,便成为"野人"("礼失求诸野")。这些人当时只有通过"学而优则仕"的途径,即先学习礼乐,然后才能做官。③君子,这里指统治者、当权贵族,如卿、大夫等。这些人享有世袭特权,他们的子弟可以凭借这些特权直接取得官职,在当官以后,为了统治的需要,才去学习礼乐,所以说是"后进于礼乐"。

【译】孔子说:"先学习礼乐(而后做官)的人,是野人;(先做官)而后学习礼乐的人,是君子。如果选用人才,那我就要选用先学习礼乐的人(来当官掌权)。"

【道生记】《集注》先进后进,犹言前辈后辈。野人,谓郊外之民。君子,谓贤士大夫也。程子曰,先进于礼乐,文质得宜,今反谓之质朴,而以为野人。后进之于礼乐,文过其质,今反谓之彬彬,而以为君子。盖周末文胜,故时人之言如此。不自知其过于文也。用之,谓用礼乐。孔子既述时人之言,又自言其如此,盖欲损过以就中也。

《备旨》,仲尼燕居曰,师(孔子呼子张),尔以为必铺几筵,升降酌献酬酢,然后谓之礼乎。尔以为必行缀兆,兴羽籥,作钟鼓,然后谓之乐乎。言而履之礼也,礼行而乐之乐也。《乐记》曰,礼乐不可斯须去身。

11·2 子曰:"从我于陈、蔡者①,皆不及门②也。"

【注】①从我于陈、蔡者,指在陈蔡之间绝粮时跟随孔子的门徒。公元前489年,孔子和他的门徒从陈国去蔡地,在途中,被陈国人包围,绝粮七天,许多门徒饿得不能行走,当时跟随他的有子路、子贡、颜回等人。公元前484年,孔子回鲁国后,子路、子贡等先后离开,颜回也死去了,孔子时常思念他们。②不及门,是说不在跟前受教。门,这里指受教的场所。

【译】孔子说:"曾跟随我从陈国到蔡地去的学生,现在都不在我身边受教了。"

11·3 德行①:颜渊、闵子骞、冉伯牛、仲弓。言语:宰我、子贡。政事:冉有、季路。文学:子游、子夏。

【注】①德行,指能实行孝悌、忠恕等道德。下文的言语,指长于辞令,能办理外交。政事,指能从事政治。文学,指通晓文献典籍。

【译】德行好的有:颜渊、闵子骞、冉伯牛、仲弓。擅长言语的有:宰我、子贡。擅长政事的有:冉有、季路。擅长文学的有:子游、子夏。

【道生记】《集注》行,去声。弟子因孔子之言记此十人,而并目其所长,分为四科。孔子教人各因其材,于此可见。程子曰,四科乃从夫子于陈蔡者尔,门人之贤者固不止此。曾子传道而不与焉,故知十哲世俗论也。

《集注》原合此两章为一章。分两章为得。

11·4　子曰:"回也非助我者也,于吾言无所不说。"

【译】孔子说:"颜回不是能帮助我的人,对于我所说的话,没有一句不心悦诚服(从来不提出补充和修正)。"

11·5　子曰:"孝哉闵子骞! 人不间①于其父母昆②弟之言。"

【注】①间,挑剔。见8·21注①。②昆,哥哥。

【译】孔子说:"闵子骞真是孝顺呀! 人们对于他的爹娘兄弟(赞美他)的话,没有什么可挑剔的。"

【道生记】前贤曰:"古圣贤谁非孝者,而圣贤止称舜与闵子,自宜就其处家庭之变说。"

11·6　南容三复白圭①,孔子以其兄之子妻②之。

【注】①白圭(guī 归),国君和大臣在行礼时拿在手中的玉器。这里指关于白圭的四句诗(《诗经·大雅·抑》篇):"白圭之玷(diàn 店),尚可磨也;斯言之玷,不可为也。"意思是:白圭的污点还可以磨掉,我们言语中的错误便无法收回了,所以说话一定要小心谨慎。②妻(qì 气),把女儿嫁给人。见5·1注②。

【译】南容反复诵读了关于白圭的几句诗,孔子就把他哥哥的女儿嫁给了他。

11·7　季康子问:"弟子孰为好学?"孔子对曰:"有颜回者好学,不幸短命死矣,今也则亡①。"

【注】①亡,同"无"。鲁哀公也有此问,见6·3。

11·8　颜渊死,颜路①请子之车以为之椁②。子曰:"才不才,亦各言其子也。鲤③也死,有棺而无椁。吾不徒行以为之椁。以吾从大夫之后④,不可徒行也。"

【注】①颜路(前545—?),颜无繇(yóu 由),字路,颜渊的父亲。也是孔子的门徒。②椁(guǒ 果),古代大官棺木至少用两重,内曰棺,外曰椁。③鲤,孔子的儿子,字伯鱼,死时五十岁,当时孔子七十岁。④从大夫之后,跟随在大夫们的后面,意即当过大夫。孔子曾任鲁国司寇,是大夫一级的官。

【译】颜渊死了,颜路请求孔子卖掉车子给颜回买个外椁。孔子说:"(虽然颜渊和鲤)一个有才一个无才,但各自都可以说自己的儿子。鲤死了,只有棺而没有椁。我不(卖掉车子)步行来给他买椁。因为我当过大夫,是不可步行的。"

11·9 颜渊死。子曰:"噫! 天丧予! 天丧予!"

【译】颜渊死了。孔子说:"哎呀! 老天爷真要我的命呀! 老天爷真要我的命呀!"

11·10 颜渊死,子哭之恸①。从者曰:"子恸矣!"曰:"有恸乎? 非夫人②之为恸而谁为?"

【注】①恸(tòng 痛),悲痛。②夫(fú 扶)人,这个人。

【译】颜渊死了,孔子哭得很悲痛。跟随孔子的人说:"您太悲痛了!"孔子说:"是太悲痛了吗? 我不为这个人悲痛还为谁悲痛呢?"

11·11 颜渊死,门人欲厚葬①之。子曰:"不可。"门人厚葬之。子曰:"回也,视予犹父也,予不得视犹子也②。非我也,夫③二三子也。"

【注】①厚葬,隆重地安葬。②予不得视犹子也,我不能把他当亲生儿子一样看待,指不能像对待自己亲生儿子那样按照周礼予以安葬。③夫(fú 扶),那。

【译】颜渊死了,孔子的学生们想要隆重地安葬他。孔子说:"不能这样做。"学生们仍然隆重地安葬了他。孔子说:"颜回把我当父亲一样看待,我却不能把他当亲生儿子一样看待。这不是我的过错,是那些学生们干的呀。"

11·12 季路问事鬼神。子曰:"未能事人,焉能事鬼?"曰:"敢问死。"曰:"未知生,焉知死?"

【译】子路问怎样事奉鬼神。孔子说:"没能事奉好活人,怎能谈得上事奉鬼呢?"(子路又)说:"我大胆地提个问题,死是怎么回事。"(孔子回答)说:"还不知道活的道理,怎知道死的道理呢?"

【道生记】《集注》问事鬼神,盖求所以奉祭祀之意。而死者,人之所必有,不可不知。皆切问也。然非诚敬足以事人,则必不能事神。非原死而知所以生,则必不能反终而知所以死。盖幽明始终,初无二理。但学之有序,不可躐等,故夫子告之如此。程子曰,昼夜者,死生之道也。知生之道,则知死之道。尽事人之道,则尽事鬼之道。死生人鬼,一而二,二而一者也。或言夫子不告子路,不知此乃所以深告之也。"

11·13 闵子侍侧,訚訚①如也;子路,行行②如也;冉有、子贡,侃侃③如也。子乐。"若由也,不得其死然。"

【注】①訚訚,见10·2注④。②行行(hàng),刚强的样子。③侃侃,见10·2注③。

【译】闵子骞在孔子身边侍候,和悦而温顺的样子;子路呢,刚强的样子;冉有、子贡呢,理直气壮而又从容不迫的样子。孔子很高兴。(但又叹道:)"像仲由这样,只怕不得好死吧。"

【道生记】前贤曰:"此圣人造就人才之深心也。诸贤皆有刚德,总以气象言,气象能刚,喜其有进道之资,过刚则望其求免过之道。下节不可画在乐外,唯爱之至,故虑之深。"

11·14 鲁人①为长府②。闵子骞曰:"仍旧贯③,如之何? 何必改作?"子曰:"夫人④不言,言必有中。"

【注】①鲁人,这里指鲁国的当权者,即季氏。②为,这里指改建。长府,鲁国的国库名。鲁昭公曾以长府为据点,攻打过季氏。鲁昭公被赶走以后,季氏为了防止鲁国公室反攻倒算,改建长府。府,藏财货、兵器等的仓库。③仍旧贯,沿着老样子。贯,事。④夫(fú 扶)人,这个人。

【译】鲁人改建国库。闵子骞说:"照老样子下去,怎么样? 为什么一定要改建呢?"孔子说:"闵子骞这个人不爱说话,一说话就说到要害上。"

11·15 子曰:"由之瑟①,奚为于丘之门②?"门人不敬子路。子曰:"由也升堂矣,未入于室③也。"

【注】①瑟(sè 色),一种古乐器,与古琴相似。②奚,为什么。为,弹。孔子赞成《雅》《颂》一类的古乐,他看到子路弹的不是古乐,所以说:"奚为于丘之门?"③升堂、入室,比喻学习由浅入深的几个阶段。堂,正厅。室,内室。

【译】孔子说:"仲由弹瑟,(弹的不是《雅》《颂》一类的古乐,)为什么在我这里弹呢?"孔子的学生们因此都不尊敬子路。孔子便说:"仲由嘛,他在学习上已经达到升堂的程度了,只是还没有入室罢了。"

【道生记】《集注》程子曰,言其声之不和,与己不同也。《家语》云,子路鼓瑟,有北鄙杀伐之声。盖其气质刚勇,而不足于中和,故其发于声者如此。

王若虚《滹南辨惑》卷六:说者以为因孔子之言而不敬子路,故孔子复以此解之。夫子路之为人,门人知之亦熟矣。鼓瑟一事,虽夫子所不取,亦未为大过也。而遽不敬焉,何好恶之轻乎? 盖其所以不敬者不独在此也。当是两章。"

11·16　子贡问:"师与商也孰贤?"子曰:"师也过,商也不及。"曰:"然则师愈①与?"子曰:"过犹不及。"

【注】①愈,胜过,强些。

【译】子贡问孔子:"颛孙师(子张)和卜商(子夏)两个人,谁强一些?"孔子道:"师呢,有些过分;商呢,有些赶不上。"子贡道:"那么师强一些吗?"孔子道:"过分和赶不上同样不好。"

【道生记】《集注》子张才高意广,而好为苟难,故常过中。子夏笃信谨守,而规模狭隘,故常不及。道以中庸为至,贤知之过,虽若胜于愚不肖之不及,然其失中则一也。尹氏曰,中庸之为德也,其至矣乎。夫过与不及,均也。差之毫厘,谬以千里。故圣人之教,抑其过,引其不及,归于中道而已。

11·17　季氏富于周公①,而求也为之聚敛而附益之②。子曰:"非吾徒也,小子鸣鼓而攻之可也。"

【注】①季氏富于周公,指季氏比周朝的公侯还要富有。鲁国的三家曾于公元前562年将公室瓜分,季氏分得三分之一。公元前537年,三家第二次瓜分公室,季氏分得四分之二。②求也为之聚敛(liǎn 脸)而附益之,孔子指责冉有帮助季氏用搜刮的方法来增加季氏的财富。这是指鲁哀公十二年(前493)季氏进行军赋改革一事。聚敛,集聚和收集钱财,即搜刮。益,增加。

【译】季氏比周朝的公侯还富有,冉求又帮助他搜刮,使他增加财富。孔子说:"冉求不是我的学生了,学生们可以大张旗鼓地声讨他。"

11·18　柴①也愚,参也鲁,师也辟②,由也喭③。

【注】①柴(前521—?),高柴,字子羔。孔子的门徒。②辟,偏激。③喭(yàn 燕),鲁莽,莽撞。

【译】高柴愚笨,曾参迟钝,颛孙师偏激,仲由鲁莽。

【道生记】《集注》愚者,知不足而厚有余。《家语》记其足不履影,启蛰不杀,方长不折。执亲之丧,泣血三年,未尝见齿。避难而行,不径不窦。可以见其为人矣。鲁,愚钝也。程子曰,参也竟以鲁得之。又曰,曾子之学,诚笃而已。圣门学者聪明才辩,不为不多。而卒传其道,乃质鲁之人尔,故学以诚实为贵也。尹氏曰,曾子之才鲁,故其学也确。所以能深造乎道也。辟,便辟也,谓习于容止少诚实也。喭,粗俗也。传称喭者谓俗论也。杨氏曰,四者性之偏,语之使之自励也。吴氏曰,此章之首,脱"子曰"二字,或疑下章"子曰",当在此章之首,而通为一章。

《备旨》愚鲁沉潜之质,辟喭高明之质。《备旨补》愚者必须克之以学问,辟者必须本之以忠信,喭者必须文之以礼乐。

11·19 子曰:"回也其庶①乎,屡空②。赐不受命,而货殖③焉,亿④则屡中。"

【注】①庶,庶几,差不多。②空,贫困。③货殖,做买卖。④亿,同"臆",猜测,估计。

【译】孔子说:"颜回(的德行)也就差不多了,可是他常常贫困。端木赐不受命运的安排,去做买卖,猜测行情,往往猜中了。"

【道生记】近人云:"孔丘对颜回'德行'好反而贫困感到深深的惋惜,对子贡不听命运的安排反而致富感到不满,这表面是在评论两个学生,实际上反映了他对奴隶主阶级的道德越来越行不通而感到无可奈何的心情。"

11·20 子张问善人之道。子曰:"不践迹①,亦不入于室。"

【注】①践迹,踩着前人的脚印走。迹,脚印。

【译】子张问怎样才是善人。孔子道:"善人不踩着别人的脚印走,学问道德也难以到家。"

【道生记】《集注》善人,质美而未学者也。程子曰,践迹,如言循途守辙。善人虽不必践旧迹而自不为恶,然亦不能入圣人之室也。张子曰,善人欲仁而未志于学者也。欲仁,故虽不践成法,亦不蹈于恶,有诸己也。由不学,故无自而入圣人之室也。

前贤曰:"道犹路也,似有蹊径所寻;道即理也,似有精奥可指,故下文以迹字室字形容之。"

11·21 子曰:"论笃是与①,君子者乎? 色庄者乎?"

【注】①论笃是与,意思是赞许说话诚恳的人。笃,诚恳。与,赞许。

【译】孔子说:"(我)赞成说话诚恳的人,(但要看看这样的人)是君子呢? 还是伪装庄重的人呢?"

11·22 子路问:"闻斯行诸①?"子曰:"有父兄在,如之何其闻斯行之?"冉有问:"闻斯行诸?"子曰:"闻斯行之。"公西华曰:"由也问:'闻斯行诸?'子曰:'有父兄在。'求也问:'闻斯行诸?'子曰:'闻斯行之。'赤也惑,敢问。"子曰:"求也退②,故进之;由也兼人③,故退之。"

【注】①诸,"之乎"二字的合音。②退,资禀柔弱,退逊不敢前。③兼人,好勇过人。

【译】子路问:"听到了就行动起来吗?"孔子说:"有父兄在,怎能(不向他们请示)就行动起来呢?"冉有问:"听到就行动起来吗?"孔子说:"听到就行动起来。"公西华(对孔子)说:"仲由问:'听到了就行动起来吗?'您说:'有父兄在(不能这样做)。'冉求问:'听到就行动起来吗?'您却说:'听到就行动起来。'您的回答使我迷惑不解,大胆地问问这是怎么回事。"孔子道:"冉求退逊,因此我要鼓励他;仲由好勇过人,因此我要约束他。"

【道生记】前贤曰:"因材施教之妙。""进退者是进,退兼人者亦是进。"

11·23 子畏于匡①,颜渊后。子曰:"吾以女②为死矣。"曰:"子在,回何敢死?"

【注】①畏于匡,见9·5注①。②女,同"汝",即你。

【译】孔子(和弟子们)受到匡地老百姓的包围,颜渊最后才逃出来。孔子说:"我以为你死了。"颜渊说:"您还活着,我怎么敢死呢?"

【道生记】前贤曰:"此圣人遇变,以道相信也。""囚羑里而演《易》,西伯不敢死。纣不得杀之。居东山而致风雨,周公不敢死。管蔡不得杀之。于此见圣贤戒惧之心,明哲之学。"

11·24 季子然①问:"仲由、冉求可谓大臣与?"子曰:"吾以子为异之问,曾由与求之问。所谓大臣者,以道事君,不可则止。今由与求也,可谓具臣②矣。"曰:"然则从之③者与?"子曰:"弑父与君,亦不从也。"

【注】①季子然,鲁国季氏同族人。②具臣,普通的臣子。③之,代名词,指季氏。当时冉求和子路都是季氏的家臣。

【译】季子然问:"仲由和冉求可以算是大臣吗?"孔子说:"我以为你是问别人,原来是问由和求啊。所谓大臣是能够用周公之道事奉君主的,如果这样不行,他宁肯辞职不干。现在由和求这两个人,可以算是普通的臣子罢了。"(季子然)说:"那么,他们会一切都跟着季氏干吗?"孔子道:"杀父亲、杀君主的事情,他们也不会跟着干的。"

11·25 子路使子羔为费①宰。子曰:"贼②夫人之子。"子路曰:"有民人焉,有社稷③焉,何必读书,然后为学?"子曰:"是故恶④夫佞者。"

【注】①费,见6·9注②。②贼,害。③社稷(jì记),这里指祭祀土神和谷神的地方,即社稷坛。古代国都及各地都设立社稷坛,分别由国君及地方长官主祭,故社稷成为国家政权的象征。社,土地神。稷,谷神。④恶(wù务),憎恶。

【译】子路让子羔去做费地的长官。孔子说:"这简直是害人子弟。"子路说:"那个地方有老百姓,有行政机关,难道一定得读书才叫做学习吗?"孔子说:"所以我讨厌狡辩的人。"

【道生记】《集注》治民事神,固学者事。然必学之已成,然后可仕以行其学,若初未尝学,而使之即仕以为学,其不至于慢神而虐民者几希矣。子路之言,非其本意。但理屈词穷,而取辩于口以御人耳。故夫子不斥其非,而特恶其佞也。

11·26 子路、曾皙①、冉有、公西华侍坐。子曰:"以吾一日长乎尔,毋吾以②也。居③则曰:'不吾知也!'如或知尔,则何以哉?"子路率尔④而对曰:"千乘之国,摄⑤乎大国之间,加之以师旅,因之以饥馑⑥。由也为之,比及⑦三年,可使有勇,且知方⑧也。"夫子哂⑨之。"求!尔何如?"对曰:"方六七十⑩,如⑪五六十,求也为之,比及三年,可使足民。如其礼乐,以俟君子。""赤!尔何如?"对曰:"非曰能之,愿学焉。宗庙之事,如会同,端章甫⑫,愿为小相⑬焉。""点!尔何如?"鼓瑟希⑭,铿尔,舍瑟而作⑮,对曰:"异乎三子者之撰⑯。"子曰:"何伤乎? 亦各言其志也。"曰:"莫⑰春者,春服既成⑱,冠者⑲五六人,童子六七人,浴乎沂⑳,风乎舞雩㉑,咏而归。"夫子喟然叹曰:"吾与㉒点也!"三子者出,曾皙后。曾皙曰:"夫㉓三子者之言何如?"子曰:"亦各言其志也已矣。"曰:"夫子何哂由也?"曰:"为国以礼,其言不让,是故哂之。""唯㉔求则非邦也与?""安见方六七十如五六十而非邦也者?""唯赤则非邦也与?""宗庙会同,非诸侯而何? 赤也为之小,孰能为之大?"

【注】①曾皙(xī 析),名点,字子皙,曾参的父亲,也是孔子的门徒。②吾以,任用我。③居,平时。④率尔,急忙地,轻率地。⑤摄,夹。⑥饥馑(jǐn 紧),荒年。⑦比(bì 必)及,等到。⑧方,方向。这里指遵守礼义。⑨哂(shěn 沈),讥讽地微笑。⑩方六七十,六七十里见方。⑪如,或者。⑫端,古代礼服的名称。章甫,古代礼帽的名称。⑬相,赞礼人,司仪。⑭希,同"稀",指弹瑟的速度放慢,节奏逐渐稀疏。⑮铿尔,铿的一声,指结束时最后的一声。舍瑟而作,停止弹瑟站起来。作,站起来。⑯撰,具有,指三人所说的话。⑰莫,同"暮"。⑱春服既成,指天气已经暖和,春天的衣服已经穿上了。⑲冠者,成年人。古代贵族子弟到二十岁时行冠礼(加帽礼),表示成年。⑳沂(yí 移),水名,发源于山东南部,流经江苏北部入黄海。㉑舞雩(yú 于),地名,原是祭天求雨的地方,在今山东曲阜。㉒与,同意,赞许。㉓夫(fú 扶),这。㉔唯,语首词,没有什么意义。

【译】子路、曾皙、冉有、公西华四个人陪孔子坐着。孔子说:"因为我比你们年长一点,没有人用我了。你们平时老说:'没有人知道我呀!'假若有人知道你们

（任用你们），那你们要干些什么呢?"子路急忙回答说:"一个拥有一千辆兵车的国家,夹在大国的中间,常受别国军队侵犯,加上内部又有饥荒。让我去治理,只要三年,就可以使人们勇敢善战,而且懂得遵守礼义。"孔子听了,讥讽地笑了一下。(孔子又问:)"冉求,你怎么样呢?"(冉求)回答说:"一个六七十里见方,或者五六十里见方的小国家,让我去治理,只要三年,就可以使老百姓饱暖。至于这个国家的礼乐,那只有等待君子来实行了。"(孔子又问:)"公西赤,你怎么样呢?"(公西赤)回答说:"不敢说我能够做到,而是愿意学习。在宗庙祭祀的工作中,或者在同别国的盟会中,我愿意穿着礼服戴着礼帽,做一个小小的赞礼人。"(孔子又问:)"曾点,你怎么样呢?"(这时曾点)弹瑟的声音逐渐放慢,接着铿的一声,离开瑟站起来,回答说:"我和他们三位所说的不一样。"孔子说:"有什么关系呢? 不过是各谈谈自己的志向啊。"(曾点)说:"暮春时节(天气暖和),春天的衣服已经穿上了,我和五六位成年人,六七个少年,去沂河里洗洗澡,在舞雩台上吹吹风,一路唱着歌走回来。"孔子长叹一声说:"我是赞成曾点的想法的。"子路、冉有、公西华三个人都出去了,曾皙后走。曾皙问:"这三位的话怎么样?"孔子说:"也不过是各自谈谈自己的志向罢了。"(曾点)说:"您为什么讥笑仲由呢?"(孔子)说:"治理国家要讲礼让,可是他说话一点也不谦让,所以我笑他。"(曾点又问:)"难道冉求所讲的就不是国家吗?"(孔子说:)"哪里见得六七十里见方或五六十里见方的地方就不是国家呢?"(曾皙又问:)"公西赤所讲的不是国家吗?"(孔子说:)"有自己的宗庙,有同别国的盟会,不是诸侯国家又是什么呢? 如果他只能做一个小小的赞礼人,那谁能来做大的赞礼人呢?"

【道生记】《集注》四子侍坐,以齿为序,则点当次对,以方鼓瑟,故孔子先问求、赤而后及点也。希,间歇也。作,起也。撰,具也。春服,单袷之衣。浴,盥濯也,今上巳被除是也。沂,水名,在鲁城南,地志以为有温泉焉,理或然也。风,乘凉也。舞雩,祭天祷雨之处,有坛墠树木也。咏,歌也。曾点之学,盖有以见夫人欲尽处,天理流行,随处充满,无少欠缺。故其动静之际,从容如此。而其言志,则又不过即其所居之位,乐其日用之常,初无舍己为人之意。而其胸次悠然,直与天地万物,上下同流,各得其所之妙,隐然自见于言外。视三子之规规于事为之末者,其气象不侔矣。故夫子叹息而深许之。而门人记其本末独加详焉,盖亦有以识此矣。

邢昺疏:"夫子闻其乐道,故喟然而叹曰,吾与点之志。善其独知时而不求为政也。""仲尼祖述尧舜,宪章文武,生值乱时,而君不用。三子不能相时,志在为政。唯曾皙独能知时,志在澡身浴德咏怀乐道,故夫子与之也"。

《集注》程子曰,古之学者,优柔厌饫,有先后之序,如子路、冉有、公西赤言志如此,夫子许之。亦以此自是实事。后之学者好高,如人游心千里之外,然自身却只在此。又曰,孔子与点,盖与圣人之志同,便是尧舜气象也。诚异三子者之撰,特行有不掩焉耳,此所谓狂也。子路等所见者小,子路只为不达为国以礼道理,是以哂之。若达,却便是这气象也。又曰,三子皆欲得国而治之,故夫子不取。曾点狂者也,未必能为圣人之事,而能知夫子之志。故曰"浴乎沂,风乎舞雩,咏而归",言乐而得其所也。孔子之志,在于"老者安之,朋友信之,少者怀之",使万物莫不遂其性。曾点知之,故孔子喟然叹曰:"吾与点也。"又曰:"曾点、漆雕开,已见大意。"

《备旨补》为国以礼是通章关键语。哂由,哂其辞气急遽为不合礼,求、赤之谦亦只晓得礼之皮肤,若礼之精意,则在使君君臣臣父父子子事各当事,物各当物而已。夫子明言知尔何以,确指用行上说。点言似非用行本旨,然究其意则在暮春两句,乘时可以有为也。童冠五句,物我咸被其泽也。所以蔼然天地生物之心,圣人对时育物之事。虽尧舜事业,亦自可为,而合于夫子老安友信少怀者此也。故点言虽不期合礼而实于礼之精意有会。夫子与之亦以其用世之意寓于内,非止与其素位行乐也。

前贤曰:"此诱诸贤言志,因各致其嘉与。盖与曾点所以广三子之作用,与三子所以实曾点之襟期。礼即理之显设而有节文者,为国以礼,犹言用世者须以礼焉。"

本篇共 315 字,为《论语》中最长篇目,比《季氏》章之 274 字尚多 41 字,两章同为对话式论辩体。汉语课、文学课多选作教材,《侍坐》章尤为突出。对孔子"独与曾点之志",古说各有阐发。

四子言志,皆在有所作为。以现代汉语词汇陈述,依次是军政、财政、外交,而曾点期望作为的则是教育,正是孔子之志,正是孔子在历史上之伟大业绩。曾点用形象化的方式描绘了对青少年的教育情况。今再补充三事证实其旨。(一)5·8孔子答孟武伯问,足见对子路、冉有、公西华之志向是嘉与的。此之"与曾点所以广三子之作用"也。(二)"冠者五六人,童子六七人"正是门前徒众,形象地描绘了授业讲学。(三)阮元《十三经校勘记》咏而归:《释文》出"而归"云如字。郑本作馈,馈酒食也。《鲁论》读馈为归,今从古。按:《论衡·明雩》篇作咏而馈,与古《论》合。2·8 有"有事,弟子服其劳;有酒食,先生馔"。《管子》载《弟子职》篇分列学则、蚤作、授业、对客、馈馈、乃食、洒扫、执烛、退习等节,均记弟子事先生之礼。郭沫若《管子集校》云:"《弟子职》篇当是齐稷下学宫之学则,故被收入《管子》书中。……洪亮吉《笺释》序以为'乃古塾师相传以教弟子',庄述祖《集解》序以为'古者家塾教弟子之法',皆非也。"馈馈为养亲要事。孔门教孝,培育于儿童就学之初。"一路唱着歌走回来"未免望文生训。郑君指出之"馈"真是一字千金。

颜渊篇第十二

12·1 颜渊问仁。子曰："克己①复礼②为仁。一日克己复礼，天下归仁③焉。为仁由己，而由人乎哉？"颜渊曰："请问其目④。"子曰："非礼勿视，非礼勿听，非礼勿言，非礼勿动。"颜渊曰："回虽不敏，请事⑤斯语矣。"

【注】①克己，克制自己。②复礼，使自己的言行合于周礼。复，返回，恢复。③归，归顺。仁，即仁人。④目，具体的条目。目和纲相对，这说明前面所说的克己复礼是纲领。⑤事，从事，照着去做。

【译】颜渊问怎样做才是仁。孔子说："克制自己，恢复周礼，这就是仁。一旦这样做了，天下的人就会归顺你的统治了。实行仁德，完全在于自己，难道还在于别人吗？"颜渊说："请问实行仁德的条目。"孔子说："不合于周礼的东西不看，不合于周礼的言论不听，不合于周礼的话不说，不合于周礼的事不做。"颜渊说："我虽然笨，也要照您的话去做。"

【道生记】前贤曰："己为后起之欲，而欲每托身以行其私，故不名欲而名己。礼为本然之理，而理即因物而著其则，故不名理而名礼。""所谓克者，我为主而彼为实，战胜之克也。所谓复者，伤于外而反其居，不远之复也。""气质之己，以变化克之。嗜欲之己，以省察克之。无体之礼，以戒惧复之。有体之礼，以恭敬复之。"四勿虽克己事，而复礼即在其中。"

12·2 仲弓问仁。子曰："出门如见大宾，使民如承大祭。己所不欲，勿施于人。在邦①无怨，在家②无怨。"仲弓曰："雍虽不敏，请事斯语矣。"

【注】①邦，诸侯统治的国家。②家，卿大夫统治的封地。

【译】仲弓问怎样才是仁。孔子说："出门办事如同接待贵宾，使唤老百姓如同去承当重大的祭祀（都要严肃认真）。自己不想要的，不要加给别人。（做到）在诸侯的朝廷上没人怨恨（自己），在卿大夫的封地里也没人怨恨（自己）。"仲弓说："我虽然笨，也要照您的话去做。"

【道生记】《备旨》此章夫子教仲弓为仁精密之功，在实体敬恕以自考。出门二句是敬以持己，己所不欲二句是恕以推心，在邦二句是敬恕之验。敬则内有以全其心之德，恕则外有以推其爱之理。故敬恕所以去私欲以存心，心存而后可以复仁体。

12·3 司马牛①问仁。子曰:"仁者,其言也讱②。"曰:"其言也讱,斯③谓之仁矣乎?"子曰:"为之难,言之得无讱乎?"

【注】①司马牛,孔子门徒,姓司马,名耕,字子牛。②讱(rèn 刃),话难说出口。这里引申为说话慎重。③斯,就。

【译】司马牛问怎样做才是仁。孔子说:"仁人,说话是慎重的。"司马牛说:"说话慎重,这就叫做仁了吗?"孔子说:"做起来很困难,说话能不慎重吗?"

【道生记】《集注》讱,忍也,难也。仁者,心存而不放,故其言若有所忍而不易发,盖其德之一端也。夫子以牛多言而躁,故告之以此(仁者二句)。使其于此而谨之,则所以为仁之方,不外是也。牛意仁道至大,不但如夫子之所言,故夫子又告之以此(为之难二句)。盖心常存,故事不苟;事不苟,故其言自有不得而易者,非强闭之而不出也。程子曰,虽为司马牛多言故及此,然圣人之言,亦止此为是。愚谓牛之为人如此,若不告之以其病之所切,而泛以为仁之大概语之,则以彼之躁,必不能深思以去其病,而终无自以入德矣。故其告之如此。盖圣人之言,虽有高下大小之不同,然其切于学者之身,而皆为入德之要,则又初不异也,读者其致思焉。

12·4 司马牛问君子。子曰:"君子不忧不惧。"曰:"不忧不惧,斯谓之君子已乎?"子曰:"内省不疚①,夫何忧何惧?"

【注】①疚(jiù 就),内心惭愧。

【译】司马牛问怎样做才是君子。孔子说:"君子不忧愁,不畏惧。"司马牛说:"不忧愁,不畏惧,这样就叫做君子了吗?"孔子说:"自己问心无愧,那还有什么值得忧愁和畏惧的呢?"

【道生记】《集注》晁氏曰,不忧不惧,由乎德全而无疵,故无入而不自得,非实有忧惧而强排遣之也。

12·5 司马牛忧曰:"人皆有兄弟,我独亡①。"子夏曰:"商闻之矣:死生有命,富贵在天。君子敬而无失,与人恭而有礼,四海之内,皆兄弟也。君子何患乎无兄弟也?"

【注】①亡,同"无"。

【译】司马牛忧愁地说:"别人都有兄弟,唯独我没有。"子夏说:"我听说过:生死有命,富贵在天。君子(只要做事情)严肃认真而不出差错,对人恭敬而合乎周礼,那么天下人都是自己的兄弟了。君子何愁没有兄弟呢?"

【道生记】《集注》命禀于有生之初,非今所能移。天莫之为而为,非我所能必,但当顺受而已。既安于命,又当修其在己者。故又言苟能持己以敬而不间断,接人以恭而有节文,则天下之人皆爱敬之如兄弟矣。盖子夏欲以宽牛之忧,故为是不得已之辞,读者不以辞害意可也。

12·6 子张问明。子曰:"浸润之谮①,肤受之愬②,不行焉,可谓明也已矣。浸润之谮,肤受之愬,不行焉,可谓远也已矣。"

【注】①浸润之谮(zèn),像水一样一点一滴渗透进来的谗言,即暗中诬陷别人的坏话。谮,谗言。②肤受之愬(sù 素),好像皮肤感觉到疼痛那样的诬告,即直接的诽谤。愬,诬告。

【译】子张问怎样做才是明智。孔子说:"暗中挑拨的坏话,直接的诽谤,在你那里都行不通,那你可以算是明智的了。暗中挑拨的坏话,直接的诽谤,在你那里都行不通,那你可以算是有远见的了。"

【道生记】《备旨补》明远就不行处见得,要其所以不行处,不外居敬穷理。居敬则心有所把持而难动,穷理则人情曲折皆在所照而不惑。

12·7 子贡问政。子曰:"足食,足兵①,民信之矣。"子贡曰:"必不得已而去,于斯三者何先?"曰:"去兵。"子贡曰:"必不得已而去,于斯二者何先?"曰:"去食。自古皆有死,民无信不立。"

【注】①兵,兵器。这里指军备。

【译】子贡问怎样治理国家。孔子说:"粮食充足,军备充足,老百姓信任统治者。"子贡说:"如果不得不去掉一项,那么在这三项中先去掉哪一项呢?"孔子说:"去掉军备。"子贡说:"如果不得不再去掉一项,那么在这(剩下的)两项中去掉哪一项呢?"孔子说:"去掉粮食。自古以来,人总是要死的,如果老百姓(对统治者)不信任,(国家)就立不住脚了。"

【道生记】《集注》程子曰,孔门弟子善问,直穷到底,如此章者,非子贡不能问,非圣人不能答也。愚谓以人情而言,则兵食足而后吾之信可以孚于民。以民德而言,则信本人之所固有,非兵食所得而先也。是以为政者,当身率其民而以死守之,不以危急而可弃也。

《备旨》此章分常变以言政,首节是万世之常经,二三节是一时之权宜。夫子初答为政之先后也,再问复答义理之轻重也。

前贤曰:"此合常变以论政,始终重一信字。当其常,有必周之擘画,不忘其危;当其变,有自然之机宜,不失其正。"

12·8 棘子成①曰:"君子质②而已矣,何以文③为?"子贡曰:"惜乎,夫子之说君子也! 驷不及舌④。文犹质也,质犹文也。虎豹之鞟⑤犹犬羊之鞟。"

【注】①棘(jí 及)子成,卫国大夫。古代大夫被尊称为夫子。②质,质地。这里指遵守周礼的思想或品质。③文,文采,指礼节仪式。④驷(sì 四)不及舌,指话一说出口,就追不回来。即"一言既出,驷马难追"。驷,拉一辆马车的四匹马。⑤鞹(kuò 阔),去掉毛的皮,即革。

【译】棘子成说:"君子只要具有遵守礼的思想质量就行了,要那些表面的仪式干什么呢?"子贡说:"先生,您这样谈论君子,太遗憾了! 一言既出,驷马难追。文如同质,质如同文(一样重要)。(去掉了毛,)虎豹的皮和犬羊的皮便很难区别了。"

【道生记】《集注》言子成之言,乃君子之意。然言出于舌,则驷马不能追及之,又惜其失言也。

前贤曰:"意在救世,故曰君子。言过于激,故曰驷不及舌,惜乎二字贯到底。"

12·9 哀公问于有若曰:"年饥,用不足,如之何?"有若对曰:"盍彻乎①?"曰:"二②吾犹不足,如之何其彻也?"对曰:"百姓③足,君孰与不足? 百姓不足,君孰与足?"

【注】①盍(hé 河),何不。彻,西周的一种田税制度。《诗经·大雅·公刘》说"彻田为粮",郑玄说:"彻之使出税,以为国用。什一而税谓之彻。"②二,即不分公田、私田,一律抽取十分之二的税。③百姓,人民,指士大夫及平民,不是我们现在说的老百姓。

【译】鲁哀公问有若:"年成不好,国家财政困难,怎么办?"有若回答说:"为什么不实行彻法呢?"鲁哀公说:"十分抽二我还不够,怎么能实行彻法呢?"有若说:"如果百姓的用度够,您怎么会不够呢? 如果百姓的用度不够,您怎么又会够呢?"

12·10 子张问崇德辨惑①。子曰:"主忠信,徙义②,崇德也。爱之欲其生,恶之欲其死,既欲其生又欲其死,是惑也。'诚不以富,亦只以异③。'"

【注】①惑,迷惑。指不能区分是非。②徙(xǐ 洗)义,向义靠拢。徙,迁移。③诚不以富,亦只以异,《诗经·小雅·我行其野》篇最后两句。这首诗表现了一个被遗弃的女子对她丈夫喜新厌旧的愤怒。两句的意思是:你这样对待我,即使不是嫌贫爱富,也是喜新厌旧。孔子引这句话,很费解,可能认为喜新厌旧也是"惑"。

【译】子张问如何提高品德和识别迷惑。孔子说:"亲近忠君守信的人,做到义,这就是提高品德了。爱一个人就希望他活下去,厌恶起来就恨不得他立刻死去,既要他活,又要他死,这便是迷惑。(正如《诗经》所说的:)'即使不是嫌贫爱富,也是喜新厌旧。'"

【道生记】《集注》旧说,夫子引之,以明欲其生死者不能使之生死,如此诗所言,不足以致富而适足以取异也。程子曰,此错简,当在第十六篇齐景公有马千驷之上。因此下文亦有齐景公字而误也。

前贤曰:"此教子张以治心之学。德本诸性当还其所固有,惑生于情当究其本无。高从卑处做起,明从暗处撒开。""主忠信,敬以直内也。徙义,义以方外也,敬义立而德不孤,则崇矣。"

12·11 齐景公问政①于孔子。孔子对曰:"君君,臣臣,父父,子子。"公曰:"善哉! 信如君不君,臣不臣,父不父,子不子,虽有粟,吾得而食诸②?"

【注】①齐景公,名杵臼(chǔjiù 处旧),前547—前490在位。孔子到齐国时,正是齐国陈氏兴起的时候,齐景公非常忧虑,害怕陈氏把他的政权夺去,于是向孔子提出如何治理国家的问题。②诸,"之乎"二字的合音。

【译】齐景公问孔子如何治理国家。孔子说:"做君的要像君的样子,做臣的要像臣的样子,做父亲的要像父亲的样子,做儿子的要像儿子的样子。"齐景公说:"讲得好啊! 如果君不像君,臣不像臣,父亲不像父亲,儿子不像儿子,虽然有粮食,我能吃得着吗?"

12·12 子曰:"片言①可以折狱②者,其由也与!"子路无宿诺③。

【注】①片言,诉讼双方中一方的言词。片,半。②折狱,即断案。狱,案件。③宿诺,拖了很久而没有实现的诺言。宿,久。

【译】孔子说:"根据单方面的供词就能判决案件的,大概只有仲由吧!"子路没有说话不算数的时候。

12·13 子曰:"听讼①,吾犹人也。必也使无讼乎!"

【注】①讼(sòng 宋),诉讼。

【译】孔子说:"审理案件,我同别人一样。(我和别人不同的是)必须使诉讼的事件根本不发生啊!"

【道生记】《集注》范氏曰,听讼者,治其末,塞其流也。正其本,清其源,则无讼矣。杨氏曰,子路片言可以折狱,而不知以礼逊为国,则未能使民无讼者也,故又记孔子之言,以见圣人不以听讼为难,而以使民无讼为贵。

《备旨补》陆稼书曰,此章使无讼,不但要听,兼要教养,与《大学》稍异。

12·14 子张问政。子曰:"居之无倦,行之以忠。"

【译】子张问如何治理政事。孔子说:"坚持官位不懈怠,执行君令要忠实。"

【道生记】《集注》居,谓存诸心,无倦,则始终如一。行谓发于事,以忠,则表里如一。

《备旨》为政之心贵于诚。诚则不息,故无倦;诚则不欺,故以忠。

12·15 子曰:"博学于文,约之以礼,亦可以弗畔矣夫!"

【道生记】这条重出,见6·27。

12·16 子曰:"君子成人之美,不成人之恶。小人反是。"

【译】孔子说:"君子成全别人的好事,而不助长别人的错误。小人则与此相反。"

【道生记】《集注》成者,诱掖奖劝以成其事也。君子小人,所存既有厚薄之殊,而其所好又有善恶之异。故其用心不同如此。

《备旨》此章见君子小人用心之不同。君子耻独为君子,小人喜同为小人。美恶,并可就一人看。《注》所存以心言,所好以情言。诱是以言引导,掖是以身扶持,奖是许其已能,劝是勉其未至。

前贤曰:"小人事事欲与君子相反,而是非邪正间为尤甚。盖欲以己之好恶而变人之美恶,至难行也,不幸而有其权,遂足以乱天下。"

12·17 季康子问政于孔子。孔子对曰:"政者,正也。子帅①以正,孰敢不正?"

【注】①帅,表率,带头。

【译】季康子问孔子如何治理政事。孔子回答说:"政就是正的意思。您带头走正路,那谁还敢走歪门邪道呢?"

12·18 季康子患盗,问于孔子。孔子对曰:"苟子之不欲,虽赏之不窃。"

【译】季康子担忧偷窃,问孔子怎么办。孔子回答说:"假使你自己不贪图财利,就是奖励偷窃,也没有人偷窃。"

12·19 季康子问政于孔子曰:"如杀无道①,以就有道②,何如?"孔子对曰:"子为政,焉用杀? 子欲善而民善矣。君子之德风,小人之德草,草上之风③,必偃④。"

【注】①无道,指无道的人。②有道,指有道的人。③草上之风,指草上有风。④偃(yǎn 眼),扑倒。

【译】季康子问孔子如何治理政事,说:"如果杀掉无道的人,而成就有道的人,怎么样?"孔子回答说:"您治理政事,哪里用得着杀人呢? 您要是想做好事,老百姓也会跟着做好事的。君子的品德好比是风,小人的品德好比是草,风吹到草上,草就必定跟着倒。"

【道生记】《集注》为政者,民所视效,何以杀为。欲善则民善矣。上,一作尚,加也。偃,仆也。尹氏曰,杀之为言,岂为人上之语哉。以身教者从,以言教者讼,而况于杀乎。

前贤曰:"三章连看,康子徒求诸民,夫子三提子字,总不外正己意。""上章说不欲,此章说欲。为政不可有欲,故不欲为弭盗之方,为政又不可无欲,故悦善为化民之本。"

12·20 子张问:"士何如斯可谓之达①矣?"子曰:"何哉,尔所谓达者?"子张对曰:"在邦必闻②,在家必闻。"子曰:"是闻也,非达也。夫达也者,质直而好义,察言而观色,虑以下人③。在邦必达,在家必达。夫闻也者,色取仁而行违,居之不疑。在邦必闻,在家必闻。"

【注】①达,在孔子看来,具有仁德和智慧,名实相符,才叫做达。②闻,有名望。③下人,对人谦恭有礼貌。下,动词。

【译】子张问:"士怎样才可叫做通达?"孔子说:"你说的通达是什么意思呢?"子张回答说:"在国君的朝廷里必定有名声,在大夫的封地里也必定有名声。"孔子说:"这只是(虚假的)名声,不是通达。所谓通达就是,品质正直,遵从礼义,善于揣摩别人的话,观察别人的脸色,经常想着谦恭待人。(这种人)在国君的朝廷里必定通达,在大夫的封地里必定通达。至于有(虚假)名声的人,表面上好像主张仁德,行动上却违背他,竟然以仁人自居而不惭愧。(这种人)在国君的朝廷里必定会有名声,在大夫封地里也必定会有名声。"

【道生记】《集注》程子曰,学者须是务实,不要近名。有意近名,大本已失,更学何事。为名而学,则是伪也。今之学者,大抵为名。为名与为利虽清浊不同,然其利心则一也。尹氏曰,子张之学,病在乎不务实。故孔子告之皆笃实之事,充乎内而发乎外者也。当时门人亲受圣人之教,而差失有如此者,况后世乎。

前贤曰:"居之不疑,与观察下人相反。""居之字指仁,行既违仁,如何居得。""要人信己,先要自己居之不疑,若自居于疑,又谁信之。"

12·21 樊迟从游于舞雩①之下,曰:"敢问崇德,修慝②,辨惑。"子曰:"善哉问! 先事后得,非崇德与? 攻其恶,无攻人之恶,非修慝与? 一朝之忿③,忘其身,以及其亲,非惑与?"

【注】①舞雩,见11·26注㉑。②修,治。这里是改正的意思。慝(tè 特),邪恶的念头。③忿(fèn 奋),愤怒,气愤。

【译】樊迟陪着孔子在舞雩台下散步,说:"请问怎样提高品德? 怎样改正自己的邪念? 怎样识别迷惑?"孔子说:"问得好! 先努力做事,然后才有收获,不就是提高品德了吗? 责备自己的错误,不攻击别人的错误,不就能改正自己的邪念了吗? 由于一时的气愤,就忘掉了自身的安危,以至于牵累自己的亲人,这不是迷惑吗?"

【道生记】《集注》与,平声。先事后得,犹言先难后获也。为所当为而不计其功,则德日积而不自知矣。专于治己而不责人,则己之恶无所匿矣。知一朝之忿为甚微,而祸及其亲为甚大,则有以辨惑而惩其忿矣。范氏曰,先事后得,上义而下利也。人惟有利欲之心,故德不崇。惟不自省己过而知人之过,故慝不修。感物而易动者莫如忿,忘其身以及其亲,惑之甚者也。惑之甚者必起于细微,能辨之于早,则不至于大惑矣。故惩忿所以辨惑也。

《备旨》此章皆是心学,须通首节想之。见适情不忘治性,故先善之而后告之。善,只是善其切于为己。崇德属存养,所以存其心之固有。修辨属省察、克制,所以去其心之本无,皆以心字为主。先事则有真积之力,后得则无正助之弊,故曰崇德。

12·22 樊迟问仁。子曰:"爱人。"问知。子曰:"知人。"樊迟未达。子曰:"举直错诸枉①,能使枉者直。"樊迟退,见子夏曰:"乡②也,吾见于夫子而问知,子曰:'举直错诸枉,能使枉者直。'何谓也?"子夏曰:"富哉言乎! 舜有天下,选于众,举皋陶③,不仁者远④矣。汤⑤有天下,选于众,举伊尹⑥,不仁者远矣。"

【注】①举直错诸枉,见2·19注②。②乡(xiàng 向),从前。这里是刚才的意思。③皋陶(gāoyáo 高摇),传说中舜时掌管刑法的大臣。④远,动词,远离。⑤汤,商代第一个君主,名履。⑥伊尹,汤的宰相。曾辅助汤灭夏兴商。

【译】樊迟问什么是仁。孔子说:"爱人。"又问什么是智。孔子说:"善于识别人才。"樊迟还不明白。孔子说:"选拔正直的人,罢黜邪恶的人,这样就能使邪恶的人归于正直了。"樊迟退出来,找到子夏说:"刚才我见到老师,问什么是智,他说:'选拔正直的人,罢黜邪恶的人,这样就能使邪恶的人归于正直了。'这是什么意思?"子夏说:"这话说得多么深刻啊! 舜有了天下,在众人中挑选人才,把皋陶选拔出来,不仁的人就被疏远了。汤有了天下,在众人中挑选人才,把伊尹选拔出来,不仁的人就被疏远了。"

【道生记】《集注》程子曰,圣人之语,因人而变化,语虽若有浅近者,而其包含无所不尽。观于此章可见矣。非若他人之言,语近则遗远,语远则不知近也。尹氏曰,学者之问也,不独欲闻其说,又必欲知其方,不独欲知其方,又必欲为其事。如樊迟之问仁智也,夫子告之尽矣。樊迟未达故又问焉,而又未知其何以为之也。及退而问诸子夏,然后有以知之。使其未喻,则必将复问矣。既问于师,又辨诸友,当时学者之务实也如是。

《备旨》此章见仁智有相须之理。爱人知人,以仁智之用言。智以成仁,其妙只在一使字见得。使者智使之也,能使枉者直已仁矣。迟认夫子于知人下足此二句,故但云问知。自未晓能使枉者直之兼仁言也。

前贤曰:"此见知以成仁,即圣化可征也。""知是那仁里的分别错置,若不知,如何能使天下物物各得其所。故樊迟之疑也,只疑知之有妨于仁;夫子、子夏之辨,只说知之道以成仁。""理有论其半而得其全,事有行于此而效于彼。刑赏皆忠厚之至,前圣人之所以开太平;是非还人心之公,后圣人之所以扶王道。富哉言乎! 自非以大知仁天下,其孰能当此而无憾者乎。"

12·23 子贡问友。子曰:"忠告而善道①之,不可则止,毋自辱焉。"

【注】①道,同"导",引导。

【译】子贡问怎样对待朋友。孔子说:"忠诚地劝告他,恰当地引导他,他不听就算了,不要自找羞辱。"

【道生记】《集注》告,工毒反。道,去声。友所以辅仁,故尽其心以告之,善其说以道之。然以义合者也,故不可则止。若以数而见疏,则自辱矣。

《备旨》此章论处友之道,忠告是主。忠本不因告而有,而告自以忠而切,忠以心言,道以辞言,善道乃所以成其忠告。不可则止二句,所以全交,亦全此忠也。

前贤曰:"意有未达,友必以为逆耳之言以拒我也,善道之而后我之忠能出。遽白其意,友必以为沽我之直而讦我也,善道之而后我之忠能入。"

12·24 曾子曰:"君子以文会友,以友辅仁。"

【译】曾子说:"君子以礼、乐、《诗》《书》文化知识来结交朋友,依靠朋友帮助自己培养仁德。"

【道生记】《集注》讲学以会友,则道益明。取善以辅仁,则德日进。

《备旨》此章示人以取友之益,既资友以讲学而致其知,尤资友以辅仁而力于行。《注》中益字日字宜玩。盖平时已有博文工夫,但恐意见偏曲,故会友以讲明。仁者心之德,辅仁不是助我用功,只藉友以涵养熏陶之益。以文为缘起,而以辅仁为归宿。

前贤曰:"自古无关门闭户之圣贤,自古圣贤无孤立无与的学问。"

子路篇第十三

13·1 子路问政。子曰:"先之①劳之。"请益②。曰:"无倦③。"

【注】①先,先导,引导,即教化。之,指老百姓。②益,增加。③倦,厌倦,懈怠。

【译】子路问政治。孔子道:"自己给百姓带头,然后让他们勤劳地工作。"子路请求多讲一点。孔子又道:"永远不要懈怠。"

【道生记】《集注》苏氏曰,凡民之行,以身先之,则不令而行;凡民之事,以身劳之,则虽勤不怨。吴氏曰,勇者喜于有为,而不能持久,故以此(无倦)告之。

13·2 仲弓为季氏宰,问政。子曰:"先有司①,赦小过,举贤才。"曰:"焉知贤才而举之?"子曰:"举尔所知,尔所不知,人其舍诸②?"

【注】①先有司,即引导官吏的意思。先,先导。有司,古代负责具体事务的官吏。②舍,放弃。诸,"之乎"二字的合音。

【译】仲弓做了鲁国季氏的家臣,问如何管理政事。孔子说:"要引导手下的官吏,赦免他们的小过错,选拔贤良的人材。"(仲弓又)问:"怎样知道是贤良的人材而把他们选拔出来呢?"孔子说:"选拔你所知道的,至于你所不知道的,别人难道会把他埋没吗?"

【道生记】《集注》范氏曰,不先有司,则君行臣职矣。不赦小过,则下无全人矣。不举贤才,则百职废矣。失此三者,不可以为季氏宰,况天下乎。

《备旨》此章见为政当识大体,仲弓简者,故夫子以政体告之。首节三平看,皆宰政之大体,而下节又举贤才一事之大体也。

前贤曰:"有司中有贤才,如赵文子举筦库之士。小过中有贤才,如晏子脱骖赎越石父是也。"

13·3 子路曰:"卫君①待子而为政,子将奚②先?"子曰:"必也正名③乎!"子路曰:"有是哉?子之迂④也!奚其正?"子曰:"野哉,由也!君子于其所不知,盖阙⑤如也。名不正则言不顺,言不顺则事不成,事不成则礼乐不兴,礼乐不兴则刑罚不中⑥,刑罚不中则民无所错手足。故君子名之必可言也,言之必可行也。君子于其言,无所苟⑦而已矣。"

【注】①卫君,指卫出公。见7·15注②。他拒绝父亲回国,卫国内部出现混乱。在孔子看来这都是由于破坏了等级名分的缘故,所以他主张用"正名"的办法来治理卫国。②奚(xī 西),什么。③正名,即正名分,恢复"君君,臣臣,父父,子子"的局面。④迂,迂腐,不合时

宜。⑤阙,同"缺",存疑。⑥中(zhòng 众),得当。⑦苟,马马虎虎。

【译】子路(对孔子)说:"卫国国君要您去治理国家,您打算先干什么事情?"孔子说:"必须正名分!"子路说:"有这样做的吗? 您想的太不合时宜了。为什么要正名分呢?"孔子说:"仲由,你真粗野呀! 君子对自己不知道的事情,总是采取存疑的态度。名分不正,讲起话来就不顺当合理;说话不顺当合理,事情就办不成;事情办不成,国家的礼乐制度也就不能兴起来;礼乐制度兴不起来,刑罚的执行就不会得当;刑罚不得当,老百姓就不知怎么办好(就会做出违反'礼治'规定的事来)。所以君子确定一个名号,必须(有明确的含义)能够说得明白,说出来一定能够行得通。君子对于自己说的话,是从不马马虎虎对待的。"

【道生记】《集注》卫君谓出公辄也。是时鲁哀公之十年,孔子自楚反乎卫。范氏曰,事得其序谓之礼,物得其和谓之乐。事不成则无序而不和,故礼乐不兴。礼乐不兴则施之政事皆失其道,故刑罚不中。程子曰,名实相须,一事苟则其余皆苟矣。胡氏曰,卫世子蒯聩,耻其母南子之淫乱,欲杀之不果而出奔。灵公欲立公子郢,郢辞。公卒,夫人立之,又辞。乃立蒯聩之子辄,以拒蒯聩,夫蒯聩欲杀母,得罪于父。而辄据国以拒父,皆无父之人也,其不可以有国也明矣。夫子为政,而以正名为先,必将具其事之本末,告诸天王,请于方伯,命公子郢而立之。则人伦正,天理得,名正言顺而事成矣。夫子告之之详如此,而子路终不喻也,故事辄不去卒死其难。徒知食焉不避其难之为义,而不知食辄之食为非义也。

《备旨》此章见明伦为为政之本。正名二字是通章主脑。出公无父,夫子必不仕,时盖居卫,故子路有此问。时辄已立八年,子路所谓迂,恐于辄有碍也。野是无精密之见,沈潜之思。阙如言此心不敢自是。

前贤曰:"正名是夫子微词,不事(仕?)卫是夫子实事。"

13·4 樊迟请学稼。子曰:"吾不如老农。"请学为圃①。曰:"吾不如老圃②。"樊迟出。子曰:"小人哉,樊须也! 上好礼,则民莫敢不敬;上好义,则民莫敢不服;上好信,则民莫敢不用情。夫如是,则四方之民襁③负其子而至矣,焉用稼!"

【注】①圃(pǔ 普),菜地,引申为种菜。②老圃,种菜的老农。③襁(qiǎng 抢),背婴孩的背带。

【译】樊迟向孔子请教如何种田。孔子说:"不知道,我不如农民。"又问如何种菜。他又说:"不知道,我不如种菜的。"樊迟刚出去,孔子就骂道:"樊须真是个没出息的小人呀! 统治者重视礼,老百姓就不敢不敬畏;统治者重视义,老百姓就不敢不服从;统治者重视信,老百姓就不敢隐瞒真情。要是这样,四面八方的老百姓就会背着小孩前来投奔,哪里用得着自己去种庄稼呢!"

【道生记】《集注》礼义信大人之事也。好义则事合宜。情,诚实也。敬服用情,盖各以其类而应也。襁,织缕为之,以约小儿于背者。杨氏曰,樊须游圣人之门,而问稼圃,志则陋矣。辞而辟之可也,待其出而后言其非,何也。盖于其问也,自谓农圃之不如,则拒之者至矣。须之学疑不及此,而不能问,不能以三隅反矣。故不复。及其既出,则惧其终不喻也,求老农老圃而学焉,则其失愈远矣。故复言之,使知前所言者意有在也。

　　《备旨》此章夫子广樊迟以经世之学,重上好礼三段。首节因其问而婉言以拒之,下是因其出而深责以晓之。稼圃之请,只是粗鄙近利,无隐逸忘世意。不如犹云不似,谓吾儒之学别有在也。大舜伊尹,虽尝躬耕,不过所遇之时如此。小人以位言,役智力于农圃,内不足以成己,外不足以治人,能济甚事。

　　前贤曰:"礼以定上下之分,义以判上下之宜,信以联上下之交。敬、服、用情,即民心之礼义信。此非仪文度数,法制禁令,簿书期会上讨得来,必上真好始得。"

13·5 子曰:"诵《诗》三百,授之以政,不达①;使于四方,不能专对②;虽多,亦奚以③为?"

【注】①达,通达。这里是指会运用。②专对,独自对答。③以,用。

【译】孔子说:"把《诗》三百篇背得很熟,让他处理国内政务,不会办事;让他当外交使节,不能独立地办交涉;背的虽多,又有什么用呢?

【道生记】《集注》专,独也。《诗》本人情,该物理,可以验风俗之盛衰,见政治之得失。其言温厚和平长于风喻,故诵之者,必达于政而能言也。程子曰,穷经将以致用也。世之诵《诗》者,果能从政而专对乎。然则其所学者,章句之末耳,此学者之大患也。

13·6 子曰:"其身正,不令而行;其身不正,虽令不从。"

【译】孔子说:"统治者本身的行为端正,就是不发命令,老百姓也会去干;统治者本身的行为不端正,即使是发布了命令,老百姓也不会服从。"

13·7 子曰:"鲁卫之政,兄弟也。"

【译】孔子说:"鲁国的政治和卫国的政治,像兄弟一般(地相差不远)。"

【道生记】《集注》鲁,周公之后,卫,康叔之后,本兄弟之国。而是时衰乱,政亦相似,故孔子叹之。

　　《备旨》夫子叹鲁卫之衰,在哀公七年与出公五年时也。鲁秉周礼,卫多君子。周公康叔之遗风犹在,而无人振起之,故叹其衰,有惜之之意,有望之之意。《备旨补》注是时衰乱相似。衰以礼教衰微言,乱以纲纪紊乱言。相似亦是大概不远,鲁政不君不臣,卫政不父不子,夫子口中,不宜露出。

13·8 子谓卫公子荆①善居室②。始有,曰:"苟③合矣。"少有,曰:"苟完矣。"富有,曰:"苟美矣。"

【注】①公子荆,卫国大夫,字南楚,卫献公的儿子。②善居室,善于管理经济。③苟,差不多。

【译】孔子说卫国的公子荆很会管理家业。当他开始有一点财产的时候,就说:"这算合我的要求了。"再增加一点,就说:"这算完备了。"当富足的时候,就说:"这算美好了。"

13·9 子适①卫,冉有仆。子曰:"庶②矣哉!"冉有曰:"既庶矣,又何加焉?"曰:"富之。"曰:"既富矣,又何加焉?"曰:"教之。"

【注】①适,往,到。②庶,众多。这里指人口众多。

【译】孔子到卫国去,冉有为他赶车。孔子说:"人真多呀!"冉有问:"人多了,又该怎么办呢?"(孔子)说:"使他们富裕起来。"(冉有又)问:"富裕以后又该怎么办呢?"(孔子)说:"对他们进行教化。"

【道生记】《备旨》此章因卫民而发王道之全叹。庶有两意,一是幸其庶而泽可远施,一是惜其庶而治之无术。玩庶矣哉三字,圣人仁天下之心,全体流露,而先王遗泽与三代斯民之道无不并到,盖庶而富则民生厚,富而教则民德正。庶在民,富之教之全在上,此帝王作君作师之道也。

《洙泗考信录》卷二:"孔子去鲁在定公十四年,孔子年五十六。"

13·10 子曰:"苟①有用我者,期月②而已可也,三年有成。"

【注】①苟,如果。②期(jī基)月,一周年。

【译】孔子说:"假如有人用我治理国家,一年便可以搞出个样子来,三年就一定有成就。"

【道生记】《集注》可者仅辞,言纲纪布也。有成,治功成也。尹氏曰,孔子叹当时莫能用己也,故云然。

《备旨》朱子云,圣人为政,一年之间,想见以前不好底事都革得尽,到三年便财足兵强,教行民服。张南轩曰,期月而大纲立,三年而治功成。然三年之所成者,即其期月所立之规模充之而已。

13·11 子曰:"'善人为邦百年,亦可以胜残①去杀②矣。'诚哉是言也!"

【注】①胜残，克服残暴。胜，旧读平声。②去杀，免除虐杀。去，旧读上声。

【译】孔子说："'善人治理国家，经过一百年，也就可以战胜残暴，免去杀戮了。'这话说得真对呀！"

13·12 子曰："如有王者①，必世②而后仁。"

【注】①王者，即孔子理想中的帝王。②世，三十年为一世。

【译】孔子说："如果有王者出来，必须三十年后才能实现仁政。"

【道生记】《集注》王者谓圣人受命而兴也。三十年为一世。仁，谓教化浃也。程子曰，周自文武至于成王，而后礼乐兴，即其效也。或问三年必世，迟速不同，何也？程子曰，三年有成，谓法度纪纲有成而化行也。渐民以仁，摩民以义，使之浃于肌肤，沦于骨髓，而礼乐可兴所谓仁也。此非积久，何以能致。

《备旨补》张氏云，胜残去杀，如能去人之疾。仁，则使元气浑然而自无疾苦也。

13·13 子曰："苟正其身矣，于从政乎何有？不能正其身，如正人何？"

【译】孔子说："如果端正了自身的行为，管理政事还有什么困难呢？如果本身行为不端正，怎能使别人端正呢？"

13·14 冉子退朝。子曰："何晏①也？"对曰："有政。"子曰："其事也。如有政，虽不吾以②，吾其与③闻之。"

【注】①晏，迟，晚。②吾以，用我。以，用。③与，参与。

【译】冉求办完了公事回来。孔子说："为什么回来这么晚？"冉求回答说："有政事。"孔子说："一般事务罢了。假若是政事，虽然国君不任用我了，我也会知道的。"

【道生记】《集注》冉有时为季氏宰。朝，季氏之私朝也。晏，晚也。政，国政。事，家事。以，用也。礼，大夫虽不治事，犹得与闻国政。是时季氏专鲁，其于国政，盖有不与同列议于公朝，而独与家臣谋于私室者。故夫子为不知者而言，此必季氏之家事耳。若是国政，我尝为大夫，虽不见用，犹当与闻。今既不闻，则是非国政也。语意与魏征献陵之对略相似。其所以正名分，抑季氏，而教冉有之意深矣。

《备旨》政与事不论大小，只在公私上分别。以事字换他政字，此圣人一字之笔削也。

前贤曰："揭之曰其事，筹之曰有政。不以政予季氏，正欲以政还鲁君也。

其字也字,是截然分辨神物,不是疑词。"按:末二句似已指出此为判断句。

13·15 定公问:"一言而可以兴邦,有诸①?"孔子对曰:"言不可以若是,其几②也,人之言曰:'为君难,为臣不易。'如知为君之难也,不几乎一言而兴邦乎?"曰:"一言而丧邦,有诸?"孔子对曰:"言不可以若是,其几也,人之言曰:'予无乐乎为君,唯其言而莫予违也。'如其善而莫之违也,不亦善乎? 如不善而莫之违也,不几乎一言而丧邦乎?"

【注】①诸,"之乎"二字的合音。②几(jī基),接近。

【译】鲁定公问:"一句话就可以使国家兴盛,有这样的话吗?"孔子答道:"不可能有这样的话,但有近乎这样的话,有人说过:'做君主是很难的,做臣子是不容易的。'如果知道做君主很难,这不近乎一句话便可以使国家兴盛吗?"(鲁定公又)问:"一句话便可以使国家丧亡,有这样的话吗?"孔子答道:"不可能有这样的话,但有近乎这样的话,有人说过:'我做君主并没有什么可高兴的,我所高兴的,只在于我所说的话没有人敢于违抗。'假如是正确的而没人违抗,不是很好吗? 假如是不正确的,却没有人起来违抗,这岂不近乎一句话便可使国家丧亡吗?"

【道生记】《集注》因此言而知为君之难,则必战战兢兢,临深履薄,而无一事之敢忽。然则此言也,岂不可以必期于兴邦乎。为定公言,故不及臣也。范氏曰,言不善而莫之违,则忠言不至于耳。君日骄而臣日谄,未有不丧邦者也。谢氏曰,知为君之难,则必敬谨以持之。惟其言而莫予违,则谗谄面谀之人至矣。邦未必遽兴丧也,而兴丧之源分于此。然此非识微之君子何足以知之。

《备旨》此章见邦之兴丧决于君心之敬肆。定公是求一言于言,夫子要教他求一言于心。前重知字,一知为君难,便不见莫予违之乐。后重乐字,一乐莫予违,便不知为君之难。敬肆之系于兴丧者如此。

13·16 叶公问政。子曰:"近者说①,远者来。"

【注】①说,同"悦"。

【译】叶公问政治。孔子道:"境内的人使他高兴,境外的人使他来投奔。"

13·17 子夏为莒父①宰,问政。子曰:"无欲速,无见小利。欲速,则不达;见小利,则大事不成。"

【注】①莒(jǔ举)父,鲁国的一个城邑,在今山东莒县境内。

【译】 子夏到莒父做总管,问孔子怎样办理政事。孔子说:"不要求快,不要贪求小利。求快反而达不到目的,贪求小利就做不成大事。"

【道生记】《集注》程子曰,子张问政,子曰:"居之无倦,行之以忠。"子夏问政,子曰:"无欲速,无见小利。"子张常过高而未仁,子夏之病,常在近小。故各以切己之事告之。

前贤曰:"政亦有急务当先,小利不远者,病在欲字、见字。"

按:下两则字亦紧从欲字见字生来。

13·18 叶公语孔子曰:"吾党有直躬者①,其父攘②羊而子证③之。"孔子曰:"吾党之直者异于是:父为子隐,子为父隐,直在其中矣。"

【注】①直躬者,正直的人。②攘(rǎng 嚷),偷窃。③证,告发。

【译】叶公对孔子说:"我的家乡有个正直的人,他的父亲偷了人家的羊,他便亲自去告发。"孔子说:"我们家乡正直的人和你讲的正直的人是不一样的:父亲为儿子隐瞒,儿子为父亲隐瞒,正直的品德就在这里了。"

【道生记】《集注》父子相隐,天理人情之至也。故不求为直而直在其中。谢氏曰,顺理为直。父不为子隐,子不为父隐,于理顺耶。

《备旨》此章见直不可矫。叶公所尚之直,以细行言,在天理人情之外。夫子所取之直,以大节言,在天理人情之中。直者信心而行,惬心而止,父子相隐,乃天理上宜有此斡旋,人情上宜有此转移,故曰直在其中。

13·19 樊迟问仁。子曰:"居处恭,执事敬,与人忠。虽之①夷狄,不可弃也。"

【注】①之,去,到。作动词用,本《尔雅·释诂》。

【译】樊迟问怎样做才是仁。孔子说:"在家规规矩矩,办事严肃认真,对别人忠心诚意。这三种德行,即使到外地去,也是不能废弃的。"

【道生记】《集注》恭主容,敬主事,恭见于外,敬主于中。之夷狄不可弃,勉其固守而勿失也。程子曰,此是彻上彻下语,圣人初无二语也。充之则睟面盎背,推而达之,则笃恭而天下平矣。胡氏曰,樊迟问仁者三,此最先,先难次之,爱人其最后乎。

《备旨》此章见仁贵存心有常,通以心字作主。居处三句是存此心,夷狄二句是常存此心。恭敬忠,皆仁之随在异名,所谓心存而理得也。

13·20 子贡问曰:"何如斯可谓之士①矣?"子曰:"行己有耻,使于四方,不辱君命,可谓士矣。"曰:"敢问其次。"曰:"宗族称孝焉,乡党^②称弟焉。"曰:"敢问其次。"曰:"言必信,行必果^③,硁硁^④然小人哉!抑^⑤亦可以为次矣。"曰:"今之从政者何如?"子曰:"噫!斗筲之人^⑥,何足算也?"

【注】①士,见4·9注①。②乡党,指本乡本土。③果,果断,坚决。④硁硁(kēng 坑),浅薄固执的样子。⑤抑,但是。⑥斗筲(shāo 梢)之人,指卑贱的人。斗筲,指容量很小的东西。筲,竹器。

【译】 子贡问道:"怎样才配称为士?"孔子说:"自己行为能保持羞耻之心,出使到其他诸侯国家去能够不辜负君主委托,这种人便可以称为士了。"(子贡)说:"请问次一等的呢?"(孔子)说:"宗族中的人称赞他孝顺父母,乡里人称赞他尊敬兄长。"(子贡又)说:"请问再次一等的呢?"(孔子)说:"说话一定兑现,行动一定坚决,这是不问是非黑白而只管自己贯彻言行的小人呀!但也可以说是再次一等的了。"(子贡又)说:"现在的执政者,您看怎样?"孔子说:"哼!这伙器量狭小的卑贱小人,算得了什么呢?"

【道生记】《集注》行己是立心制行,不曰立己而曰行己,是在推行上论。耻是耻其非道之事而不为。此其志有所不为,而其材足以有为者也。子贡能言,故以使事告之,盖为使之难,不独贵于能言而已。

《备旨》此章论士重实行,行其本也,才其末也。首节本末兼全,士之最优者,次节是本立之士,三节是有守之士,要之皆有实行者。末节言无实行,不必列士之林。行己所该者广,有耻是志有所不为,不辱是才足以有为。然才足有为,不止使事,为使特揭大端言之。有耻是事事不苟,孝弟乃行己中一事,宗族乡党见之必真,故取以为据。

《潩南辨惑》卷六:子贡问当时从政者。子曰:"斗筲之人,何足算也?"苏氏曰:"此有谓而言不知其谓谁。子贡之问,必有所指。不然,从政之人非一,而举以为斗筲,可乎?"此论亦有理。张无垢(张九成)乃曰:"礼,居是邦不非其大夫。子贡正犯夫子之禁,故夫子自称如此。"予谓天子之过,庶人得以议之,而谓士不可非其大夫乎?此说盖出于孙卿,未必圣门之事。就使诚然,但不可昌言于众耳,师弟之间,真实语话,何必周谨如是哉?

13·21 子曰:"不得中行^①而与^②之,必也狂^③狷^④乎!狂者进取,狷者有所不为也。"

【注】①中行,行为合乎中庸。②与,相与,交往。③狂,狂妄。④狷(juàn 绢),拘谨。

【译】孔子说:"我找不到奉行中庸之道的人和他交往,只能和狂者、狷者来往了!狂者敢作敢为,狷者对有些事是不肯干的。"

【道生记】《集注》行道也,狂者志极高而行不掩,狷者志未及而守有余。

盖圣人本欲得中道之人而教之，然既不可得，而徒得谨厚之人，则未必能自振拔而有为也。故不若得此狂狷之人，犹可以因其志节而激励裁抑之，以进于道，非与其终于此而已也。

13·22 子曰："南人有言曰：'人而无恒①，不可以作巫医②。'善夫！'不恒其德，或承之羞③。'"子曰："不占④而已矣。"

【注】①恒，指恒心。②巫医，占卦治病的人。③"不恒其德"二句，引自《易经·恒卦·爻辞》。④占，指占卦。

【译】孔子说："南方有人曾经说过：'人做事如果没有恒心，就不能当巫医。'这句话说得真好！'人如果不能长久地保持自己的德行，免不了遭受耻辱。'"孔子（又）说："（《周易》这句话是说，没有恒心的人）用不着去占卦了。"

13·23 子曰："君子和而不同，小人同而不和。"

【译】孔子说："君子讲调和而不同流合污，小人同流合污而不讲调和。"

13·24 子贡问曰："乡人皆好之，何如？"子曰："未可也。""乡人皆恶之，何如？"子曰："未可也。不如乡人之善者好之，其不善者恶之。"

【译】子贡问道："全乡人都赞扬的人，您看这种人怎么样？"孔子说："这还不能肯定。"（子贡问：）"全乡人都憎恶的人，您看这种人怎么样？"孔子说："这还不能肯定。最好的人是乡里的好人赞扬他，乡里的坏人憎恶他。"

【道生记】《集注》一乡之人，宜有公论矣，然其间亦各以类自为好恶也。故善者好之而恶者不恶，则必其有苟合之行。恶者恶之而善者不好，则必其无可好之实。

《潫南辨惑》卷六晦庵曰："善者好之而恶者不恶，必其有苟合之行。恶者恶之而善者不好，则必其无可好之实。"其说是矣。东坡曰："此未足以为君子也，为问者言也，以为贤于问者而已。君子之居乡也，善者以劝，不善者以耻，夫何恶之有？"予谓此论虽高，然善恶异类，犹冰炭也，妒贤丑正，亦小人之天资，岂能尽以愧耻望之哉？使凡不善者皆知见善人能耻之，则世无小人矣。抑孔子之观人，初不以此。若曰："众好之，必察焉；众恶之，必察焉。"则亦亲求其实而已。岂徒取决于乡人之好恶哉？

《备旨》此章见取人当于其类。子贡欲稽人于好恶之同，夫子则决人于好恶之类，两何如皆拟其为贤，两未可皆谓未足以定其贤。末二句合看方得。

13·25 子曰："君子易事而难说①也。说之不以道，不说也。及其使人也,器②之。小人难事而易说也。说之虽不以道,说也。及其使人也,求备焉。"

【注】①说,同"悦"。以下五个"说"字同。②器,量才使用。

【译】孔子说:"为君子办事很容易,要讨喜欢却很难。不按正道去讨好他,是得不到他的欢喜的。但是,当他使用人的时候,总是按个人的才能去分配工作。为小人办事很困难,但要讨得他的喜欢却很容易。你不按正道去讨好他,也会得到他的喜欢。但等到他使用人时,却要求样样都能做好。"

【道生记】《集注》器之,谓随其材器而使之也。君子之心公而恕,小人之心私而刻,天理人欲之间,每相反而已矣。

《备旨》此章明君子小人存心待物之不同。君子小人盖指当时卿大夫之得政者言。易事者偏难悦,难事者偏易悦。一人而易情,故以而字及其字为转语,须得相形互见之妙。凡以职分之当为而效力于人曰事,凡以意旨之承奉而取其欢心曰悦。

13·26　子曰:"君子泰①而不骄②,小人骄而不泰。"

【注】①泰,安静坦然。②骄,傲慢。

【译】孔子说:"君子安静坦然而不傲慢,小人傲慢而不安静坦然。"

【道生记】《集注》君子循理,故安舒而不矜肆,小人逞欲故反是。

前贤曰:"此以骄泰对言,则泰者骄之反。《大学》以泰骄合言,则泰亦骄之类,一根循理来,一本逞欲来,其义各别。"

13·27　子曰:"刚、毅、木①、讷②,近仁。"

【注】①木,朴实。②讷,说话迟钝。这里指言语谨慎。

【译】孔子说:"刚强、果断、朴实、言语谨慎,接近于仁。"

【道生记】《集注》杨氏曰,刚毅则不屈于物欲,木讷则不至于外驰,故近仁。

《备旨》此章举近仁之质,示人当因是而加学问也。四者加以求仁学力,则不止于近矣。反观之,则柔脆华辩之远于仁可知也。《备旨补》朱子曰,刚是体质坚强如一个硬物一般,不软不屈。毅却是有奋发振兴的气象。

前贤曰:"即是四者而方事于为仁,则刚即可为求仁者克己之本,毅即可为求仁者不反之守,木即可为求仁者忠信学礼之藉,讷即可为求仁者修辞立诚之实也。"

13·28　子路问曰:"何如斯可谓之士矣?"子曰:"切切偲偲①,怡怡②如也,可谓士矣。朋友切切偲偲,兄弟怡怡。"

【注】①切切偲偲(sī 思)，互相劝勉、督促。②怡怡(yí 移)，和气、亲切的样子。

【译】子路问道："怎样才配称为士呢？"孔子说："互相督促，和和气气，可以叫做士了。朋友之间互相督促，兄弟之间和和气气。"

【道生记】《集注》胡氏曰，切切，恳到也。偲偲，详勉也。怡怡，和悦也。皆子路所不足，故告之。又恐其混于所施，则兄弟有贼恩之祸，朋友有善柔之损，故又别而言之。

前贤曰："此见士有全养而善所施也，言士之气象如此，皆就养成后观之，其工夫在前一层。言外有训子路以学问变化气质之意。""推朋友之义，则以无可欺者明臣之节，以有敢犯者成君之大，亦如此矣；推兄弟之义，则致爱敬以广孝慈之风，敦睦姻以推乡党之化，亦犹此矣。"

13·29　子曰："善人教民七年，亦可以即戎①矣。"

【注】①即戎(róng 荣)，指当兵打仗。即，从事。戎，打战。

【译】孔子说："善人对老百姓教练七年，就可以叫他们去当兵打仗了。"

【道生记】《集注》教民者，教之以孝弟忠信之行，务农讲武之法。即，就也。戎，兵也。民知亲其上，死其长，故可以即戎。

前贤曰："虑民之未恤其身也，而农桑之教兴焉，里有正，鄷有长，遂有师，要使凶荒之无忧，而马牛车甲之赋，亦无不具，而又为之狝以治兵，搜以振旅，出则老者居后，入则长者居前，则井牧行伍之中，而义勇之气已著；虑民之未得其心也，而学校之教行焉，党有庠，州有序，国有学，要使礼乐之渐兴，而股肱射御之节，亦无不娴，而又为之受成于学，献馘于泮，将帅贲军者不齿，战阵无勇者非孝，则纯歌干戚之内，而文武之材已登。"

窃按：此为传统曾经数百年之"八股文"片段，录以示例。

13·30　子曰："以不教民战，是谓弃之。"

【译】孔子说："如果不先对老百姓施行教练，便叫他们去打仗，这就叫抛弃他们。"

【道生记】《备旨》不教民，是平素不教之民也。教亦兼孝弟忠信务农讲武说。战，即上即戎。

前贤曰："《白虎通》：教民者皆里中之老，而有道德者为右师，教里中之子弟，以道艺孝弟行义。朝则坐于闾门，弟子皆出，就农后罢亦如之。若皆既成岁，皆入教学，立春而就事，故无不教之民。非谓教之战也。然而三时务农，一时讲武，则金鼓旗物之用，坐作进退之节，亦在所教也。"

宪问篇第十四

【道生记】《滹南辨惑》卷六胡氏曰,《宪问》一篇,疑皆原宪所记。慵夫(若虚自称)曰,《论语》本无篇名,今之篇亦不成义理,如学而、述而、子罕之类,是何等语!且章自为指,不相附属。岂可以两字冠之?此盖后儒以简册烦多,欲记习之便,因其科节以为号,前辈既已辨之矣。胡氏徒见前章如原宪自称者,遂谓一篇悉原宪所记,此臆度之说,岂可必哉?又疑《里仁》篇自"吾道一贯"至"君子欲讷于言"十章出曾子门人,《公冶长》篇多出子贡之徒,益无所据,删之可也。

14·1 宪问耻。子曰:"邦有道,谷①;邦无道,谷,耻也。""克②、伐③、怨、欲不行焉,可以为仁矣?"子曰:"可以为难矣,仁则吾不知也。"

【注】①谷,这里指做官拿俸禄。②克,好胜。③伐,自夸。

【译】原宪问什么是可耻。孔子说:"国家有道,你可以做官拿俸禄;国家无道,你还做官拿俸禄,这就是可耻。"(原宪又问:)"好胜、自夸、怨恨、贪欲都没有的人,可以算做到仁了吧?"孔子说:"这可以说是难能可贵的了,是否可以算做仁,那我不能同意。"

【道生记】《备旨》夫子勉原宪以有为意。宪安贫守道,不难有守,难于有为,故告之以此。因其所已能,广其所未及也。克伐是气盈者,因己所有而生;怨欲是气歉者,因己所无而生。不行是逐念强制,与那拔去本根者迥别。可以为仁,竟下一矣字,分明是误认此为仁。难字只作艰苦劳瘁说,吾不知,是令宪自来悟其本源何如,乃警策语。盖克己复礼,是杀贼工夫,主敬行恕,是防贼工夫,四者不行,譬如停贼在家,岂不为害。此章见仁不在制私,而在无私,乃清源制流之分,非自然勉强之别。

14·2 子曰:"士而怀居①,不足以为士矣。"

【注】①怀居,指留恋家庭的安逸生活。怀,思念,留恋。居,家居。

【译】孔子说:"一个士留恋家庭的安逸生活,就不足以成为一个士了。"

【道生记】《备旨》此章见为士者当心无所累。怀有贪恋二意,未得则贪,已得则恋。居如官室器用,声色货利,凡适己自便皆是,不足为士,只就怀居上断之。《补》胡氏曰,怀居与小人怀土相似,与圣人安土相反,安土者随其身之所处而安,无所执者,其乐也大。怀居者,恋其身之所便而安,有所执者,其累也大。

14·3 子曰:"邦有道,危①言危行;邦无道,危行言孙②。"

【注】①危,直。②孙,同"逊"。这里是随和顺从的意思。

【译】孔子说:"国家有道,直言直行;国家无道,仍旧直行,但说话要随和谨慎。"

【道生记】前贤曰:"行为士君子立身之道,无时可以自贬。至于危言,则邦有道所独耳。""避祸亦学者一大事,《易》三陈九卦,皆言处忧患之道。危行,并以辨义,言孙,巽以行权,此正反身修德之正理,不必回护。"

14·4 子曰:"有德者必有言,有言者不必有德。仁者必有勇,勇者不必有仁。"

【译】孔子说:"有德行的人一定有言论,但有言论的人不一定有德行。仁人必然勇敢,但勇敢的人不一定有仁德。"

【道生记】《集注》有德者和顺积中,英华外发。能言者,或便佞口给而已。仁者心无私累,见义必为。勇者或血气之强而已。

《备旨》此章为以言、勇、德冒仁者发。见内得以兼外,外不得以信内,欲修身者知所重,观人者知所尚焉。德言是华实之辨,仁勇是理气之分,两必字,乃信辞。全从仁德内看出言勇盖即静默自持,而精华自在,即凝神敛气而强毅自存也。两不必活看,非决言其无也。

14·5 南宫适①问于孔子曰:"羿②善射,奡荡舟③,俱不得其死然。禹、稷④躬稼而有天下。"夫子不答。南宫适出,子曰:"君子哉若人!尚德哉若人!"

【注】①南宫适(kuò 括),见5·2注①。②羿(yì 意),相传为夏代有穷国的君主,善于射箭,曾夺夏太康的王位,后被其臣寒浞(zhuó 浊)所杀。③奡(ào 傲),据说是一个善于水战的大力士,后被夏少康所杀。荡舟,指水战。④禹,夏代的开国君主,善于治水,注重发展农业。稷(jì 计),传说是周朝的祖先,又为谷神。

【译】南宫适问孔子:"羿善于射箭,奡善于水战,最后都不得好死。禹、稷亲自种庄稼,却取得了天下。"孔子不回答。南宫适出去后,孔子说:"这个人真是个君子呀! 这个人真尊重道德呀!"

【道生记】《集注》适之意盖以羿、奡比当时之有权力者,而以禹、稷比孔子也。故孔子不答。然括之言如此,可谓君子之人,而有尚德之心矣,不可以不与,故俟其出而赞美之。

《潭南辨惑》卷六:夫子不答南宫适之问,说者不一。或谓明理而所疑,故不答;或谓嫌以禹、稷比己,故不答;或谓禹、稷之有天下止于躬稼,其言不尽,故不答;或谓为善非,以干禄,而禄以天下,尤非学者所宜言,故不答;或谓虽不明言,必有目击、首肯之意。是皆臆度,非必其真。张无垢(张九成)曰:"此章全在不答处。圣人立论,坐见万世之后,要不使有时而穷。夫力非所以取天下也,然有以力得之者。德固宜其有天下也,而不得者亦多矣。是适言虽美,有时而穷也。夫子将言其非,恐害名教,欲言其是,则其病犹适也。故将付之不答而已。至其既出而谓之尚德君子者,盖称其用心耳。"此说为善,殊胜诸家也。

前贤曰:"适之出,想亦相喻于不言之中。夫子恐学者误以为善恶不可分明,故又赞之。所以坚天下后世尚德之心也。君子以品言,尚德以心言。"

14·6 子曰:"君子而不仁者有矣夫,未有小人而仁者也。"

【译】孔子说:"君子中没有仁德的人是有的,小人中有仁德的人是没有的。"

【道生记】《备旨》此章见仁道之难尽,所以勉君子而惩小人也。君子小人指心术邪正言。君子犹有偶失,则宜防之严;小人必无偶得,则宜反之亟。有矣夫是想象臆度之辞,未有二字是决言之。

前贤曰:"君子三月不违,则其违也,虽谓之不仁可也;日月至焉,则其未至也,虽谓之不仁可也。""小人者,亦岂无既剥暂复之机,然而善无根不可袭取,欲有种而难以顿拔。是故良心虽萌于夜气之时,而旦昼之为已牿矣;天机虽发于有感之际,而纵欲之害已戕矣。"

14·7 子曰:"爱之,能勿劳乎? 忠焉,能勿诲乎?"

【译】孔子说:"爱他,能不叫他劳苦吗? 忠于他,能够不教诲他吗?"

【道生记】《集注》苏氏曰,爱而勿劳,禽犊之爱也。忠而勿诲,妇寺之忠也。爱而知劳之,则其为爱也深矣;忠而知诲之,则其为忠也大矣。

《备旨》夫子示人父人臣以爱子忠君之则。盖为知爱而不知劳,知忠而不知诲者发。爱忠以心言,劳诲以事言。能勿二字重看,见理事之必然。

前贤曰:"爱字内兼子贤不贤,忠字内兼君信不信。劳之事难从,然劳于前者逸于后,故为爱之深;诲之语难受,而长其善以救其恶,故为忠之大。"

14·8 子曰:"为命①,裨谌②草创之,世叔③讨论④之,行人子羽⑤修饰之,东里子产⑥润色之。"

【注】①命,外交辞令。②裨谌(bìchén 庇臣),郑国大夫,见《左传》。③世叔,即《左传》的子太叔,名游吉。④讨论,一个人去研究而后提意见。⑤行人,官民,即古代的外交官。子羽,公孙挥的字。⑥东里,地名,在今郑州市,子产所居。

【译】孔子说:"郑国外交辞令的创制,裨谌拟稿,世叔提意见,外交官子羽修改,子产作文辞上的加工。"

【道生记】《集注》郑国之为辞命,必更此四贤之手而成,详审精密,各尽所长,是以应对诸侯,鲜有败事,孔子言此,盖善之也。

《备旨》喜郑国辞命之善,见用人之效,亦以明四子体国之公也。郑系小国,介晋楚两大国之间,辞命关系甚重,为之最难。

14·9 或问子产,子曰:"惠人也。"问子西①,曰:"彼哉! 彼哉!"问管仲,曰:"人也。夺伯氏②骈邑③三百,饭疏食,没齿④无怨言。"

【注】①子西,楚国的令尹(宰相)子西,名申。子西曾阻止楚昭王任用孔子。②伯氏,齐国的大夫。③骈(pián)邑,齐国地名。④没齿,死。

【译】有人问子产是怎样的人,孔子说:"是个有恩惠于人的人。"问子西,孔子说:"他呀! 他呀! (算得了什么?)"问管仲,(孔子)说:"他是个有才干的人。他把伯氏的骈邑三百户夺走,弄得伯氏吃粗粮过日子,直到老死也没有怨言。"

14·10 子曰:"贫而无怨难,富而无骄易。"

【译】孔子说:"贫穷而能够没有怨恨是困难的,富裕而不骄傲是容易的。"

14·11 子曰:"孟公绰①为赵魏老②则优,不可以为滕薛③大夫。"

【注】①孟公绰,鲁国大夫。属于孟孙氏家族。②老,指大夫的家臣。③滕薛,是两个较小的诸侯国家。滕,在今山东滕县。薛,在今山东滕县东南。

【译】孔子说:"孟公绰要是做晋国赵氏、魏氏的家臣,才力还是有余的,但不能做滕、薛这样小国的大夫。"

【道生记】《集注》公绰,鲁大夫。赵魏,晋卿之家。老,家臣之长。大家势重而无诸侯之事,家老望尊而无官守之责。优,有余也。滕薛,二国名。大夫,任国政者。滕薛国小政繁,大夫位高责重。然则公绰盖廉静寡欲,短于才者也。杨氏曰,知之弗豫,枉其才而用之,则为弃人矣。此君子所以患不知人也。言此,则孔子之用人可知矣。

《备旨》此章隐讽公绰不称职,以见鲁失官人之道。夫子分明是说公绰不可为鲁大夫,却不直说鲁而说滕薛,且不遽说他短,先说他长,多少婉转。家老以望为重,大夫非才不能任,故一优一不可为。为家老则赵魏且优,况小于赵魏者乎,为大夫则滕薛且不可,况大于滕薛者乎。《补》此借赵魏滕薛以定公绰之品,借公绰以定用人之法,非专为公绰发也,要会其大意。

14·12 子路问成人。子曰:"若臧武仲①之知,公绰之不欲,卞庄子②之勇,冉求之艺,文之以礼乐,亦可以为成人矣。"曰:"今之成人者何必然? 见利思义,见危授命,久要③不忘平生之言,亦可以为成人矣。"

【注】①臧武仲,即臧孙纥,臧文仲之孙,鲁国的大夫。他在齐国时,料到齐庄公不能长久,设法拒绝了齐庄公给他的封地。后来,齐庄公被杀,他没有受到牵累(事见《左传·襄公二十三年》),人们认为他很聪明。②卞庄子,鲁国大夫,封地在卞邑(在今山东泗水县东),传说他曾独身打虎,以勇著名。③要(yāo 腰),通"约",这里是穷困的意思。

【译】子路问怎样做才是一个完美的人。孔子说:"如果具有臧武仲的智慧,孟公绰的克制,卞庄子的勇敢,冉求的才艺,再用礼乐加以修饰,这样也就可以成为一个完美的人了。"(孔子又)说:"现在要成为完美的人何必一定要这样要求呢? 现在的人,只要见到财利,而想到道义,遇到(国家或君主)有危急,而肯付出生命,久处困境也不忘记平生的诺言,这样也可以成为一位完美的人了。"

【道生记】《集注》(亦可以为成人矣)然亦之为言,非其至者,盖就子路之所可及而语之也。若论其至,则非圣人之尽人道,不足以语此。程子曰,知之明,信之笃,行之果,天下之达德也。若孔子所谓成人,亦不出此三者。武仲智也,公绰仁也,卞庄子勇也,冉求艺也,须是合此四人之能,文之以礼乐,亦可以为成人矣。然而论其大成,则不止于此。

《备旨》此章见人以大成为贵,上节告以人道之全,重在养。下节告以人道之重,重在节。盖欲子路由今而进之古也。通节文之句最重,有礼以文,便去偏倚而归中正,有乐以文,便化乖戾而就和平,全是学问涵养工夫。《备旨补》次节之成人,子路所已及也。曰今之成人者何必然,自是薄之之辞。要之圣人何必又作此每况愈下语。此中便有抑折子路得意处,有激奋子路进取处。

胡适之先生曰(《说儒》270 页):"'成人'就是'成仁',就是'仁'。综合当时社会上的理想人物的各种美德,合成一个理想的人格,这就是'君子儒',就是'仁'。但他又让一步,说'今之成人者'的最低标准,这个最低标准正是当时的'武士道'的信条。"

14·13 子问公叔文子①于公明贾②曰:"信乎,夫子③不言,不笑,不取乎?"公明贾对曰:"以④告者过也。夫子时然后言,人不厌其言;乐然后笑,人不厌其笑;义然后取,人不厌其取。"子曰:"其然,岂其然乎?"

【注】①公叔文子,卫国大夫,卫献公之孙,名拔。谥号"文",所以叫公叔文子。②公明

贾,公叔文子的使臣。姓公明,名贾。卫国人。③夫子,指公叔文子。④以,这个。

【译】孔子向公明贾问到公叔文子,说:"有人说他老先生不说,不笑,不取财,是真的吗?"公明贾回答说:"这是传话人的过错。他老先生是该说时才说,因此别人不厌恶他讲话;快乐时才笑,因此别人不厌恶他笑;(按礼义的要求)该取财时才取,所以别人不厌恶他取。"孔子说:"原来是这样,怎么会是那样的呢?"

【道生记】《集注》厌者,若其多而恶之之辞,事适其可,则人不厌而不觉其有是矣。是以称之,或过而以为不言不笑不取也。然此言也,非礼义充溢于中,得时措之宜者不能,文子虽贤,疑未及此。但君子与人为善,不欲正言其非也。故曰"其然,岂其然乎",盖疑之也。

《备旨》不言不笑不取固难,而时言乐笑义取尤难,岂其果能时措之宜,信如子之所云然乎。盖不遽斥其不然,亦不轻许其然,忠厚之意,是非之公,具见之矣。

14·14 子曰:"臧武仲以防①求为后于鲁,虽曰不要②君,吾不信也。"

【注】①防,鲁国地名,臧武仲受封的地方,在今山东费县东北。公元前550年(鲁襄公二十三年),臧武仲因帮助季氏废长少,得罪孟孙氏,逃到邻国,不久从邻国回到防城,向鲁君请求为臧氏立后,得到允许后,他便流亡到齐国。②要(yāo 腰),要挟。

【译】孔子说:"臧武仲(逃到齐国之前)凭借着他的采邑防城请求立其子弟嗣为鲁国卿大夫,纵然有人说他不是要挟,我是不相信的。"

14·15 子曰:"晋文公①谲②而不正,齐桓公③正而不谲。"

【注】①晋文公(前636—前628年在位),姓姬,名重耳。春秋时期有作为的政治家,著名的霸主之一。②谲(jué 决),欺诈,玩弄手段。③齐桓公(前685—前643年在位),姓姜,名小白。春秋时期有作为的政治家,他任用法家先驱管仲为宰相,成为著名的霸主之一。

【译】孔子说:"晋文公善于玩弄手段,不正派;齐桓公正派,不玩弄手段。"

【道生记】近人云:"孔子拼命维护周礼,主张'尊王'。齐桓公、晋文公当时起来称霸,号令诸侯,破坏了'礼乐征伐自天子出'的局面,孔子对他们'违礼'的地方大加指责。但齐桓公称霸还打着'尊王'旗号,在这一点上,孔子认为是符合周礼要求的,所以说他是'正而不谲'。而晋文公称霸后,却召见周天子,这在孔子看来是对王的不尊,是不符合周礼的,因而说他是'谲而不正'。"

14·16 子路曰:"桓公杀公子纠^①,召忽^②死之,管仲不死。"曰:"未仁乎?"子曰:"桓公九合诸侯,不以兵车^③,管仲之力也! 如其仁! 如其仁!"

【注】①纠,齐桓公的哥哥。齐桓公与他争夺君位,杀掉了他。②召忽,管仲和召忽都是公子纠的家臣。公子纠被杀后,召忽自杀,管仲归服齐桓公,并当了宰相。③不以兵车,不用武力。兵车,战车。这里指武力。

【译】子路说:"齐桓公杀了公子纠,召忽自杀以殉,但管仲却没有自杀。"又说:"(这样,管仲)不能算是仁人吧?"孔子说:"齐桓公多次召集各诸侯国的盟会,不用武力,这都是管仲的力量啊! 这就算是他的仁德吧! 这就算是他的仁德吧!"

【道生记】《集注》子路疑管仲忘君事仇,忍心害理,不得为仁也。

《备旨》此章夫子大管仲之功。子路疑未仁,以心之德言;夫子称其仁,以爱之施言。子路所疑是心术,夫子所许是事功。

14·17 子贡曰:"管仲非仁者与? 桓公杀公子纠,不能死,又相之。"子曰:"管仲相桓公,霸诸侯,一匡天下,民到于今受其赐。微^①管仲,吾其被^②发左衽^③矣。岂若匹夫匹妇之为谅^④也,自经^⑤于沟渎^⑥而莫之知也?"

【注】①微,没有。②被,同"披"。③左衽(rèn 任),衣襟向左开。"被发左衽"是当时少数民族的装束。④谅,遵守信用。这里指小节小信。⑤自经,上吊自杀。⑥渎(dú 读),小沟渠。

【译】子贡说:"管仲不能算是仁人吧? 桓公杀了管仲的主人公子纠,他不仅没有自杀,反而去辅佐桓公。"孔子说:"管仲辅佐桓公,使齐国在诸侯中称霸,并使天下走上正道,老百姓到了今天还享受到他的好处。如果没有管仲,恐怕我们也要披着头发,衣襟向左开了。难道他也要像一般老百姓那样遵守小节,在小山沟中自杀也没有人知道吗?"

【道生记】《集注》霸与伯同,长也。匡,正也,尊周室,攘夷狄,皆所以正天下也。微,无也。衽,衣襟也,被发左衽,夷狄之俗也。

《备旨》此章亦夫子大管仲之功。子贡责仲,重在又相。夫子即就相桓明其功业之大。末节反言见仲应爱惜此身而不以小谅自殉,亦只破他不能死三字。

《潪南辨惑》卷六"如其"云者,几近之谓也。言亦可以为仁耳。《注疏》、晦庵以为谁如其仁,其于辞义俱不顺。南轩曰:"夫子所以称管仲者,皆仁之功也。问其仁而独称仁之功,则其浅深可知。只为子路疑其未仁,子贡疑其非仁,故举其功以告之。若二子问管仲仁乎,则所以告之者异矣。盖圣人抑扬之意。"

其说甚善。东坡曰："以管仲为仁,则召忽为不仁乎?曰:量力而行之,度德而处之。管仲不死,仁也;召忽死之,亦仁也。伍尚归死于父,孝也;伍员逃之,亦孝也。事有大小耳。"此论甚佳。子路子贡以召忽为仁,管仲为非仁,孔子独明管仲之事,而不论召忽,则召忽之为仁可矣。其言匹夫匹妇之谅,此自别指无名而徒死者耳,意不在召忽也。忽岂自经沟渎之类哉?

《中国文化·研究集刊》第 1 期(复旦大学出版社 1984 年,17 页):"有的同志还提出,研究中外文化交流史,有一种现象值得注意,就是某种学说或观念,在中国已成为保守的东西,但到外国反而能对争取社会进步的活动起作用。例如中国的儒家学说,传到欧洲曾被某些启蒙思想家利用去作为反封建的一种依据,传到日本的尊王攘夷思想又曾变成明治维新的一种口号。"

14·18 公叔文子之臣大夫僎①与文子同升诸公②。子闻之,曰:"可以为'文'矣。"

【注】①僎(xún 寻),人名。卫国大夫,原是公叔文子的家臣。②同升诸公,僎由家臣升为大夫,与公叔文子同位。公,公室。

【译】公叔文子的家臣僎(由于文子的推荐)和公叔文子同样做了卫国的大夫。孔子知道这件事后说:"(死后)可以给他'文'的谥号了。"

【道生记】《备旨补》文子得谥为文,初不为荐僎事。夫子于既谥之后,闻其尝有此事,故追论之。只极取其荐贤,非解谥法。

前贤曰:"此美事也。君不以是表,子不以是请,史臣不以是书,而当时犹传其事,夫子闻而称美之。""以人事君理也,不以忌心伤之,不以胜心夺之。"

14·19 子言卫灵公之无道也,康子曰:"夫如是,奚而①不丧?"孔子曰:"仲叔圉②治宾客,祝鮀治宗庙,王孙贾治军旅。夫如是,奚其丧?"

【注】①奚而,为何。②仲叔圉(yǔ 雨),即孔文子。见 5·15。他和祝鮀(tuó 驼)、王孙贾都是卫国大夫。王孙贾见 3·13。祝鮀见 6·16。

【译】孔子说到卫灵公无道的时候,季康子说:"卫灵公既然无道,为什么国家还不败亡呢?"孔子说:"因为他有仲叔圉接待宾客,祝鮀主管祭祀,王孙贾统率军队。像这样,他的国家怎么会败亡呢?"

【道生记】《集注》吴氏曰,卫灵公之无道宜丧也,而能用此三人,犹足以保其国,而况有道之君能用天下之贤才者乎?《诗》云:"无竞维人,四方其训之。"

14·20 子曰:"其言之不怍①,则为之也难。"

【注】①作(zuò 作),惭愧。

【译】孔子说:"一个人如果大言不惭,那么他做起来就一定是困难的。"

【道生记】前贤曰:"不作者,其开口本无必为之志,而漫以欺人,其羞恶之心已亡,所以不但谓之大言,而又曰不惭。而之字俱属一事看,为即为此不作之言也。"

14·21 陈成子①弑简公②。孔子沐浴而朝③,告于哀公曰:"陈恒弑其君,请讨之。"公曰:"告夫三子④!"孔子曰:"以吾从大夫之后,不敢不告也。君曰'告夫三子'者!"之⑤三子告,不可。孔子曰:"以吾从大夫之后,不敢不告也。"

【注】①陈成子,齐国的大夫陈恒,又叫田成子。②简公(前484—前481年在位),齐简公。姓姜,名壬。③沐浴而朝,洗头洗澡,指举行斋戒。这时孔子已经告老还家,特为这事来朝见鲁君。④三子,即鲁国季孙、孟孙、叔孙三家。⑤之,动词,往。

【译】陈成子杀了齐简公。孔子听说后马上洗澡斋戒,随即去见鲁哀公,报告说:"陈恒把他的君主杀了,请您出兵讨伐他。"哀公说:"你去报告三位大夫吧!"孔子(退出来后)说道:"因为我曾做过大夫,所以不敢不来报告。但是国君却说'报告三位大夫'!"孔子又去报告,但三位大夫不同意派兵讨伐。孔子说:"因为我曾做过大夫,所以不敢不来报告。"

14·22 子路问事君。子曰:"勿欺也,而犯①之。"

【注】①犯,触犯。引申为规劝,纠正。

【译】子路问怎样事奉君主。孔子说:"不能欺骗他,但可以规劝他。"

14·23 子曰:"君子上达,小人下达。"

【译】孔子说:"君子向上通达仁义,小人向下通达财利。"

14·24 子曰:"古之学者为己,今之学者为人。"

【译】孔子说:"古代的人学习是为了提高自己;而现在的人学习是为了给别人看。"

【道生记】《集注》程子曰,为己,欲得之于己也;为人,欲见知于人也。程子曰,古之学者为己,其终至于成物;今之学者为人,其终至于丧己。愚按:圣贤论学者用心、得失之际,其说多矣,然未有如此言之切而要者,于此明辨而日省之,则庶乎其不昧于所从矣。

14·25 蘧伯玉①使人于孔子,孔子与之坐而问焉,曰:"夫子何为?"对曰:"夫子欲寡其过而未能也。"使者出,子曰:"使乎! 使乎!"

【注】①蘧(qú渠)伯玉,名瑗,卫国的大夫。孔子在卫时,曾住其家。

【译】蘧伯玉派了一个使者去拜访孔子,孔子让使者坐下,然后问道:"他老先生在做什么?"使者答道:"他老先生很想少犯错误,但未能做到。"使者走了以后,孔子说:"是个好使者,是个好使者!"

【道生记】《集注》盖其进德之功,老而不倦。是以践履笃实,光辉宣著,不惟使者知之,而夫子亦信之也。

14·26 子曰:"不在其位,不谋其政。"曾子曰:"君子思不出其位。"

【译】孔子说:"不在那个职位,就不要过问那个方面的政事。"曾子说:"君子考虑事情,从来不超出他的职务范围。"

14·27 子曰:"君子耻其言而过其行。"

【译】孔子说:"君子认为说得多做得少是可耻的。"

14·28 子曰:"君子道者三,我无能焉:仁者不忧,知①者不惑,勇者不惧。"子贡曰:"夫子自道也!"

【注】①知,同"智"。《说文》有"䜋"(四篇上·白部),识词也。王筠《说文句读》曰:"字今作智,经典通用知。"

【译】孔子说:"君子之道有三个方面,我都未能做到:仁德的人不忧愁,聪明的人不迷惑,勇敢的人无所畏惧。"子贡说:"这正是老师的自我表述啊!"

14·29 子贡方①人。子曰:"赐也贤乎哉? 夫我则不暇。"

【注】①方,同"谤"。

【译】子贡评论别人短处。孔子说:"赐呀,你就那么好吗? 我可没有那种闲工夫。"

【道生记】《集注》方,比也。乎哉,疑辞,比方人物而较其短长,虽亦穷理之事。然专务为此,则心驰于外,而所以自治者疏矣。故褒之而疑其辞,复自贬以深抑之。谢氏曰,圣人责人,辞不迫切而意已独至如此。

《备旨》大抵暇字,是学者大病,观夫子一生,发愤好学。老至不知,真是不暇。非谑语也。

前贤曰:"此见学者当以自治为急,乎、哉、夫、则四字虚婉,须得使他自思自省意。"

14·30 子曰:"不患①人之不己知,患其不能也。"

【注】①患,忧患、担心。

【译】孔子说:"不忧虑别人不知道自己,只担心自己没有本事。"

【道生记】《集注》凡章旨同而文不异者,一言而重出也。文小异者,屡言而各出也。此章凡四见,而文皆有异。则圣人于此一事盖屡言之,其丁宁之意,亦可见矣。

前贤曰:"《论语》四处相似而有别,《学而》篇所云(1·16),是从人之所患翻转语,言人患如彼,我则以为所患在此。《里仁》篇所云(4·14),是因所患以求可知之实,在知上引进入来。此章是借患字说到无能,竟撇去知字,专重不能,比求为可知更深一层。若《卫灵》篇所云(15·19),只说学者之用心,并不关人事矣。"

14·31 子曰:"不逆①诈,不亿②不信,抑亦先觉者,是贤乎!"

【注】①逆,预先猜度。②亿,同"臆",猜测。

【译】孔子说:"不预先怀疑别人欺诈,也不猜测别人不诚实,然而却能及早觉察(这种事情),这可是贤人啊!"

【道生记】《集注》逆,未至而迎之也。亿,未见而意之也。诈,谓人欺己。不信,谓人疑己。抑,反语辞。言虽不逆不亿,而于人之情伪自然先觉,乃为贤也。杨氏曰,君子一于诚而已,然未有诚而不明者。故虽不逆诈,不亿不信,而常先觉也。若夫不逆不亿而卒为小人所罔焉,斯亦不足观也。"

《备旨》此章为人以察察为明者发,总是贵自然之明意。逆亿是以意见推之,先觉是以义理照之。抑字是挑转语,归重先觉上。先觉如明镜照物,妍媸毕露,觉常在先也。《备旨补》林次崖曰,有天资高,识见明,人欺不得的;有学问到,义理明,人欺不得的。贤要兼此二者。"

前贤曰:"先觉者,其主静者也,主静则心虚,虚故其明生;先觉者,其主一者也,主一则识精,精故其明察。"

14·32 微生亩①谓孔子曰:"丘何为是栖栖②者与? 无乃为佞③乎?"孔子曰:"非敢为佞也,疾固④也。"

【注】①微生亩,姓微生,名亩,鲁国人。②栖栖(xī 西),不安的样子。③佞,能言善辩,花言巧语。④疾,恨。固,固执,指固执的人。

【译】微生亩对孔子说:"孔丘,你为什么这样到处奔波(游说)呢? 你不就成了花言巧语的人吗?"孔子说:"我不敢花言巧语,而是痛恨那些固执的人。"

14·33 子曰:"骥①不称其力,称其德也。"

【注】①骥(jì计),善跑的马,即千里马。

【译】孔子说:"千里马值得称赞的不是它的气力,而是它的品德。"

【道生记】《集注》骥,善马之名。德,谓调良也。尹氏曰,骥虽有力,其称在德。人有才而无德,则亦奚足尚哉?

14·34 或曰:"以德报怨,何如?"子曰:"何以报德? 以直①报怨,以德报德。"

【注】①直,至公而无私。

【译】有人对孔子说:"用恩德来报答怨恨怎么样?"孔子说:"用什么来报答恩德呢? 应该是用公平正直来报答怨恨,用恩德来报答恩德。"

【道生记】《备旨》此章见报施贵得其宜,通主报怨立论。或人矫为厚而反失其平,圣人酌其平而不失为厚。

前贤曰:"怨有不必报者,有必报者。怨之不必报者,以不报为直,故专杀有司寇之禁;怨之必报者,以必报为直,故复仇有调人之司。怨之可报而不能报者,有不能不报而仍不忍报者。怨之可报而不能报者,以不报为直,故巷伯惟陈敬听之诗;怨之不能不报,而仍不忍报者,亦以不报为直,故姬公不绝懿亲之后。"

14·35 子曰:"莫我知也夫!"子贡曰:"何为其莫知子也?"子曰:"不怨天,不尤①人,下学而上达。知我者其天乎!"

【注】①尤,怨恨。

【译】(录杨译)孔子叹道:"没有人知道我呀!"子贡道:"为什么没有人知道您呢?"孔子道:"不怨恨天,不责备人,学习一些平常的知识,却透彻了解很高的道理。知道我的,只是天罢!"

【道生记】《集注》程子曰,不怨天,不尤人,在理当如此。又曰,下学上达,意在言表。又曰,学者须守下学上达之语,乃学之要,盖凡下学人事,便是上达天理,然习而不察,则亦不能以上达矣。

《备旨》此章夫子发为己之学以示子贡。知是心相照契之谓,与患莫知知字大别。《备旨补》朱子曰,不怨不尤,则不责之人而责之己。下学人事,则不求之远而求之近。此固无异于人而不骇乎俗矣,人亦何从而知之耶。及其上达,而与天为一焉,则又非人之所及知者,而独于天理相关耳,此所以人莫之知而天独知之也。

14·36 公伯寮①愬②子路于季孙。子服景伯③以告,曰:"夫子固有惑志于公伯寮,吾力犹能肆④诸市朝⑤。"子曰:"道之将行也与,命也;道之将废也与,命也。公伯寮其如命何!"

【注】①公伯寮,字子周。孔子门徒,曾为季氏的家臣。②愬(sù 诉),同"诉",告发。③子服景伯,名何,鲁国的大夫。④肆,陈列死尸。⑤市朝,古代把罪人之尸示众,或者于朝廷,或者于市集。

【译】公伯寮向季孙告发子路。子服景伯把这事告诉孔子,并且说:"季孙氏已经被公伯寮迷惑了,我的力量能够杀掉公伯寮,把他的尸首摆在市场上示众。"孔子说:"我的主张能够得到推行,是天命决定的;我的主张得不到推行,也是天命决定的。公伯寮能把天命怎么样呢?"

【道生记】《备旨》此章见人当安命意。圣人不言命,凡言命者,皆为常人言也,到无可奈何处始言命。朱子曰,此堕三都、出藏甲之时也,道之兴废,故于是乎在焉。《备旨补》齐氏曰,愬子路固将假以沮孔子也,故孔子不为子路祸福计,而为吾道兴废计。

14·37 子曰:"贤者辟①世,其次辟地,其次辟色,其次辟言。"子曰:"作者七人②矣。"

【注】①辟,同"避",逃避。避世,指避开社会现实。避地,指离开某地方。避色,指避开某人的脸色。避言,指避开某些言论。②七人,即18·8所说的伯夷、叔齐、虞仲、夷逸、朱张、柳下惠、少连七人。

【译】孔子说:"贤人逃避动荡的社会而隐居起来,次一点的逃避到另一个地方去,再次一点的躲避别人难看的脸色,再次一点的回避难听的话。"孔子又说:"这样做的已有七个人了。"

【道生记】《集注》李氏曰,作,起也。言起而隐去者,今七人矣。不可知其谁何。必求其人以实之,则凿矣。

14·38 子路宿于石门①。晨门②曰:"奚自?"子路曰:"自孔氏。"曰:"是知其不可而为之者与?"

【注】①石门,鲁国都城的外门。孔子第二次周游列国,不得行其道。鲁哀公十一年冬,孔子自卫返鲁。子路先行,在石门住了一宵。②晨门,早上看守城门的人。

【译】子路在石门住了一夜。(第二天早上进城时,)早晨看城门的人问道:"你从哪里来?"子路说:"从孔子那儿来。"(看城门的人)说:"就是那个明知行不通却硬要去干的人吗?"

14·39　子击磬①于卫,有荷蒉②而过孔氏之门者,曰:"有心哉,击磬乎!"既而曰:"鄙哉,硁硁③乎! 莫己知也,斯已而已矣。深则厉④,浅则揭⑤。"子曰:"果⑥哉! 末之难矣。"

【注】①磬(qìng 庆),一种打击乐器。②荷蒉(kuì 溃),担着草筐。荷,担负。蒉,草筐。③硁硁(kēng 坑),击磬的声音。这里含有狭小鄙贱的意思。④深则厉,水深就连衣涉水而过。厉,穿着衣服涉水。⑤浅则揭,水浅就提起衣服涉水过去。⑥果,果断。

【译】孔子在卫国,一次在敲磬,有一位挑着草筐的人从孔子门口走过,说道:"这个敲磬的人有心思呀!"一会儿又说:"可耻呀! 硁硁的磬声好像是说没人知道自己,(没人知道)那自己就算了。(好像涉水一样)水深就穿着衣服趟过去,水浅就撩起衣服趟过去。"孔子说:"说得好干脆!(如果那样)就没有什么困难了。"

【道生记】《集注》此荷蒉者,亦隐士也。圣人之心未尝忘天下,此人闻其磬声而知之,则亦非常人矣。

《备旨》此章见圣人欲为其难意。以有心二字作主,荷蒉知圣人有心而顾讥之,夫子因自表其不能无心也。《注》中数忘字,正与心反。《备旨补》李岱云曰,果哉二字一断,是叹荷蒉。末之难矣,是圣人自言如此亦不为难,言外便有不肯如此之意。

14·40　子张曰:"《书》云:'高宗①谅阴②,三年不言。'何谓也?"子曰:"何必高宗,古之人皆然。君薨③,百官总己以听于冢宰④三年。"

【注】①高宗,即商王武丁。②谅阴,也作"谅闇、亮阴",古时天子守孝之称。③薨(hōng 烘),古代称诸侯或有爵位的大官死去。④冢(zhǒng 种)宰,官名,相当于后世的宰相。

【译】子张说:"《尚书》上说:'殷高宗守孝,三年不问政事。'为什么这样呢?"孔子说:"不仅高宗这样,古人都是这样。君主死了(继位的君主都要三年不问政事),这期间各部门的官员都要听命于冢宰。"

14·41　子曰:"上好礼,则民易使也。"

【译】孔子说:"在上位的人若遇事依礼而行,就容易使百姓听从指挥。"(用杨译)

14·42　子路问君子。子曰:"修己以敬。"曰:"如斯而已乎?"曰:"修己以安人。"曰:"如斯而已乎?"曰:"修己以安百姓①。修己以安百姓,尧舜其犹病诸②!"

【注】①百姓，见12·9注③。②诸，"之乎"的合音。

【译】孔子问什么叫君子。孔子说："修养自己，保持严肃恭敬的态度。"（子路）问："像这样就够了吗？"（孔子）说："修养自己来安定士大夫。"（子路又）问："这样就够了吗？"（孔子）说："修养自己来使人民安乐。修养自己来使人民安乐，就是尧舜也还难于做到呢！"

【道生记】《集注》修己以敬，夫子之言至矣尽矣。而子路少之，故再以充积之盛自然及物者告之，无他道也。人者对己而言，百姓则尽乎人矣。尧舜犹病，言不可以有加于此以抑子路，使反求诸近也。盖圣人之心无穷，世虽极治，然岂能必知四海之内果无一物不得其所哉？故尧舜犹以安百姓为病。若曰吾治已足，则非所以为圣人矣。程子曰，君子修己以安百姓，笃恭而天下平。唯上下一于恭敬，则天地自位，万物自育，气无不和，而四灵毕至矣。此体信达顺之道，聪明睿知皆由是出，以此事天飨帝。

《备旨》此章见敬为圣学始终之要，只是一修己以敬，便尽君子之道，而安人安百姓俱括在内，下不过因子路不足而发明之耳。《备旨补》徐为仪谓己者其体，安人安百姓者其用。子初告由以体己包用在内。及再问，遂以用告之。复问，又以用之至大告之。人与百姓，非修己无以安之，此用之本于体也。修己必至于安人安百姓，此体之达于用也。

前贤曰："修己工夫尽多，格致诚正那一件不是，然总离不得敬。安人安百姓，也有许多事，然总只是一个修己以敬贯去。""有初学的敬，有成德的敬，有圣神的敬。敬处长一分，则分量便大一分，到安百姓之理才尽。""上一以字作用字解，下以安人以安百姓两以字作因字看。""两安字贴教养说，亦着实。"

14·43 原壤①夷俟②。子曰："幼而不孙③弟，长而无述焉，老而不死，是为贼。"以杖叩其胫④。

【注】①原壤，鲁国人，孔子的旧友。传说他母亲死了还大声歌唱，孔子认为这是大逆不道。②夷，两腿交叉而坐。古代认为这是傲慢的表现。俟（sì 四），等待。③孙，同"逊"。④胫，小腿。

【译】原壤叉开两腿坐着等待孔子。孔子骂他道："你幼小时不讲孝悌，长大了又没出息，老了还不死，真是一个害人精！"一面骂，一面用拐杖打原壤的小腿。

【道生记】《集注》原壤，孔子之故人。母死而歌，盖老氏之流自放于礼法之外者。

《备旨》此章见孔子待故人之厚，以礼字作主。总是恶其无礼，夷俟之意，犹云礼岂为我辈设也。故夫子以立身之道警劝之。

前贤曰:"圣人接物,各称其情。恶之而逊其辞,外之也,遇阳货是也;恶之而斥其罪,亲之也,遇原壤是也。""或问谓胡氏责其夷俟之轻而舍其丧母而歌之重者,盖数其丧母而歌,则壤当绝,叩其箕踞之胫则壤犹为故人耳,是善全友道处。"

14·44 阙党①童子将命。或问之曰:"益者与?"子曰:"吾见其居于位也,见其与先生并行也。非求益者也,欲速成者也。"

【注】①阙(què 确)党,鲁国地名,在今山东曲阜境内,是孔子的家乡。

【译】有一个阙党的儿童来向孔子传话。有人问孔子:"这小孩是要求上进的人吗?"孔子说:"我看见他坐在成年人的位子上,又看见他与长辈并肩而行。他不是要求上进的人,是一个想急于求成的人。"

【道生记】《集注》礼,童子当隅坐随行,孔子言吾见此童子不循此礼。非能求益,但欲速成耳。故使之给使令之役,观长少之序,习揖逊之容。盖所以抑而教之,非宠而异之也。

前贤曰:"老者无礼则害人,幼者无礼则自害,二章类记,见老幼皆不可无礼。""非求益句重,与上益者与相应。欲速成则又见其病根所在,一欲字究念之所起言,欲速成正与求益相反。求益则浸长而不知,欲速成则亟进而无序。""成字谓成人之成,对童子看,非学问有成也。"

卫灵公篇第十五

15·1 卫灵公问陈①于孔子。孔子对曰:"俎豆之事②则尝闻之矣;军旅之事,未之学也。"明日遂行。

【注】①陈,同"阵",军队作战时布列的阵势。②俎(zǔ 组)豆之事,指礼仪一类的事情。俎和豆都是古代的器皿,举行礼仪时用它们。

【译】卫灵公向孔子问军队列阵之法。孔子回答说:"礼节仪式方面的事情,我还懂得;军队作战方面的事情,我没有学习过。"第二天孔子便离开了(卫国)。

15·2 在陈绝粮①,从者病,莫能兴②。子路愠③见曰:"君子亦有穷乎?"子曰:"君子固④穷,小人穷斯滥⑤矣。"

【注】①在陈绝粮,见11·2注①。②兴,起来。这里指行走。③愠(yùn 运),恼怒,怨恨。④固,固守,安守。⑤滥,胡作非为。

【译】(孔子一行)在陈国断绝粮食,随从的人都饿病了,不能起来行走。子路气呼呼地来见孔子说:"君子也有穷困的时候吗?"孔子说:"君子能安守困穷,小人一遇穷困,就什么事都干得出来。"

15·3 子曰:"赐也,女①以予为多学而识之者与?"对曰:"然,非与?"曰:"非也,予一以贯之。"

【注】①女,同"汝",你。

【译】孔子说:"赐呀,你以为我是学习得多了才懂得许多道理的吗?"子贡说:"是的,(难道)不是这样吗?"孔子说:"不是的,我是用一个根本的东西把它们贯彻始终的。"

【道生记】《集注》谢氏曰,圣人之道大矣,人不能遍观而尽识,宜其以为多学而识之也。然圣人岂务博者哉,如天之于众形,匪物物刻而雕之也。故曰予一以贯之。德辖如毛,毛犹有伦,上天之载,无声无臭至矣!

《备旨》此章示子贡以有本之学,首节是因子贡之务博而问以发之,下是因子贡之将悟而明以示之。多字一字相对,多在事物,一在心。《备旨补》朱子曰,孔子实是多学,无一事不理会过,只是于多学中有一以贯之耳。

15·4 子曰:"由,知德者鲜①矣。"

【注】①鲜(xiǎn 显),少。

【译】孔子说:"仲由呀,懂得德的人太少了。"

15·5 子曰:"无为而治者,其舜也与①? 夫②何为哉? 恭己正南面而已矣。"

【注】①与,语气词。②夫(fú 扶),他。

【译】孔子说:"自己无所作为而使天下得到治理的,大概只有舜吧? 他干了什么呢? 他不过是庄重地坐在王位上罢了。"

【道生记】《集注》无为而治者,圣人德盛而民化,不待其有所作为也。独称舜者,绍尧之后。而又得人以任众职,故尤不见其有为之迹也。恭己者,圣人敬德之容,既无所为,则人之所见如此而已。

《备旨》德盛民化,圣人所同,绍尧得人,舜之所正。然毕竟以德为主。朱子云,朝觐巡狩,封山浚川,举元凯,诛四凶,所以为治之迹,皆在摄政二十八载之间,及其践天子位,不过命九官十二牧而已,其后无他事也。恭己句惟敬德之容为可见,益以见其无为也。

15·6 子张问行,子曰:"言忠信,行笃敬,虽蛮貊①之邦行矣。言不忠信,行不笃敬,虽州里行乎哉? 立则见其参②于前也,在舆③则见其倚于衡④也,夫然后行。"子张书诸绅⑤。

【注】①蛮貊(mò 末),当时指称南北方之氏族。②参,列,显现。③舆,车。④衡,车辕前的横木。⑤书诸绅,即把警句格言写在大带上,是儒家自修之法。如后世的座右铭。绅,士大夫系腰的衣带。

【译】子张问怎样才能(使自己的主张)行得通,孔子说:"说话讲究忠信,行为讲究笃敬,即使到了蛮貊地区,也可以行得通。说话不讲究忠信,行为不讲究笃敬,即使在本乡本土,能行得通吗? 站着,就仿佛看见忠信笃敬几个字在眼前;坐车,就仿佛看见这几个字刻在车辕的横木上,这样,在哪里都能行得通。"子张把这些话写在自己的衣带上。

【道生记】《集注》子张意在得行于外,故夫子反于身而言之,犹答干禄(2·18)、问达(12·20)之意也。

《备旨》行非行事之行,谓行得去无阻滞也。忠信笃敬,只论可行之道在于诚,不讲工夫,下节方教着工夫也。蛮貊是举远该近,州里是举近该远。(立则节)此是存诚之功,立是心之静机,在舆是心之动机。举此二者作例,见得无时无处离这个诚。两见字是心见非目见也。夫然后行,谓工夫到此然后可行。不然,尚不可行也。正鞭紧子张用功处,不是说效验。

前贤曰:"此见利行之道,在于立诚也。次节示以诚不诚之分。三节教以存诚之功。末节张有志于存诚。总以诚字为主,忠信笃敬即诚也。"

15·7 子曰:"直哉史鱼①! 邦有道如矢,邦无道如矢。君子哉蘧伯玉! 邦有道则仕,邦无道则可卷②而怀之。"

【注】①史鱼,卫国大夫,名鳝(qiū 丘),字子鱼。他多次向卫灵公推荐蘧伯玉。②卷,同"捲"。

【译】孔子说:"史鱼真正直啊! 国家有道,他言行像箭一样直,国家无道,他的言行也像箭一样直。蘧伯玉真是一位君子啊! 国家有道就出来做官,国家无道就(辞退官职)把自己的主张保留在心里。"

15·8 子曰:"可与言而不与之言,失人;不可与言而与之言,失言。知①者不失人,亦不失言。"

【注】①知,同"智"。

【译】孔子说:"可以同他谈的话却不同他谈,这就是失掉了朋友;不可以同他谈的话却同他谈,这就是说错了话。聪明的人既不失掉朋友,又不说错话。"

15·9 子曰:"志士仁人,无求生以害仁,有杀身以成仁。"

【译】孔子说:"志士仁人,不能为了保住自己的生命而去损害仁,只能献出自己的生命去完成仁。"

【道生记】《集注》志士,有志之士。仁人,则成德之人也。理当死而求生,则于其心有不安矣,是害其心之德也。当死而死,则心安而德全矣。

《备旨》此章夫子重全仁意。志士仁人,其存心总以仁为主,求生如何便害仁,杀身如何便成仁,只当下争个安不安。而必曰志士仁人者,有志之士慷慨就死,成德之人从容就死也,是两种人不分优劣。

前贤曰:"祸患方殷,有可避难求全者矣。然能安其身而不安其心,彼殆有所不屑也。变故偶值,有可侥幸图存者矣。然生以全而吾仁以丧,彼皆有所不为也。以吾心为重,而以吾身为轻。其慷慨激烈,以为成仁之计者,固志士之能为,亦仁人之优为也;以存心为生,而以存身为累。其从容就义,以明分义之公者,固仁人之所安,而亦志士之所决也。"

15·10 子贡问为仁,子曰:"工欲善其事,必先利其器。居是邦也,事其大夫之贤者,友其士之仁者。"

【译】子贡问怎样实行仁德,孔子说:"做工的人想把活做好,必须先把工具弄好。(想实行仁德)住在一个国家,就要侍奉大夫中有贤德的人,和士中有仁德的人交朋友。"

【道生记】《集注》贤以事言,仁以德言。夫子尝谓子贡悦不己若者,故以是告之。欲其有所严惮切磋以成其德也。程子曰,子贡问为仁,非问仁也,故夫子告之以为仁之资而已。

《备旨》此章论为仁之资,不是教他专去资人,只是要他随在取益,求到纯粹地位。必先二字固重,欲字尤重。器字对大夫士,利字对贤仁。"利"当作活字看。大夫中之贤者,士中之仁者,皆足以助吾仁。贤仁固重,而事之友之心尤重。子贡结驷连骑,所少非大夫士,只未必事贤友仁耳。看《注》悦不若己者便见。

15·11 颜渊问为邦,子曰:"行夏之时①,乘殷之辂②,服周之冕,乐则《韶》《舞》③,放郑声④,远⑤佞人。郑声淫,佞人殆⑥。"

【注】①时,这里指历法。②辂(lù 路),车子。③《韶》,见 3·25 注①。《舞》,同《武》,见 3·25 注④。④放,抛弃,排斥。郑声,郑国的民间音乐,当时被称为与古乐对立的"新声"。⑤远,远离。⑥殆,危险。

【译】颜渊问怎样治理国家,孔子说:"用夏代的历法,乘殷代的车子,戴周代的礼帽,奏《韶》乐《舞》乐,禁绝郑国的乐曲,疏远狡辩的人。郑国的乐曲不正派,狡辩的人危害国家。"

【道生记】《集注》远,去声。放,谓禁绝之。郑声,郑国之音。佞人,卑谄辩给之人。殆,危也。程子曰,问政多矣,惟颜渊告之以此。盖三代之制,皆因时损益。及其久也,不能无弊。周衰,圣人不作,故孔子斟酌先王之礼,立万世常行之道,发此以为之兆尔。由是求之,则余皆可考也。张子曰,礼乐,治之法也。放郑声,远佞人,法外意也。一日不谨,则法坏矣。虞夏君臣更相饬戒,意盖如此。又曰,法立而能守,则德可久,业可大。郑声佞人,能使人丧其所守,故放远之。尹氏曰,此所谓百王不易之大法。孔子之作《春秋》,盖此意也。孔、颜虽不得行之于时,然其为治之法,可得而见矣。

《备旨》此章夫子斟酌损益而立万世无弊之道。上四句是为邦之大法,下四句是为邦之大戒,行夏时,王道以正朔为先务也。厘工熙绩,统之于时矣。乘殷辂,器尚其质也,推之而服食器用可知矣。服周冕,祭尚其文也,推之而文章物采可知矣。乐则《韶》《舞》,移风易俗,莫大于乐也。法《韶》之乐,则必法《韶》之治可知矣。放郑声,远佞人,推之而声色货利可知矣。盖治平之道,颜子平日已自讲究有素。故本章只言法戒。当与喟然叹及问仁二章合看,此为王道,彼是天德,有天德然后可语王道。朱子曰,阳气始于黄钟,而其月为建子,然犹潜地中,未之生物之功。历丑转寅,盛德在木,而春气应焉。商周更正朔以新天下耳目,四时五行皆不得其正,故宜从夏时。又曰,辂者,身之所乘,足之所履,其为用也贱矣,运行震动,任重致远,其为物也劳矣。且一器而工聚焉,其为费也广矣。贱用而贵饰之则不称,物劳而华饰之则易坏,费广而又增费之则伤财,惟商辂最得。《备旨补》行夏时有体好生以昭钦若意,乘殷辂有惜物力以端风尚意,服周冕有崇名分以首庶物意,乐则《韶》《舞》,有志喜起以继风动意,放郑声四句,见声乐非耳目之娱。雅则昭德,邪则荡心。用人为立政之本,忠则弼谐,佞则乱德,性情宜养以和平,左右宜辅以正人意。句句须切为邦上讲,方见颜子此问关系法戒。

前贤曰:"始于法天勤民,则车服礼乐,所以昭文明之盛,继以去淫远佞,则清心寡欲,所以建根本之隆。""奉天出治首务也,嗣是立制度,昭文章。迨制定功成而乐作焉。时以法天,辂以应地,冕以事神,乐则感天地而和神人,三才之治备矣。""春秋之法,损益四代以志其全。为邦亦然。于以知昭代不足刻施其范围,即百王犹当下受其斟酌。""治定功成后,怠心易生,而声色宴游之事起。骄心易生,而阿谀柔顺之徒进。放之远之,帝王忧勤不已之心也。"

15·12 子曰:"人无远虑,必有近忧。"

【译】孔子说:"人没有长远的考虑,一定会出现眼前的忧虑。"

【道生记】《集注》苏氏曰,人之所履者,容足之外,皆为无用之地,而不可废也。故虑不在千里之外,则患在几席之下矣。

《备旨》此章夫子示人弭忧之道,而远虑由穷理以致知得来,盖非取远者而虑之,以其经画尽善,可以使万里之外,百年之久保安无事也。近忧即在无远虑看出。

15·13 子曰:"已矣乎,吾未见好德如好色者也。"

【译】孔子说:"完了,我从来没有见过像好色那样好德的人。"

15·14 子曰:"臧文仲其窃①位者与②?知柳下惠③之贤,而不与④立也。"

【注】①窃,这里指窃居。②与,语气词。③柳下惠,春秋中期鲁国大夫,姓展,名获,又名禽。他受封的地方在柳下,故称。"惠"是他的谥号。④与,给予。

【译】孔子说:"臧文仲是一个白占官位的人吧?他明知道柳下惠是个贤

人,却不起用他一起做官。"

15·15 子曰:"躬自厚而薄责于人,则远怨矣。"

【译】孔子说:"多责备自己,少责备别人,那就可以避免别人的怨恨了。"

【道生记】《集注》责己厚,故身益修;责人薄,故人易从。所以人不得而怨之。

前贤曰:"心常欲人同归于善,而又不以尤悔之身,开天下指摘之端;志常耻己之独为君子,而又不为已甚之行,示天下苦难之路。""圣人不教人避怨,亦不教人任怨,只要我无致怨之道。薄责于人有二,规大而不苟细,期易而不强难,此就教化处言;不尽人之欢,不竭人之忠,此就交际处言。""当箴规之任,司综核之寄,何能免于责人,但比于自责者稍加薄焉耳。此圣人教人责人之道,非但教人远怨也。"

15·16 子曰:"不曰'如之何,如之何'者,吾末①如之何也已矣。"

【注】①末,这里指没办法。

【译】孔子说:"(遇事)不讲'怎么办,怎么办'的人,我(对这种人)也不知怎么办才好。"

【道生记】《集注》如之何如之何者,熟思而审处之辞也。不如是而妄行,虽圣人亦无如之何也。

《备旨》此章儆人当详于处事。曰字是心口商量语。两如之何连看方见熟思审处。其不然者,一是昏愚不知如之何,一是躁妄不肯如之何。世有此两种人,吾末如之何,绝之,正深警之。

15·17 子曰:"群居终日,言不及义,好行小慧,难矣哉!"

【译】孔子说:"整天聚在一块,说的话不合于义,爱卖弄小聪明,这种人真难对付!"

【道生记】《集注》小慧,私智也。言不及义,则放僻邪侈之心滋。好行小慧,则行险侥幸之机熟。难矣哉者,言其无以入德,而将有患害也。

《备旨》此章言燕朋之害。义者天理之公,小慧则缪巧之私而已。言不及义,无学识之村人多如此。好行小慧,则邪恶倾险之辈也。注滋字、熟字承群字终字说来。无以入德,是就当下说;将有患害,是推及后来说。《备旨补》言不及义,就言上说;好行小慧,就行上说。

前贤曰:"慧曰德,慧是好底,惟出于小,是全不本于义理,而发为计较利欲之私。"

15·18 子曰:"君子义以为质,礼以行之,孙①以出之,信以成之。君子哉!"

【注】①孙,同"逊"。

【译】孔子说:"君子以义作为根本,用礼义来实行它,用谦逊的言语来表达它,用忠诚的态度来完成它。这就是君子啊!"

【道生记】《集注》义者制事之本,故以为质干。而行之必有节文,出之必以退逊,成之必在诚实,乃君子之道也。

《备旨》此章是君子制事之道,首尾两君子相应,以义为主,下三句皆根义说。礼是中,孙是和,信是诚,皆义中所有之用,是一时并至,无甚先后次第,非相济之说也。制事如此,岂不谓之君子。君子兼学之既至,养之既全言,义礼孙信,一事而并用。又须知此地位不是临事勉强的,全本平日主敬精义工夫来。《备旨补》看《注》曰以为,曰必有,曰必以,曰必在,皆指示用力之辞。故曰君子之道。言必如此然后为君子,非徒颂美已也。

前贤曰:"义之秩序即为礼,义之和顺即为孙,义之坚确即为信,三者原不离乎义。然义直,故礼济之以曲,义刚,故孙济之以柔,义奋发,故信济之以贞恒。三者正以精乎义。"

15·19 子曰:"君子病①无能焉,不病人之不己知也。"

【注】①病,怕。

【译】孔子说:"君子只怕自己没有才能,不怕别人不知道自己。"

15·20 子曰:"君子疾①没世②而名不称焉。"

【注】①疾,恨。②没(mò 末)世,死亡。

【译】孔子说:"君子就怕死了以后还没有人称颂他。"

【道生记】《集注》范氏曰,君子学以为己,不求人知,然没世而名不称焉,则无为善之实可知矣。

15·21 子曰:"君子求诸①己,小人求诸人。"

【注】①诸,"之于"的合音。

【译】孔子说:"君子严格要求自己,小人苛求别人。

【道生记】《集注》谢氏曰,君子无不反求诸己,小人反是。此君子小人所以分也。杨氏曰,君子虽不病人之不己知,然亦疾没世而名不称也。虽疾没世而名不称,然所以求者,亦反诸己而已。小人求诸人,故违道干誉,无所不至。三者文不相蒙,而义实相足,亦记言者之意。

《备旨》此章辨君子小人用心之不同。所以觉人之反求而儆人之驰骛也。求己求人,兼学问事业宽说,玩《注》无不字可见。究之,求诸己者,其德自足以惑人,求诸人者,其弊适足以丧己,此亦要知。《备旨补》张南轩谓此与古之学者为己章不同,彼是说学问念头之差,此是说居心行事之异。

前贤曰:"此与古之学者为己,今之学者为人章相似,皆此心向里向外之别,但彼专指为学言,此则兼待人接物说,且彼处两为字,单指立心,此两求字,便有工夫在。"

15·22 子曰:"君子矜^①而不争,群而不党。"

【注】①矜(jīn 今),庄重。

【译】孔子说:"君子庄重而不和别人争执,合群而不结党。"

【道生记】《集注》庄以持己曰矜,然无乖戾之心,故不争。和以处众曰群,然无附比之意,故不党。

《备旨》此章见君子善处人己之道。上句矜为主,不争正是矜得好。下句群为主,不党正是群得好。上句持己而不失人,下句处人而不失己。

15·23 子曰:"君子不以言举人,不以人废言。"

【译】孔子说:"君子不因为有些人的话说得好便提拔他,也不因为有些人有缺点便不采纳他的好话。"

15·24 子贡问曰:"有一言而可以终身行之者乎?"子曰:"其恕乎! 己所不欲,勿施于人。"

【译】子贡问孔子:"有没有一句话可以终身奉行呢?"孔子说:"那就是恕吧! 自己不愿意干的事情,也不要强加给别人。"

【道生记】《集注》推己及物,其施不穷,故可终身行之。尹氏曰,学贵于知要,子贡之问,可谓知要矣。孔子告以求仁之方也。推而及之,虽圣人之无我,不出乎此。终身行之,不亦宜乎。

前贤曰:"此见行己之要,在乎情之公而已。""不欲勿施,凡所施者,必己所欲可知。""人亦解得二句是恕字注脚,不知正是对付终身可行之解。盖终身离不得人己,便终身离不得此恕。"

15·25 子曰:"吾之于人也,谁毁谁誉? 如有所誉者,其有所试矣。斯民也,三代^①之所以直道而行也。"

【注】①三代,指夏、商、周。

【译】孔子说:"我对于别人,诋毁过谁? 赞美过谁? 如有所赞美的,那是经过一定考验的。三代的老百姓就是这样做的,所以三代能够按照正道来行动。"

【道生记】《集注》毁者称人之恶而损其真,誉者扬人之善而过其实。夫子无是也,然或有所誉者,则必尝有以试之而知其将然矣。圣人善善之速,而无所苟如此。若其恶恶则已缓矣。是以虽有以前知其恶而终无所毁也。斯民者,今此之民也。三代,夏、商、周也。直道,无私曲也。言吾之所以无所毁誉者,盖以此民即三代之时所以善其善恶其恶而无所私曲之民。故我今亦不得而枉其是非之实也。尹氏曰,孔子之于人也,岂有意于毁誉之哉? 其所以誉之者,盖试而知其美故也。斯民也,三代所以直道而行,岂得容私于其间哉?

《备旨》民字即上人字,但人对己而言,民对君而言。夫子只是法三代,三代只是因民心。所以二字意味,正指民心本直耳。《注》中时字连三代君卿大夫士都在内。《备旨补》朱子曰,此紧要在所以字上。民是指今日之民,即三代之民。三代盖以是直道行于民,今亦当以直道行之于民。三代之于民善善恶恶而无所私曲,三代之无毁誉也。吾之于人谁毁谁誉,吾之善善恶恶而无所私曲,直道而行也。映带当如此。

前贤曰:"此圣人自明以直道待天下之心。无毁誉便是直道。""朝廷之上,以直道为政教而赏罚明,今非其时矣。而禹汤文武之遗化在焉,是斯民之所服而习者也,何可期也。闾巷之间,以直道为议论而美刺备,今非其时矣。而忠敬质文之遗俗在焉,是斯民之所论而浃者也,何敢枉也。"

15·26 子曰:"吾犹及史①之阙文②也。有马者借人乘之③。今亡矣夫。"

【注】①史,史官。②阙文:把缺少的字空起来,不要创造新字。阙,同"缺"。这里指缺疑。③有马者借人乘之,这句话很费解,与上下文不连贯,可能是由于错简而掺入的。

【译】孔子说:"我还能看到史官的缺文。有马的人借马给别人骑。今天就没有了。"

15·27 子曰:"巧言乱德。小不忍则乱大谋。"

【译】孔子说:"花言巧语(鼓吹异端邪说)就会败坏德行。小事上不能忍耐,就坏了大事。"

15·28 子曰:"众恶之,必察焉;众好之,必察焉。"

【译】孔子说:"众人都厌恶他,一定要考察一下;众人都喜欢他,也一定要考察一下。"

【道生记】《集注》杨氏曰,惟仁者能好恶人。众好恶之而不察,则或蔽于私矣。

　　《备旨》此章见好恶不可徇众。众与公不同,公以心言,众以迹言。察非察众言,察其本人可好可恶之实也。得其实则从众非徇,即违众亦非矫。然要必我无私心乃能察,故《注》归之仁者。《备旨补》胡氏曰,察者详审之谓,非谓众人之好恶皆非也,特恐其或蔽于私,故加详审焉。

15·29　子曰:"人能弘①道,非道弘人。"

　　【注】①弘(hóng 洪),扩充,光大。

　　【译】孔子说:"人能够使道发扬光大,不是道使人的才能扩大。"

　　【道生记】《集注》弘,廓而大之也。人外无道,道外无人。然人心有觉,而道体无为,故人能大其道,道不能大其人也。

　　《备旨》此章重以道责成于人也。人兼凡圣言,弘兼安勉言。弘字中地步不同,人作得一步,道弘了一步。体于身而有光辉发越之盛;推于人而有盛大流行之妙。充之以至天地位,万物育。

15·30　子曰:"过而不改,是谓过矣。"

　　【译】孔子说:"有了过错而不改正,那个错误便真叫错误了。"

15·31　子曰:"吾尝终日不食,终夜不寝,以思,无益,不如学也。"

　　【译】孔子说:"我曾经整天不吃饭,整夜不睡觉,去左思右想,结果并没有什么好处,还不如学习为好。"

　　【道生记】《集注》此为思而不学者言之。盖劳心以求,不如逊志而自得也。李氏曰,夫子非思而不学者,特垂训以教人尔。

　　前贤曰:"思不如学有几层:思是悬空,不如学之着实,一也;思只我一人之心,不如学有许多现成榜样,二也;思即得之,亦急窒窒地不如学之优游,三也;凭思所得,要去硬做,不如学之循乎事理,做来服帖,四也。"

15·32　子曰:"君子谋道不谋食。耕也,馁①在其中矣;学也,禄②在其中矣。君子忧道不忧贫。"

　　【注】①馁(něi"内"的第三声),饥饿。②禄,做官的俸禄。

　　【译】孔子说:"君子只谋求行道,不谋求衣食。(因为)耕田嘛,免不了饿肚子;读书嘛,就可以升官发财。所以,君子担心道不能行,不担心贫穷。"

　　【道生记】《集注》耕所以谋食而未必得食,学所以谋道而禄在其中。然其学也,忧不得乎道而已;非为忧贫之故而欲为是以得禄也。尹氏曰,君子治其本而不恤其末,岂以在外者为忧乐哉?

15·33 子曰:"知①及之,仁不能守之,虽得之,必失之。知及之,仁能守之,不庄以莅②之,则民不敬。知及之,仁能守之,庄以莅之,动之不以礼,未善也。"

【注】①知,同"智"。②莅(‖立),到,临。

【译】孔子说:"凭聪明得到的职位,如果不用仁德去保持它,虽然得到了,但最终必定丧失。凭聪明得到的职位,能够用仁德去保持它,但如果不用庄严的态度去对待,那么老百姓也是不会尊重的。凭聪明得到的职位,既用仁德去保持它,又能用庄严的态度去对待,但是行动起来不合于仪礼,也不能算是最完善的。

【道生记】前贤曰:"知及以得,其失也荡;仁守以静,其失也宽;庄莅以威,其失也猛;故必须礼,然后和也。以礼制和,则精而不荡;以礼辅仁,则温而不宽;以礼御庄,则威而不猛,故安上治民,莫善于礼也。"

15·34 子曰:"君子不可小知①而可大受②也,小人不可大受而可小知也。"

【注】①小知,做小事情。知,这里是作为的意思。②受,接受,承担。

【译】孔子说:"对于君子不可以让他们做一些小的事情,而可以让他们承担重大的任务;对于小人,不可以让他们承担重大的任务,而只可以让他们做一些小的事情。

【道生记】《集注》此言观人之法。知,我知之也。受,彼所受也。盖君子于细事未必可观,而材德足以任重;小人虽气量狭浅,而未必无一长可取。

前贤曰:"大小兼用,以尽天下之材;知受殊观,以辨天下之品。""二句相比较,一以见君子小人各适其用,见取材不可不广;一以见君子小人,不可乖于用,见抡选不可不精。"

15·35 子曰:"民之于仁也,甚于水火,水火吾见蹈①而死者矣,未见蹈仁而死者也。"

【注】①蹈,踩,引申为追求、实行。

【译】孔子说:"老百姓对于仁(的需要),比对水火(的需要)更迫切,(但是)我看见过蹈水火而死的,却没有看见过实行仁而死的。"

【道生记】《集注》民之于水火,所赖以生,不可一日无。其于仁也亦然。但水火外物,而仁在己。无水火,不过害人之身,而不仁则失其心。是仁有甚于水火,而尤不可以一日无者也。况水火或有时而杀人,仁则未尝杀人,亦何惮而不为哉。李氏曰,此夫子勉人为仁之语。下章放此。

《备旨》此章勉人为仁意。上二句以缓急教之,见其当勉;下二句以利害较之,益见其当勉。专为唤醒愚民,故就生死上说。《注》甚于水火有二意:外物孰知在己,失心重于害身。未见蹈仁而死,亦据当理言。若杀身成仁,虽死犹生,又当别论。

前贤曰:"此民字作天生烝民民字解。不云仁之于民,而云民之于仁,盖有是民即有是仁,原浑合无间,而不可须臾离意自见。"

《诗·大雅·烝民》:"天生烝民,有物有则,民之秉彝,好是懿德。"

15·36　子曰:"当仁不让于师。"

【译】孔子说:"当做事情合乎仁的原则的时候,就是对老师也不必谦让。"

【道生记】《集注》当仁,以仁为己任也。虽师亦无所逊,言当勇往而必为也。盖仁者,人所自有而自为之,非有争也,何逊之有。程子曰,为仁在己,无所与逊。若善名在外,则不可不逊。

《备旨补》朱子曰,此仁字是指大处、难做处说,须着力担当。不可说自做不得让之他人也。

前贤曰:"上章为凡民不知仁而惮于为者发;此章为学者粗知仁而不勇于为者发。""不宏者当不起,不毅者当不去,请事斯语,颜子当之;仁为己任,曾子当之。""有谓微而心术,一让而千古之脉绝,显而忠孝,一让而五常之任坠甚好。"

15·37　子曰:"君子贞①而不谅②。"

【注】①贞,正。②谅,信,守信用。

【译】孔子说:"君子坚持正道而不必守信用。"

【道生记】《集注》贞,正而固也。谅则不择是非而必于信。

《备旨补》蒋畏庵曰,贞、谅都是固,只争个信理信心。此与辨和同、骄泰相似,言君子是贞不是谅。

前贤曰:"(《论语》)有三谅字,此与匹夫之谅字是不好底,友谅却是好底。""子曰,贞固足以干事。而世之无识者遂以谅当之。夫正而后固之谓贞,固而不正之谓谅,君子辨此至晰也。""谅兼两样人,有愤愤者,有悻悻者。"

15·38　子曰:"事君,敬其事而后其食。"

【译】孔子说:"事奉君主,要认真办事,把领俸禄的事放在后面。"

15·39 子曰："有教无类①。"

【注】①类,这里指族类,即氏族的区别。

【译】孔子说："教育不分族类。"

【道生记】《集注》人性皆善,而其类有善恶之殊者,气血之染也。故君子有教,则人皆可以复于善,而不当复论其类之恶矣。

前贤曰:"集注先言人性善,是从源头上说。君子体天地大公之心,则有类亦视如无类。后言人皆可复于善,是就究竟处看,则有类亦归无类。"

15·40 子曰："道不同,不相为谋。"

【译】孔子说："走着不同道路的人,就不能在一起谋划。"

【道生记】《集注》不同,如善恶邪正之类。

15·41 子曰："辞达而已矣。"

【译】孔子说："言辞能够表达意思就行了。"

15·42 师冕①见,及阶,子曰:"阶也。"及席,子曰:"席也。"皆坐,子告之曰:"某在斯,某在斯。"师冕出,子张问曰:"与师言之道与?"子曰:"然,固相②师之道也。"

【注】①师冕,叫冕的乐师。师,乐师。冕,这个乐师的名字。当时的乐师一般是盲人。②相,帮助。

【译】师冕来访问孔子,走到台阶边,孔子(对他)说:"这是台阶。"走到坐席边,孔子(便对他)说:"这是坐席。"等大家都坐下来,孔子向他介绍说:"某某在这里,某某在这里。"师冕走了后,子张就问孔子:"这就是同乐师谈话的方式吗?"孔子(回答)说:"是的,这就是帮助乐师的方式。"

季氏篇第十六

【道生记】洪氏曰："此篇或以为《齐论》。"凡十四章。

16·1 ^(一)季氏将伐颛臾①。^(二)冉有、季路见于孔子曰："季氏将有事于颛臾。"^(三)孔子曰："求！无乃②尔是过与？^(四)夫颛臾，昔者先王以为东蒙③主，且在邦域之中矣，是社稷④之臣也。何以伐为？"^(五)冉有曰："夫子⑤欲之，吾二臣者皆不欲也。"^(六)孔子曰："求！周任⑥有言曰：'陈力就列⑦，不能者止。'危而不持，颠而不扶，则将焉用彼相⑧矣？^(七)且尔言过矣，虎兕⑨出于柙⑩，龟玉毁于椟⑪中，是谁之过与⑫？"^(八)冉有曰："今夫颛臾，固而近于费。今不取，后世必为子孙忧。"^(九)孔子曰："求！君子疾夫舍曰欲之而必为之辞。^(十)丘也闻有国有家者，不患贫⑬而患不均，不患寡⑭而患不安。盖均无贫，和无寡，安无倾。^(十一)夫如是，故远人不服，则修文德以来之。既来之，则安之。^(十二)今由与求也，相夫子，远人不服，而不能来也；邦分崩离析，而不能守也；^(十三)而谋动干戈于邦内。吾恐季孙之忧，不在颛臾，而在萧墙之内⑮也。"

【注】①颛臾（zhuānyú 专鱼），鲁国的附属国，在今山东费县西。②无乃，不就是。③东蒙，地名，即蒙山，在今山东蒙阴县南。④社稷，国家。参看11·25 注③。⑤夫子，指季康子。⑥周任，周大夫。⑦陈力，发挥能力。就列，走上岗位，即担任职务。⑧相，搀扶盲人的人，引申为助手的意思。这里指冉求、仲由是季康子的助手。⑨兕（sì 四），雌犀牛。⑩柙（xiá 霞），关野兽的笼子。⑪椟（dú 读），匣子。⑫与，语气词。⑬贫，原作"寡"，可能有错误，今据下文意改（改订显示了古谚语句中韵的风貌，上句"贫""均"相押，下句"寡""安"相押。《说文·宀部》寡从宀、颁。颁，分也，宀分故为少也（段本）。窃以为"寡"亦谐"颁"声。"颁""安"叶韵，"寡""安"则歌寒对转。待商榷）。⑭寡，原作"贫"，可能有错误，今据下文意改。⑮萧墙之内，指内部。萧墙，照壁，屏风。

【译】季氏将要讨伐颛臾。冉有、季路去见孔子说："季氏准备讨伐颛臾。"孔子说："冉求！这不就是你的过错吗？颛臾，从前周天子让它做东蒙山祭祀的主办者，而且已经在鲁国疆域之内了，是国家的臣属。为什么讨伐它呢？"冉有说："季孙大夫想这么做，我们两个人都不愿意。"孔子说："冉求！周任曾经说过：'尽自己的力量去担负职务，实在做不好就辞职。'如果（季孙氏）遇到危险而你不去拉住他，他摔了跤而你不去扶起来，那么又用助手干什么呢？而且你说的话错了，老虎、犀牛从笼子里跑出来，龟壳、玉器在匣子里坏掉了，这是谁的过错呢?"冉有说:"现在颛臾城墙坚固,而且离(季孙氏的)费邑很近。现在不占领过来,将来一定会成为子孙的忧患。"孔子说:"冉求! 君子痛恨那种不说自己有野心反而一定要找借口来掩饰的人。我听说过,对于诸侯、大夫这样的统治者,应该担心的不是贫穷,而是分配不均,不是人少,而是不安分守己。因为分配均匀,便不会觉得贫穷,彼此和气,便不会感到人少,人人安分守己就不会有危险。这样做了,远地的人还不归服,便提倡仁、义、礼、乐招徕他们。已经来了,就让他们安心住下去。现在你仲由和冉求给季孙氏作助手,远地人不归服,而不能招徕他们;国家四分五裂,而不能保全;反而策划在国内使用武力。我恐怕季孙氏的忧患不在颛臾,而在自己内部呢。"

【道生记】本章共274字,仅比侍坐章之315字少41字。与侍坐章同为对话式论辩体。《集注》标列为13节,本稿夹注一至十三。

《备旨》逐节提示,能使读者抓着脉络,领会旨趣。从书面语言之结构看,相当的绵密;从思想教育之切实看,足够的严谨。汉语史研究生,应该熟读体味,丰富教学能力,写作技巧。下面提八节《集注》,充实知解,启导玩索,多识前言往行,以蓄成其德也。

(三)冉求为季氏聚敛尤用事,故夫子独责之。(四)社稷,犹云公家。是时四分鲁国,季氏取其二,孟孙、叔孙各有其一。独附庸之国尚为公臣,季氏又欲取以自益。故孔子言颛臾乃先王封国,则不可伐。在邦域之中则不必伐,是社稷之臣则非季氏所当伐也。此事理之至当不易之定体,而一言尽其曲折如此。非圣人不能也。(六)言二子不欲则当谏,谏而不听,则当去也。(七)言在柙而逸,在椟而毁,典守者不当辞其过。明二子居其位而不去,则季氏之恶,已不得不任其责也。(八)固谓城郭完固。费,季氏之私邑。此则冉求之饰辞,然亦可见其实与季氏之谋矣。(九)欲之谓贪其利。(十)寡谓民少,贫谓财乏,均谓各得其分。安谓上下相安。季氏之欲取颛臾,患寡与贫耳。然是时季氏据国,而鲁公无民,则不均矣。君弱臣强,互生嫌隙,则不安矣。均则不患于贫而和,和则不患于寡而安,安则不相疑忌,而无倾覆之患。(十三)言不均不和,内变将作。其后哀公果欲以越伐鲁而去季氏。

16·2 孔子曰:"天下有道,则礼乐征伐自天子出;天下无道,则礼乐征伐自诸侯出。自诸侯出,盖十世希^①不失矣;自大夫出,五世希不失矣;陪臣^②执国命,三世希不失矣。天下有道,则政不在大夫。天下有道,则庶人不议。"

【注】①希,同"稀",少有。②陪臣,卿大夫的家臣。

【译】孔子说:"天下有道,制礼作乐,出兵征伐,由天子来决定;天下无道,制礼作乐,出兵征伐,由诸侯来决定。由诸侯决定,大概经过十代很少有不垮台的;由大夫决定,经过五代很少有不垮台的;卿、大夫的家臣掌握国家大权,经过三代很少有不垮台的。天下有道,国家政权就决不会落在大夫手里。天下有道,老百姓也就不议论朝政。”

【道生记】《集注》先王之制,诸侯不得变礼乐专征伐。陪臣,家臣也。逆理愈甚,则其失愈速。大约世数不过如此。上无失政,下无私议,非钳其口使不敢言也。此章通论天下之势。

《备旨》天下之势因乎道,有道,是天子以道建极而臻修齐治平之极致者。礼乐征伐自天子出,盖天子得其道,则权纲在己而下莫敢干之也。

前贤曰:“礼乐征伐自诸侯出,宜诸侯之强也。政逮于大夫,宜大夫之强也,而三桓以危。何也?强生于安,安生于上下之分定。今诸侯大夫皆陵其上,则无以令其下矣,故皆不久而失之也。”

16·3 孔子曰:“禄①之去公室五世②矣,政逮于大夫四世③矣,故夫三桓④之子孙微矣。”

【注】①禄,爵禄。这里指政权。②五世,即五代。自鲁公室丧失政权到孔子说这段话的时候,经历了五代。公元前608年,鲁文公死,大夫东门遂(襄仲)杀嫡长子而立宣公,掌握了鲁国政权。宣公死后,鲁国政权实际上落在季氏手中,经成公、襄公、昭公而至定公,共五代。③四世,公元前591年宣公死,季文子驱逐东门氏,从此季氏为正卿,掌握鲁国政权。自季氏最初掌握鲁国政权到孔子说这段话的时候,经历了文子、武子、平子、桓子四代,称四世。④三桓,季孙氏、叔孙氏、孟孙氏三家都是鲁桓公的后代,故称。三家一直掌握鲁国政权。鲁定公时,曾出现“陪臣执国命”的局面,三桓势力一度衰弱。孔子断言三桓子孙将从此衰败下去。

【译】孔子说:“鲁君失去国家政权已经有五代了,政权落在大夫(季孙氏)之手已经四代了,所以三桓的子孙也衰微了。”

【道生记】《集注》此章专论鲁事,疑与前章皆定公时语。

《备旨》定公五年,桓子为阳虎所执,微自是实事。微字虽未至于失,叹之也,警之也。

16·4 孔子曰:“益者三友,损者三友。友直,友谅①,友多闻,益矣。友便辟②,友善柔③,友便佞④,损矣。”

【注】①谅,守信用,诚实。②便(pián 骈)辟,惯于走邪道。③善柔,善于阿谀奉承。④便(pián 骈)佞,善以言辞取媚于人。

【译】孔子说:“有益的朋友有三种,有害的朋友也有三种。同正值的人交朋友,同诚实的人交朋友,同见识广博的人交朋友,这是有益的。同惯于走邪道的人交朋友,同善于阿谀奉承的人交朋友,同惯于花言巧语的人交朋友,这是有害的。"

【道生记】《集注》尹氏曰,自天子以至于庶人,未有不须友而成者。而其损益有如是者,可不谨哉。《补》吴氏曰,益者,增其所未能。损者,坏其所本有。交道损益岂止于三,夫子盖略言之。三乐亦然。

《备旨》三益为常情所敬惮,三损为常情所狎悦,全在自己慎其所择。益矣有熏陶濡染日进而不自知意,损矣有浸淫渐渍日退而不自知意。

16·5 孔子曰:"益者三乐,损者三乐。乐节礼乐,乐道人之善,乐多贤友,益矣。乐骄乐,乐佚①游,乐宴乐②,损矣。"

【注】①佚,同"逸"。②宴乐,宴饮取乐。

【译】孔子说:"有益的喜好有三种,有害的喜好也有三种。喜好以礼乐节制自己,喜好说别人的优点,喜好多交贤德的朋友,这是有益的。喜好骄傲,喜好闲游,喜好大吃大喝,这是有害的。"

【道生记】《集注》节谓辨其制度声容之节。骄乐则侈肆而不知节,佚游则惰慢而恶闻善,宴乐则淫溺而狎小人。三者损益亦相反也。尹氏曰,君子之于好恶,可不谨哉?

前贤曰:"损益三友,资诸人者,损益三乐,修诸己者。外则当谨其所习,内则当谨其所尚。"

16·6 孔子曰:"侍于君子有三愆①:言未及之而言谓之躁,言及之而不言谓之隐,未见颜色而言谓之瞽②。"

【注】①愆(qiān 千),过失。②瞽(gǔ 古),盲人。

【译】孔子说:"侍奉君子的时候要注意避免三种过失:当君子还未说到的时候你先说,就是急躁;当君子已经说到了你还不说,就是隐瞒;不看脸色而贸然说话,就是瞎子。"

16·7 孔子曰:"君子有三戒:少之时,血气未定,戒之在色;及其壮也,血气方刚,戒之在斗;及其老也,血气既衰,戒之在得①。"

【注】①得,贪心。

【译】孔子说:"君子有三件事情要警惕:年轻时,血气还不成熟,要警惕贪恋女色;到了壮年时期,血气正旺,要警惕好胜喜斗;到了老年时期,血气已经衰颓,要警惕贪得无厌。"

【道生记】《集注》血气,形之所待以生者,血阴而气阳也。得,贪得也。随时知戒,以理胜之,则不为血气所使也。范氏曰,圣人同于人者血气也,异于人者志气也。血气有时而衰,志气则无时而衰也。少未定、壮而刚、老而衰者,血气也。戒于色、戒于斗、戒于得者,志气也。君子养其志气,故不为血气所动,是以年弥高而德弥邵(劭)也。

16·8 孔子曰:"君子有三畏:畏天命,畏大人[①],畏圣人之言。小人不知天命而不畏也,狎[②]大人,侮圣人之言。"

【注】①大人,指贵族统治者。②狎(xiá匣),这里指狎侮、不尊重。

【译】孔子说:"君子有三怕:怕天命,怕地位高贵的人,怕圣人的话。小人不懂得天命而不怕,轻视地位高贵的人,蔑视圣人的话。"

16·9 孔子曰:"生而知之者,上也;学而知之者,次也;困而学之,又其次也;困而不学,民斯为下矣。"

【译】孔子说:"生来就知道的人,是上等人;经过学习然后知道的人,是次一等的;遇到困难然后学习的人,是再次一等的;遇到困难不学习,老百姓就是这样的下等人。"

16·10 孔子曰:"君子有九思[①]:视思明,听思聪,色思温,貌思恭,言思忠,事思敬,疑思问,忿思难,见得[②]思义。"

【注】①思,思考,反省。②得,指取得财利。

【译】孔子说:"君子有九件事要反省:看的时候要反省是否看清楚了;听的时候要反省是否听清楚了;脸色要反省是否温和;态度要反省是否恭敬;说话要反省是否忠实;做事要反省是否认真;有疑难要反省是否应该问;发怒要反省是否有后患;取得财利要反省是否合于礼仪。"

【道生记】《集注》视无所蔽则明无不见。听无所壅则聪无不闻。色见于面者,貌举身而言。思问则疑不蓄,思难则忿必惩,思义则得不苟。

《备旨》此章见君子思诚之学。前六件是存心治身之要,后三件是明理克己之功。平日固当存养此心使常惺惺,及至身心有感,尤当临时每事致思反求而得其理也。

16·11 孔子曰:"见善如不及,见不善如探汤[①]。吾见其人矣,吾闻其语矣。隐居以求其志,行义以达其道。吾闻其语矣,未见其人也。"

【注】①探汤,手伸到开水里。

【译】孔子说："看到好的行为，就怕赶不上；看见不好的行为，就好像把手伸进开水里一样赶紧避开。我见到过这种人，也听到过这种话。以隐居来保全自己的志愿，以行义来贯彻自己的主张。我听到过这种话，但没有见到过这种人。"

【道生记】《集注》真知善恶而诚好恶之，颜、曾、闵、冉之徒，盖能之矣。语，盖古语也。求其志，守其守达之道也。达其道，行其所求之志也。盖惟伊尹、太公之流可以当之。当时若颜子亦庶乎此。然隐而未见，又不幸而蚤死，故夫子云然。

《备旨》此章见人品不以洁身为高，而以经世为大，故夫子因己见而思未见。重下节，上节亦不轻。《补》学术不周于世用便非求志，功名不本于性天便非达道。

前贤曰："此章两种人，一有关于风俗人心，一有关于出处治乱，故已见深幸之，未见则深望之。"

16·12 齐景公有马千驷，死之日，民无德而称焉。伯夷、叔齐饿于首阳①之下，民到于今称之。其斯之谓与②？

【注】①首阳，首阳山，在今山西运城南。②其斯之谓与，这句与上文不相衔接，可能中间有脱漏的句子。

【译】齐景公有四千匹马，但到他死的时候，老百姓找不出他有什么美德可称颂的。伯夷、叔齐饿死在首阳山下，但老百姓到现在还称颂他们。说的就是这个意思吧？

16·13 陈亢问于伯鱼曰："子亦有异闻乎？"对曰："未也。尝独立，鲤趋而过庭。曰：'学《诗》乎？'对曰：'未也。''不学《诗》，无以言。'鲤退而学《诗》。他日又独立，鲤趋而过庭。曰：'学礼乎？'对曰：'未也。''不学礼，无以立。'鲤退而学礼。闻斯二者。"陈亢退而喜曰："问一得三，闻《诗》，闻礼，又闻君子之远①其子也。"

【注】①远(yuàn怨)，不亲近。这里指不偏向。

【译】陈亢问伯鱼："您在老师那里听到过什么特别的教导吗？"伯鱼回答说："没有。有一天他一个人站在那里，我从他面前快步经过庭院。他问我：'学过《诗》吗？'我回答：'没有。'他便说：'不学《诗》，(在官场上)就不会说话。'我回去就学《诗》。又一天，他又一个人站在那里，我从他面前快步经过庭院。他问我：'学过礼吗？'我回答：'没有。'(他便说：)'不学礼，(就不能按周礼办事)站不住脚。'我回去就学礼。我只听说过这两件事。"陈亢回去就高兴地说："我提一个问题,得到三点收获,了解到学《诗》的道理,了解到学礼的道理,又了解到君子不偏向自己的儿子。"

【道生记】《集注》(学诗)事理通达而心气和平,故能言。(学礼)品节详明而德性坚定,故能立。

16·14 邦君①之妻,君称之曰夫人,夫人自称曰小童,邦人称之曰君夫人,称诸②异邦曰寡小君,异邦人称之亦曰君夫人。

【注】①邦君,指诸侯国的国君。②诸,"之于"的合音。

【译】国君的妻子,国君称她为夫人,夫人自称为小童,国内的人称呼她为君夫人,在其他国家的人面前便称呼她为寡小君,其他国家的人也称她为君夫人。

【道生记】《集注》寡,寡德,谦辞。吴氏曰,凡语中所载如此类者,不知何谓,或古有之,或夫子尝言之,不可考也。

《讲》夫子寓正名之义曰,夫妇人伦之始,闺门万化之原,况邦君之妻,又非常人比者,其于称谓之际,岂可苟焉而已哉。

《附考》天子之配曰后。后,后(後)也,言在后不敢以副也。诸侯之配曰夫人。夫,扶也,言扶助其君也。卿之配曰内子,言在闺门之内以治家也。大夫之配曰命妇,言受命于朝以治家也。士庶曰妻。妻,齐也,言齐等也。按:此本《释名·释亲属》。

阳货篇第十七

【道生记】杨注共二十六章(汉石经同。何晏集解把第二、第三两章以及第九、第十两章各并为一章,所以只二十四章)。

17·1 阳货①欲见孔子,孔子不见,归②孔子豚③。孔子时④其亡也,而往拜之。遇诸涂⑤。谓孔子曰:"来! 予与尔言。"曰:"怀其宝而迷其邦⑥,可谓仁乎?"曰:"不可。好从事而亟⑦失时,可谓知⑧乎?"曰:"不可。日月逝矣,岁不我与⑨。"孔子曰:"诺,吾将仕矣。"

【注】①阳货,又叫阳虎,季氏的家臣。季氏几代以来把持鲁国的政权,阳货这时正又把持季氏的权柄。最后因企图削除三桓而未成,逃往晋国。②归,同"馈",赠送。③豚(tún屯),小猪。这里指蒸熟的小猪。按当时礼节,地位高的人赠送礼物给地位低的人,受赠者如果不是当面接受,就应回拜。《孟子·滕文公下》:"大夫有赐于士,不得受于其家,则往拜其门。"④时,同"伺",窥伺,暗中窥探。⑤涂,同"途",道路。⑥迷其邦,听任国家迷乱。⑦亟(qì气),屡次。⑧知,同"智"。⑨与,在一起,即等待的意思。

【译】(转录杨译)阳货想要孔子来拜会他,孔子不去,他便送孔子一个(蒸熟了的)小猪(使孔子到他家来道谢)。孔子探听他不在家的时候,去拜谢。两人在路上碰着了。他对孔子说:"来! 我同你说话。"(孔子走了过去。)他又道:"自己有一身的本领却听任国家的事情糊里糊涂,可以叫做仁爱吗?"(孔子没吭声。)他便自己接口道:"不可以。一个人喜欢做官,却屡屡错过机会,可以叫做聪明吗?"(孔子仍然没吭声。)他又自己接口道:"不可以。时光一去,就不再回来了呀。"孔子这才说道:"好吧,我打算做官了。"

17·2 子曰:"性相近也,习相远也。"

【译】孔子说:"人的本性是相近的,由于习惯和影响的不同才相远了。"

17·3 子曰:"唯上知与下愚不移。"

【译】孔子说:"只有上等的智者和下等的愚人是改变不了的。"

【道生记】《集注》此所谓性,兼气质而言者也。气质之性固有善恶之不同矣。然以其初而言,则皆不甚相近也。但习于善则善,习于恶则恶,于是始相远耳。程子曰,此言气质之性,非言性之本也。若言其本,则性即是理,理无不善,孟子之言性善是也,何相近之有哉。此承上章而言人之气质相近之中,又有美恶一定,而非习之所能移者。

17·4 子之武城①，闻弦歌之声。夫子莞尔②而笑，曰："割鸡焉用牛刀？"子游对曰："昔者偃也闻诸夫子曰：'君子学道则爱人，小人学道则易使也。'"子曰："二三子，偃之言是也。前言戏之耳。"

【注】①之，往。武城，鲁国的一个小城，子游在那里做官。②莞（wǎn）尔，微笑的样子。

【译】孔子到了武城，听见弹琴唱歌的声音。孔子微微一笑，说道："杀鸡何必用宰牛的刀呢（治理这个小地方，用得着礼乐教化吗）？"子游回答说："过去我听老师说过：'统治者学习了礼乐的道理就能爱人，劳动人民学习了礼乐的道理就容易使唤了。'"孔子便说："学生们，言偃的话是对的。我刚才说的话，只是开个玩笑罢了。"

【道生记】《集注》治有大小，而其治之必用礼乐，则其为道一也。但众人多不能用，而子游独行之。故夫子骤闻而深喜之，因反其言以戏之。而子游以正对，故复是其言，而自实其戏也。

《备旨》引君子二句，要见得无人不当学道，无处不当以学道治之，以对牛刀之说。朱子云，君子学道，是晓得那己欲立而立人，己欲达而达人，与乾称父坤称母底道理，方能爱人。小人学道，不过晓得孝悌忠信而已，故易使也。"

17·5 公山弗扰①以费畔，召，子欲往。子路不说，曰："末之也已②，何必公山氏之之也③？"子曰："夫召我者，而岂徒④哉？如有用我者，吾其为东周⑤乎！"

【注】①公山弗扰，又称公山不狃，字子泄，季氏的家臣。公元前502年，他由于拥护阳货，在费邑叛变季氏。公元前498年，孔子为了削弱三桓势力曾同鲁定公合谋攻打三家封邑的城堡，公山弗扰率费人起兵反对，打到曲阜，败后逃到齐国。②末之也已，没有地方去就算了。末，没有（什么地方）。之，去，往。已，止，算了。③何必公山氏之之也，意思是：何必到公山氏那儿去。第一个之字是句中助词，起倒置宾语于动词之前的作用。第二个之字是动词，见注②。④徒，徒然，白白地。⑤为东周，造成一个东方的周王朝，即在东方复兴周礼。

【译】公山弗扰在费邑叛乱，招孔子去，孔子想去。子路很不高兴，说："没有地方去就算了，为什么一定要去公山弗扰那里呢？"孔子说："那个招我去的人，难道会让我白跑一趟吗？如果有人用我，我就要在东方复兴周礼！"

17·6 子张问仁于孔子。孔子曰："能行五者于天下，为仁矣。""请问之。"曰："恭、宽、信、敏、惠。恭则不侮，宽则得众，信则人任焉，敏则有功，惠则足以使人。"

【译】子张问孔子怎样做才是仁。孔子说："能在天下实行五种品德，便是仁了。"(子张说:)"请问哪五种?"(孔子)说:"庄重、宽厚、守信、勤快、恩惠。庄重就不会受到侮辱,宽厚就能得到众人的拥护,守信用就能得到别人的任用,勤快就能取得成功,施舍恩惠就能更好地使唤人。"

【道生记】《集注》行是五者,则心存而理得矣。于天下言无适而不然,犹所谓虽之夷狄不可弃也。五者之目,盖因子张所不足而言耳。任,倚仗也,又言其效如此。张敬夫曰,能行此五者于天下,则其心公平而周遍可知矣。然恭其本与。李氏曰,此章与六言、六蔽、五美、四恶之类,皆与前后文体大不相类。

《备旨》此章示子张以为仁之实功。只重能行一句。恭宽句是列五者之目,不侮五句举能行之效,言使之自考也。五者是实心,天下是实境。能行五者于天下是实功。《补》仇沧柱曰,此在儒者日用应酬上返观本体,与尧曰章王道感化不同,观信则人任句可见。

前贤曰:"堂堂乎张,疑其不足于恭,爱恶欲其生死,疑其不足于宽;问行而告以忠信,疑其不足于信;问政而告以无倦,疑其不足于敏,色取仁而行违,疑其不足于惠。"

17·7　佛肸①召,子欲往。子路曰:"昔者由也闻诸夫子曰:'亲于其身为不善者,君子不入也。'佛肸以中牟②叛,子之往也,如之何?"子曰:"然,有是言也。不曰坚乎,磨而不磷③? 不曰白乎,涅而不缁④? 吾岂匏瓜⑤也哉? 焉能系⑥而不食?"

【注】①佛肸(bìxī 必希),晋国大夫范氏家臣,中牟城的地方官。公元前490年,晋国赵简子攻范氏,围中牟,佛肸抗拒赵简子。佛肸召孔子就在此时。②中牟,晋国地名,约在今河北邢台和邯郸之间。③磷(lìn 吝),损伤。④涅(niè 聂),一种矿物,可以染黑衣服。这里做动词用,染。缁(zī 兹),黑。⑤匏(páo 袍)瓜,葫芦的一种,味苦,不能吃。⑥系(jì 寄),结,扣。

【译】佛肸叫孔子去,孔子想去。子路说:"从前我听老师说过:'亲身做坏事的人那里,君子是不去的。'佛肸在中牟叛乱,您却要去,这是怎么回事?"孔子说:"对,我说过这话。(但是)不是说坚硬的东西,磨也磨不坏吗? 不是说洁白的东西,染也染不黑吗? 我难道是个葫芦吗? 怎能光挂着而不给人吃呢?"

17·8　子曰:"由也,女①闻六言②六蔽③矣乎?"对曰:"未也。""居④! 吾语女。好仁不好学⑤,其蔽也愚;好知不好学,其蔽也荡⑥;好信不好学,其蔽也贼⑦;好直不好学,其蔽也绞⑧;好勇不好学,其蔽也乱;好刚不好学,其蔽也狂。"

【注】①女,同"汝"。②六言,六个字。这里指仁、智、信、直、勇、刚。③蔽,这里指弊

病。④居,坐。⑤学,学习周礼。孔子说过"勇而无礼则乱,直而无礼则绞"(8·2)和"好直不好学,其蔽也绞;好勇不好学,其蔽也乱"的意思差不多,可见所谓学指学礼。⑥荡,放荡。⑦贼,害。孔子主张"父为子隐,子为父隐"(13·18)。他认为只是诚实而不学习"父为子隐,子为父隐"的道理,就会危害自己的亲人。⑧绞,说话尖刻。

【译】(用杨氏译文)孔子说:"仲由,你听过有六种品德便会有六种弊病吗?"子路答道:"没有。"孔子道:"坐下! 我告诉你。爱仁德却不爱学问,那种弊病就是容易被人愚弄;爱耍聪明却不爱学问,那种弊病就是放荡而无基础;爱诚实却不爱学问,那种弊病就是(容易被人利用,反而)害了自己;爱直率却不爱学问,那种弊病就是说话尖刻,刺痛人心;爱勇敢却不爱学问,那种弊病就是捣乱闯祸;爱刚强却不爱学问,那种弊病就是胆大妄为。"

【道生记】《备旨》此章夫子教子路当以好学成其德也。不好学则纯是气质意见用事,故有蔽。上六好字是浮慕名色,下六好字是究竟其理。《补》信直勇刚,都就子路所好者言,仁智则统言天下大道之名目,故先之也。

17·9 子曰:"小子何莫学夫①《诗》?《诗》可以兴,可以观,可以群,可以怨;迩②之事父,远之事君;多识于鸟兽草木之名。"

【注】①夫(fú 扶),指示代词,这,那。②迩(ěr 尔),近。

【译】孔子说:"学生们为什么不学《诗》呢? 读《诗》可以激发志气,可以提高观察能力,可以培养合群的本领,可以抒发怨恨的感情;近可以事奉父母,远可以事奉君主,还可以多知道一些鸟兽草木的名字。"

【道生记】《集注》兴,感发志意。观,考见得失。群,和而不流。怨,怨而不怒。

《备旨》此章备言学《诗》之益。以见不可不学。首节唤醒小子学《诗》,一学字,讲、诵、体、行俱谈。兴、观是有益于身心,群、怨是有益于情性。迩之二句,益在大伦克尽;多识一句,益在小物亦察。句句要跟学来。兴、观等随举一诗皆可如是,非限定某诗属某也。兴就心上感发说,观就身上考见说。兴、观、群、怨皆属己事,四可以字,是诗之理。迩远二字,伦类无所不包,事父事君是举其大者言。《诗》载鸟兽草木,各有取义,多识亦格物之学。此上三句皆承可以字来。

17·10 子谓伯鱼曰:"女为《周南》《召南》①矣乎? 人而不为《周南》《召南》,其犹正墙面而立也与!"

【注】①《周南》《召(shào 邵)南》,《诗经·国风》中的第一、二两部分篇名。周南和召南都是地域名称,周南大体上是汉水流域东部,召南大体是汉水流域西部。《周南》和《召南》是这两个地区的民歌。《关雎》便是《周南》的第一篇。

【译】孔子对伯鱼说:"你学了《周南》《召南》没有? 人如果不学习《周南》《召南》,就会像面对墙壁站着那样(无法行走)!"

【道生记】《集注》为犹学也。《周南》《召南》,《诗》首篇名。所言皆修身齐家之事。

《备旨》此章圣人教子以学《诗》之要,重修齐以端化源意。首句须重发,下句反言,以见其当为也。女为矣乎是谓辞,不是问辞,为者不止诵习,要有会于心体于身意。二南似未及修身,然化自内及外,则修身固在其中。故注曰修齐之事。正墙面句《注》谓无所见,不可行,是知与行相须之。

前贤曰:"正墙面而立,倒用文法,犹云正面墙而立也。《书》周官不学面墙,疑取譬本此。《诗》传:《周南》首五诗,其词虽主于后妃,其实皆以著文王身修家齐之效。至于《桃夭》《兔罝》《芣苢》,则家齐而国治之效。若《麟趾》则又王者之瑞,序以为《关雎》之应是也。《召南·鹊巢》至《采蘋》,见当时国君大夫被文王之化而能修身以正其家也。《甘棠》以下又见召伯能布文王之化而国君能修之家以及其国也。"

17·11 子曰:"礼云礼云,玉帛①云乎哉? 乐云乐云,钟鼓云乎哉?"

【注】①玉帛,指举行礼仪时使用的玉器、丝帛等礼器。

【译】孔子说:"礼呀礼呀,难道只是玉帛之类的礼器吗? 乐呀乐呀,难道只是钟鼓之类的乐器吗?"

【道生记】《集注》敬而将之以玉帛则为礼,和而发之以钟鼓则为乐。遗其本而专事其末,则岂礼乐之谓哉。程子曰,礼只是一个序,乐只是一个和,只此两字,含蓄多少义理。天下无一物无礼仪:且如置此两椅,一不正,便是无序。无序便乖,乖便不和。又如盗贼至为不道,然亦有礼乐。盖必有总属,必相听顺,乃能为盗。不然则叛乱无统,不能一日相聚而为盗也。礼乐无处无之,学者须要识得。

《备旨》汇参云,叠下六云字,只相承说下,见人所云云之不过云尔也。语尾乃以乎哉反诘之,微讽之。不得连上云字读。

前贤曰:"推礼乐之所从来,则玉帛钟鼓不为虚器。而忘玉帛钟鼓之所自有,则为礼为乐,亦属空名。"

17·12 子曰:"色厉①而内荏②,譬诸小人,其犹穿窬③之盗也与!"

【注】①色厉,外表严厉。②荏(rěn 忍),虚弱。③穿,挖。窬(yú 余),洞。

【译】孔子说:"外表严厉而内心虚弱(的人),拿小人作比喻,就像是挖墙洞偷东西的小偷吧!"

【道生记】《集注》小人，细民也。穿，穿壁。窬，逾墙，言其无实盗名，而常畏人知也。

前贤曰："色，不止颜色，凡形于外者皆是。""着一犹字，盖小人不尽此等穿窬之盗，乃就其中指出来说。""一则谋利而耻人之烛其情，一则要名而虑人之察其伪。求之不以其实，何以异于取之不以其道也；行之不由于实，何以异乎得之不协于义也。"

17·13 子曰："乡原①，德之贼②也。"

【注】①乡原，孔子所谓的"乡原"是指言行不符、伪善欺世的人，即孟子所谓"同乎流俗，合乎污世"的人。②贼，败坏。

【译】孔子说："乡原是破坏道德的人。"

【道生记】《补注》原，谨厚也。原称于乡，非士君子公论所在。德指正理言。贼，害也。《集注》乡者，鄙俗之意，原与愿同，荀子原悫注，读作愿是也。乡原，乡人之愿者也。

《备旨》此章严害德之防，贼德全在似上见。孟子谓生斯世也，为斯世也，善斯可矣，此是乡原之本情。非之无举，刺之无刺，居似忠信，形似廉洁，此是贼德之实祸。

17·14 子曰："道听而涂说，德之弃也。"

【译】孔子说："道听途说，这是对道德的背弃。"

【道生记】《补注》道是眼下路，途是前头路，总极拟其入耳出口，略无停待意。弃是礼义无德于心。《集注》虽闻善言，不为己有，是自弃其德也。王氏曰，君子多识前言往行以畜其德，道听途说，则弃之矣。

《备旨》此章警人蓄德意，德以义理之得于心言。道听途说，是假借字，甚言沾沾浅露之状，非真谓道之所听途即说也。韫藏不住，故谓之弃德。只病不经心，经心思索，自不暇说，何弃之有。

前贤曰："无所得而窃其名曰贼，有所闻而不畜诸己曰弃。""上章所谓德，是得之于天者。此章所谓德，是得之于人者，须辨。""听一论人之言而遂播为毁誉，其害浅，听一论理之言而遂传为学术，其害深。有谓其所急欲收者，博闻敏捷之誉，而不知收其名者丧其实，其所急欲炫者，才辩议论之华，而不知外愈炫中愈锢。此说弃字好。"

17·15 子曰："鄙夫①可与事君也与哉？其未得之也，患得之。既得之，患失之。苟患失之，无所不至矣。"

【注】①鄙夫,庸恶陋劣之称。

【译】孔子说:"难道可以和鄙夫一起事奉君主吗?他在没有得到(官位)时,总担心得不到。既得到了(官位),又担心失掉。(一个人)假如担心失掉(官位),就会无论什么事都做得出来。"

【道生记】《潏南辨惑》卷七:"东坡以'患得之'当为'患不得之',盖阙文也。余以为然。"

《集注》何氏曰,患得之,谓患不能得之。(无所不至矣)小则吮痈舐痔,大则弑父与君,皆生于患失而已。胡氏曰,许昌靳裁之有言曰,士之品大概有三:志于道德者,功名不足以累其心;志于功名者,富贵不足以累其心;志于富贵而已者,则亦无所不至矣。志于富贵,即孔子所谓鄙夫也。

《补》此章不是责鄙夫,是责与鄙夫者。即下二节,专就鄙夫痛骂,正使与之事君者心惊胆落。

17·16 子曰:"古者民有三疾,今也或是之亡①也。古之狂也肆②,今之狂也荡③;古之矜④也廉⑤,今之矜也忿戾⑥;古之愚也直,今之愚也诈而已矣。"

【注】①亡,同"无"。②肆,放肆。③荡,放荡,不守礼。④矜(jīn 今),骄傲。⑤廉,本指器物的棱角。引申为不可触犯,碰不得。⑥忿戾(fènlì 奋利),凶恶,蛮横无理。

【译】孔子说:"古代的老百姓有三种毛病,现在恐怕连这三种毛病也不是原来那样了。古代那些狂妄的人不过是放肆一点,现在那些狂妄的人却是放荡不守礼;古代那些骄傲的人不过是碰不得,现在那些骄傲的人却是凶恶蛮横;古代那些愚笨的人不过是简单一点,现在那些愚笨的人却是一味的欺诈。"

【道生记】《备旨》此章即习染以验风之衰,言今人不但美德不如古,即疾亦不如古,有无限感慨意。《补》说统云,肆之为荡,廉之为忿戾是已甚意,直之为诈是相反意。

前贤曰:"肆廉直三字皆其美恶二意,盖小节不谨,是他恶处于大闲未尝走作,又他美处。廉则少和平之气,是他恶处,然亦不与人争辩,又他美处。愚者不能讲明义理,是他恶处,但自安于愚,又是他美处。有美而无恶,便不是疾。有恶而无美,便不是古之疾。"

17·17 子曰:"巧言令色,鲜矣仁。"①

【注】①这条重出,见1·3。

17·18 子曰:"恶紫之夺朱①也,恶郑声②之乱雅乐③也,恶利口之覆邦家者。"

【注】①恶(wù 务),厌恶。紫,用红色和蓝色混合而成的颜色,不是正色,但与正色接近。朱,大红色,古代称之为正色。②郑声,郑国的民间音乐。③雅乐,正统音乐。

【译】孔子说:"(我)厌恶用紫色取代红色,厌恶用郑国的音乐搅乱雅乐,厌恶用一张巧言善辩的嘴颠覆国家的人。"

【道生记】前贤曰:"不曰佞人而曰利口,佞人骋辩逞才,有入耳处,亦有取憎处。利口者,迎刃而解,要言不繁。苻坚欲伐晋,慕容垂曰,陛下神武,断自圣心足矣。唐高宗欲立武曌,许敬宗曰:'田舍翁多收十斛麦,便欲易妇,况万乘乎。顷刻间覆其邦家。'"

17·19 子曰:"予欲无言。"子贡曰:"子如不言,则小子何述焉?"子曰:"天何言哉? 四时行焉,百物生焉。天何言哉?"

【译】孔子说:"我想不说话了。"子贡说:"您如果不说话,那么我们这些学生还传述什么呢?"孔子说:"天何尝说话呢? 但春夏秋冬照样运行,万物照样生长。天何尝说话呢?"

【道生记】《集注》学者多以言语观圣人,而不察其天理流行之实,有不待言而著者。是以徒得其言,而不得其所以言,故夫子发此以警之。

《备旨》此章欲学者从躬行处体认道理,不必专求之言语间。天何言哉节,不是分疏自家,正指点妙理与他看。《备旨补》此即无行不与意,但彼是说行处无非至理,别无深晦底道理,此是说行处都是实理,不必于言语上求,略有不同。(见7·24)

17·20 孺悲①欲见孔子,孔子辞以疾。将命者出户,取瑟而歌,使之闻之。

【注】①孺悲,鲁人。鲁哀公曾派他向孔子学士丧礼。孔子不愿见孺悲的原因,现已无法考查。

【译】孺悲要见孔子,孔子以有病为理由推辞不见。但传话的人刚出门,(孔子)便拿过瑟来边弹边唱,(故意)让孺悲听到。

【道生记】《集注》程子曰,此孟子所谓不屑之教诲,所以深教之也。

17·21 宰我问:"三年之丧,期已久矣。君子三年不为礼,礼必坏;三年不为乐,乐必崩。旧谷既没,新谷既升,钻燧改火①,期②可已矣。"子曰:"食夫稻③,衣夫锦,于女④安乎?"曰:"安。""女安,则为之! 夫君子之居丧,食旨⑤不甘,闻乐不乐,居处⑥不安,故不为也。今女安,则为之!"宰我出。子曰:"予之不仁也! 子生三年,然后免于父母之怀。夫三年之丧,天下之通丧也。予也有三年之爱于其父母乎?"

【注】①钻燧(suì 岁)改火,古代钻木取火,所用的木头四季不同,一年轮一遍。②期(jī基),一周年。③食夫稻,是说食好的。古代水稻种植面积较小,所以稻米很珍贵。夫,指示代词,这或那的意思。④女,同"汝"。⑤旨,甜美。指好吃的食物。⑥居处,古代守孝期间必须住在临时搭成的棚子里。这里指住在平时所住的房子里。

【译】宰我问:"(子女为父母)守孝三年,时间太长了。一个君子三年不讲究礼仪,礼仪必然败坏;三年不演奏音乐,音乐必然荒废。旧谷子已吃完,新谷子已上场,取火用的木头也轮换了一遍,守孝一年也就可以了。"孔子说:"(父母死了不满三年)你便吃开大米饭,穿起绸缎来,你心里安吗?"(宰我)说:"(我)心安。"(孔子说:)"你心安,你就去做吧! 一个君子守孝,(因为想念父母,)吃美味不觉香甜,听音乐不觉快乐,住好房子不觉舒服,所以不那样做。如今你心安,你就去做好了!"宰我出去后,孔子说:"宰予真不仁啊! 儿子生下来要到三岁才能脱离父母的怀抱。为父母守孝三年,是天下通行的丧礼。难道宰予没有从他父母那里得到三年的爱抚吗?"

【道生记】《备旨》此章夫子教宰我以仁亲之心也。一仁字最重,短丧不仁也,章内数安字正与仁字相反。(三年之丧)述古制,(期已久矣)言己欲短丧之意。(君子四句)见三年有妨于礼乐也。不知礼乐自事亲从兄而出,不能三年之丧,则礼乐之本先废矣,何有于仪文声容之末哉。

为便于传述孔子教人孝弟之道,引证《论语》《孟子》四章节:(一)1·2(二)1·6(三)《孟子·尽心上》:人之所不学而能者,其良能也;所不虑而知者,其良知也。孩提之童,无不知爱其亲者;及其长也,无不知敬其兄也。亲亲仁也,敬长义也。无他,达之天下也。(四)《孟子·离娄上》:仁之实,事亲是也;义之实,从兄是也;智之实,知斯二者弗去是也;礼之实,节文斯二者是也;乐之实,乐(音洛)斯二者,乐(音洛)则生矣,生则恶可已也,恶可已,则不知足之蹈之,手之舞之。

杨伯峻译(三):人不待学习便能做到的,这是良能;不待思考便会知道的,这是良知。两三岁的小孩儿没有不爱他父母的;等到他长大,没有不知道恭敬兄长的。亲爱父母是仁,恭敬兄长是义。这没有其他原因,因为这两种品德可以通行于天下。(四):仁的主要内容是侍奉父母;义的主要内容是顺从兄长;智的主要内容是明白这两者的道理而坚持下去;礼的主要内容是对这两者既能合宜地加以调节,又能适当地加以修饰;乐的主要内容是从这两者中得到快乐,快乐就会发生了,快乐一发生就无法休止,无法休止就会不知不觉地手舞足蹈起来了。

1988 年秋,道生曾应四组(汉语、美学、文艺理论、外国文学)研究生之约,为之简介儒学,上列四个章节,首作讲述材料。继以颜渊、仲弓等问仁,子游、子夏等问孝(《侍坐章》)。见孔子之志在教育,传道之人是曾参(《先进篇》朱子注)。曾子立师道(《离娄下》),传《孝经》,授学子思而传及孟子。"孟子之道性善,言必称尧舜"(《滕文公上》)。"正人心,息邪说,距诐行,放淫辞"(《滕文公下》)。"尧舜之道,孝弟而已矣"(《告子下》)。"万物皆备于我矣。反身而诚,乐莫大焉;强恕而行,求仁莫近焉"(《尽心上》)。窃结儒学为六点:①孝弟立根本;②仁义为成德;③《诗》《书》、礼、乐为教材;④学不厌而教不倦;⑤自觉自律为教法;⑥成己成物为志愿。

谨引近代两位学者论述供参考。许思园先生(《中国文化》研究集刊第一辑108—109 页,复旦大学出版社 1984 年):"就先秦儒家看来,真正之德行不基于宗教信仰,也不基于传统礼俗、国家法令或集团利益;德行不由外铄,其本源为人人共有之良知良能,即人性之善。自反而诚,乐莫大焉。故至德与真乐,皆具于自诚。所谓自诚即忠于己之本性。苟能自诚,则成己成物,莫非本分内事。自诚则自主,而自主与自由原属不二。此种思想如成为普遍教化,则宗教可废而法律亦无必要。中国两千余年来地广人众,甲于世界各国,然而在承平时期人民勤劳安乐,风俗淳美,几无狱讼。牧童、村妪虽不识字,但明白道理,类能悠然自得,确然自主,显示历代相承之深厚教养。西方人士鉴于中国人宗教信仰淡薄,知识松懈,法纲甚宽,目睹此情景,实不胜惊异。彼等见西方社会秩序之维持。牧师与警察为不可或缺。殊不知为中国千百年来道德行为常出于自觉,因无须赖藉宗教或国家权利。"

梁漱溟先生(《东方学术概观》80—81 页,巴蜀书社 1986 年):"兹且举孔子如何教人自觉自律的两事例以为明证:例如宰我嫌三年丧太久,似乎一周年亦可以了。孔子绝不直斥其非,和婉地问他:'食夫……安乎?'他回答曰:'安。'孔子便说:'汝安……则为之!'既从情理上说明,仍听其反省自决。又如子贡欲去告朔之饩羊,孔子亦只婉叹地说:'赐也! 尔爱其羊,我爱其礼!'指出彼此之观点不同,而不作何断案。宗教上总有许多礼,儒家也同样极重礼,但在孔门竟可以随意拿来讨论改作。这就是理性主义,一反乎宗教的迷信与独断(dogmatism)。"

17·22 子曰:"饱食终日,无所用心,难矣哉! 不有博弈①者乎? 为之,犹贤乎已②。"

【注】①博弈(yì 义),下棋。②贤,胜过。已,止,指什么都不干。

【译】孔子说:"整天吃饱了饭,不用一点心思,这种人真难办! 不是有下棋的游戏吗？干干这个，也比什么都不干强。"

【道生记】《集注》博，局戏也。弈，围棋也。已，止也。李氏曰，圣人非教人博弈也，所以甚言无所用心之不可尔。

《备旨》心者气之精。饱食则每为形体所滞，惟有所用，斯以开其混沌。心者动之微，饱食则易为淫欲所引，惟有所用，斯以立其防闲。乃竟一无所用，故叹其难。下二句借博弈相形，又作加一倍棒喝耳。《补》条辩云，此与群居章难矣哉略不同。盖只说无所用心，似较先一层。故《语类》只说悠悠荡荡，未有不入于邪僻便住，不更推到入德患害上去。

杨氏曰："饱食逸居，无所用心，则放辟邪侈，将无所不为。故以是而系其心，岂不犹贤于已乎？"南轩亦云："信如斯言，则圣人真欲使人为之矣。苟其人了不用心于他善，将恃此以为足乎！甚非立教之本意，故不取。"

17·23 子路曰："君子尚勇乎？"子曰："君子义以为上。君子有勇而无义为乱，小人有勇而无义为盗。"

【译】子路说："君子崇尚勇敢吗？"孔子答道："君子以义作为最高尚的（品德）。君子有勇无义就会出乱子，小人有勇无义就会做强盗。"

【道生记】《集注》尚，上之也。君子为乱，小人为盗，皆以位而言者也。尹氏曰义以为尚，则其勇也大矣。子路好勇，故夫子以此救其失也。胡氏曰，疑此子路初见孔子时问答也。

《备旨》此章进子路以尚义之大勇，盖义即勇之为体也。君子以理制气，义以为上，则气之所发，无非理矣，故不言勇而勇在其中。

前贤曰："利器多折，惟义可以保之，君子精乎理之不移，则虽有仓卒惊忱之事，而在我实获其坦途；豪杰多功，惟义可以保之，君子深乎学之内重，则虽有震物盖世之材，而天下相安其正谊。"

17·24 子贡曰："君子亦有恶①乎？"子曰："有恶：恶称人之恶者，恶居下流②而讪③上者，恶勇而无礼者，恶果敢而窒④者。"曰："赐也亦有恶乎？""恶徼⑤以为知⑥者，恶不孙⑦以为勇者，恶讦⑧以为直者。"

【注】①恶（wù务），厌恶，下面除"称人之恶者"的"恶"字外，都同此。②流，《论语》的较早版本中无"流"字。③讪（shàn扇），诽谤。④窒（zhì志），阻塞不通，顽固不化。⑤徼（jiǎo狡），窃取，抄袭。⑥知，同"智"。⑦孙，同"逊"。⑧讦（jié杰），揭发，攻击别人的短处。

【译】子贡说："君子也有所厌恶吗？"孔子说："有厌恶：厌恶宣扬别人坏处的人，厌恶身在下位而诽谤在上者的人，厌恶勇敢而无礼的人，厌恶果断而顽固不化的人。"（孔子又）说："赐，你也有所厌恶吗？"（子贡回答说：）"我厌恶偷取别人东西来冒充聪明的人，厌恶用无礼来冒充勇敢的人，厌恶揭发、攻击别人短处来冒充正直的人。"

【道生记】《集注》称人恶则无仁厚之意，下讪上则无忠敬之心，勇无礼则为乱，果而窒则妄作，故夫子恶之。

《备旨》此章见圣贤以恶维世意，夫子所恶是显悖于礼者，子贡所恶是假托于礼者。两节七者字，皆指人说。赐也三项，俱似是而非，故用以为字抉他心术。子贡所恶徼与讦者，因夫子言称人恶与讪上者推之也。所恶不逊者，因无礼与窒者推之也。夫子之恶正大，子贡之恶精核；夫子所恶戒人，子贡之恶自警。《补》国法有赏即有罚，人心有爱必有恶。圣贤之恶，恶以成爱。恶虽各异，心实相同。

17·25 子曰："唯女子①与小人②为难养③也，近之则不孙④，远之则怨。"

【注】①女子，婢妾。②小人，仆隶，下人。③养，畜，对待。④不逊，无礼。孙，同"逊"。

【译】孔子说："只有婢妾和仆隶下人是很难养活（和对付）的，（对他们）近了就会无礼，对他们远了就会怨恨。"

【道生记】《集注》君子之于臣妾，庄以莅之，慈以畜之，则无二者之患矣。

《讲》夫子示人以御臣妾之道，曰：天下之人，凡其近之而可以恩胜，远之而可以威胜者，无不易养也。唯女子之与小人，虽曰使令自我，驾驭自我，而实为难养也。何则？吾而亲昵以近之也，则彼玩心生而不孙于我矣。吾而严厉以远之也，则彼惧心生而致怨于我矣。夫近之不可，远之又不可，此其所以为难养也。然则养之道奈何？亦曰庄以莅之，慈以畜之，则可矣。

按：此似有为而言，可能为某贵族统治者说。

17·26 子曰："年四十而见恶①焉②，其终也已。"

【注】①恶(wù 务)，厌恶。②焉，相当于"于是、于之"。

【译】孔子说："（一个人到了）四十岁还被人厌恶，他（这辈子）也就算完了。"

【道生记】《集注》四十，成德之时，见恶于人，则止于此而已，勉人及时迁善改过也。苏氏曰，此亦有为而言，不知其为谁也。

按：苏氏曰云云，用亦字提示，可能此二句上章已出现，愿与读者商榷。

微子篇第十八

【道生记】共十一章。《集注》，多记圣贤之出处。

18·1 微子去之①，箕子为之奴②，比干谏而死③。孔子曰："殷有三仁焉！"

【注】①微子去之，微子，名启，殷纣王的哥哥。纣王不遵守"先王之道"，微子劝说他，他不听，于是微子离开了纣王。②箕(jī基)子为之奴，箕子名胥余，是殷纣王的叔父。箕子劝说纣王，纣王不听，他便披发装疯，被纣王降为奴隶。③比干谏而死，比干是殷纣王的叔父。他屡次强谏纣王，被纣王杀死。

【译】（纣王不听规劝）微子离开了他，箕子被降为奴隶，比干被杀死。孔子说："这是殷朝的三位仁人呀！"

【道生记】《集注》三人之行不同，而同出于至诚恻怛之意，故不咈乎爱之理而有以全其心之德也。杨氏曰，此三人者各得其本心，故同谓之仁。

18·2 柳下惠为士师①，三黜②。人曰："子未可以去乎？"曰："直道而事人，焉往而不三黜？枉道而事人，何必去父母之邦？"

【注】①士师，古代掌管刑罚的官吏。②三，旧读去声。黜(chù处)，罢免。

【译】柳下惠当法官，多次被罢官。有人说："你不可以离开这里吗？"他说："如果按照正道事奉君主，到哪里不会多次被罢官呢？如果不按正道事奉君主，为什么一定要离开本国呢？"

【道生记】《集注》柳下惠三黜而不去，而其辞气雍容如此，可谓和矣。然其不能枉道之意，则有确乎其不可拔者，是则所谓必以其道而不自失焉者也。

18·3 齐景公待孔子曰："若季氏，则吾不能，以季孟之间待之。"曰："吾老矣，不能用也。"孔子行。

【译】齐景公讲到对待孔子的礼节时说："要像（鲁君）对待季氏那样（对待他），我做不到，我用比季氏低一点而又比孟氏高一点的待遇对待他。"后来又说："我老了，不能用他了。"孔子便离开了齐国。

【道生记】《集注》程子曰，季氏强臣，君待之之礼极隆，然非所以待孔子也。以季孟之间待之，则礼亦至矣。然复曰吾老矣，不能用也，故孔子去之。盖不系待之轻重，特以不用而去尔。

18·4 齐人归①女乐,季桓子②受之,三日不朝,孔子行。

【注】①归,同"馈"(kuì 愧),赠送。②季桓子,鲁国宰相季孙斯,季孙肥(康子)的父亲。

【译】齐国送来许多歌女,季桓子接受了,好多天不上朝,孔子便离开了鲁国。

【道生记】《集注》,按《史记》,定公十四年,孔子为鲁司寇,摄行相事。三月而鲁国大治,齐人惧,归女乐以沮之。尹氏曰,受女乐而怠于政事如此,其简贤弃礼,不足与有为可知矣。夫子所以行也,所谓见几而作,不俟终日者与。范氏曰,此篇记仁贤之出处,而折中以圣人之行,所以明中庸之道也。

18·5 楚狂接舆①歌而过孔子曰:"凤兮凤兮!何德之衰?往者不可谏,来者犹可追②。已而,已而!今之从政者殆而!"孔子下,欲与之言,趋而辟之,不得与之言。

【注】①接舆,曹之升《四书摭余》云:"《论语》所记隐士皆以其事名之。门者谓之晨门,杖者谓之杖人,津者谓之沮、溺,接孔子之舆者谓之接舆,非名亦非字也。"②犹可追,赶得上、来得及的意思。译文因图押韵,故用意译法。

【译】楚国的狂人接舆一面走过孔子的车子,一面唱着歌道:"凤凰呀!凤凰呀!为什么这么倒霉?过去的不能再挽回,未来的还可不再着迷。算了吧,算了吧!现在的执政诸公危乎其危!"孔子下车,想同他谈谈,他却赶快避开,孔子没法同他谈。

【道生记】《集注》接舆,楚人,佯狂辟世,夫子时将适楚,故接舆歌而过其车前也。凤有道则见,无道则隐,接舆以比孔子,而讥其不能隐为德衰也。来者可追,言及今尚可隐去。已,止也。而,语助辞。殆,危也。接舆,殆知尊孔子而趣不同者也。

18·6 长沮、桀溺耦而耕①,孔子过之,使子路问津焉。长沮曰:"夫执舆②者为谁?"子路曰:"为孔丘。"曰:"是鲁孔丘与?"曰:"是也。"曰:"是知津矣。"问于桀溺。桀溺曰:"子为谁?"曰:"为仲由。"曰:"是鲁孔丘之徒与?"对曰:"然。"曰:"滔滔者天下皆是也,而谁以③易之?且而④与其从辟⑤人之士也,岂若从辟世之士哉?"耰⑥而不辍。子路行以告。夫子怃然⑦曰:"鸟兽不可与同群,吾非斯人之徒与而谁与?天下有道,丘不与易也。"

【注】①耦(ǒu 偶)而耕,两人合耕。②执舆,就是执辔(拉马的缰绳)。本是子路做的,因子路已下车,所以孔子代为驾御。③以,与,和下文"不可与同群、斯人之徒与而谁与、丘不

与易也"诸"与"字同义。④而,同"尔"。⑤辟,同"避"。⑥耰(yōu 优),覆盖种子。⑦怃(wǔ 舞)然,怅惘失意之貌。

【译】长沮、桀溺两人一同耕田,孔子经过那里,叫子路去打听渡口。长沮问(子路):"驾车的那个人是谁?"子路说:"是孔丘。"(又)问:"是鲁国的孔丘吗?"答:"是的。"(长沮)说:"他自己应该知道渡口在哪里。"(子路又)问桀溺。桀溺说:"你是谁?"(子路)说:"我是仲由。"(桀溺)说:"你是鲁国孔丘的门徒吗?"答道:"是的。"(桀溺)说:"(礼坏乐崩,)有如滔滔江水到处都是,而谁能改变这种趋势呢? 你与其跟随躲避人的人,哪如跟随避开社会的人呢?"一边说,一边不停止地覆盖种子。子路回来告诉了(孔子)。孔子叹息说:"同鸟兽是无法合群的,我不同人群打交道又同谁去打交道呢? 如果天下合乎正道,我就不和人们一起去改变它了。"

【道生记】《备旨》此章见圣人欲以道易天下之心,重一易字。"谁与易""不与易"两相呼应。沮、溺避世为天下无道,孔子辙环,亦为天下无道。沮专讯夫子其言略,溺兼讯子路其言详。末节反溺之言亦以反沮也。接舆书楚,故长沮、桀溺不复书。盖皆楚人。记者因下面许多问答,已得其为人,故就水而借意名之曰长沮、桀溺耳。问津亦行路常事,行无接引意。不问子路而问执舆者,先及其主也,既知孔丘而复问鲁孔丘者,周流之名,问知已久也。知津,言老于道路自熟知之,此长沮绝妙机锋,看他用个是字却鲁之孔丘,便是耳中极熟心中极厌的人了。滔滔以下,一讥夫子救世之难,一讥子路所从之非。要之,讥子路正以讥夫子也。谁以易,言天下皆乱,谁人任用,谁人服从,把与你变易,以字即把与之意。且而两句,不是教子路从己避世,只见他不该从夫子避人也,人字狭,世字广。鸟兽二句,反避人二句,见避世之不可为。天下二句,反滔滔二句,见易乱之不可已。天下有道,圣人正大有为,但无虚变易耳,要打转无道故欲易之意。

前贤曰:"沮者,阻而不出意。溺者,沉而不返意。合上章观之,连车者之名即从车,近水者之名即从水,皆记者以意名之,或亦想当然尔。

窃按:"楚狂"即记其人,"接舆"以动宾词组作状语修饰"歌",当非虚拟人名。又,长,久也,"长沮"言久沮而不出之人。桀,坚也。桀溺,坚持沉沦不起之人,应是拟构。

18·7 子路从而后,遇丈人①,以杖荷蓧②。子路问曰:"子见夫子乎?"丈人曰:"四体不勤,五谷不分,孰为夫子?"植其杖而芸。子路拱而立。止子路宿,杀鸡为黍③而食④之,见其二子焉。明日,子路行以告。子曰:"隐者也。"使子路反见之。至,则行矣。子路曰:"不仕无义。长幼之节,不可废也;君臣之义,如之何其废之? 欲洁其身,而乱大伦。君子之仕也,行其义也。道之不行,已知之矣。"

【注】①丈人,老人。身世不详。②蓧(diào 掉),古代锄草的工具。③黍,黏小米。④食(sì 饲),拿东西给人吃。

【译】子路跟随着孔子(周游列国,有一次)落在后边,遇到一位用木杖挑着锄草工具的老人。子路问道:"您看见我的老师没有?"老人说:"四体不勤,五谷不分,怎么能算老师呢?"说着便把木杖插在一边去锄草了。子路拱着手站在旁边。老人留子路到他家里去住宿,杀鸡、做黏小米饭给他吃,并让两个儿子见了子路。第二天,子路赶上了孔子,把这件事告诉了他。孔子说:"这是一个隐士。"派子路回去看看。子路到了那里,老人已经走了。子路说:"不做官是不义的行为。长幼之间的礼节还是不可废弃的,君臣的名分怎么能够废弃呢? 光想自身洁白,却破坏了君臣之间的根本伦理关系。君子所以要做官,是为了实行君臣之义。至于我们的主张行不通,早就知道了。"

【道生记】《备旨》此章见圣人出仕之义,重不仕无义及行其道也两句。

《集注》分,辨也。五谷不分犹言不辨菽麦尔,责其不事农业而从师远游也。

18·8 逸民①:伯夷、叔齐、虞仲、夷逸、朱张、柳下惠、少连②。子曰:"不降其志,不辱其身,伯夷、叔齐与!"谓:"柳下惠、少连,降志辱身矣,言中③伦,行中虑,其斯而已矣。"谓:"虞仲、夷逸,隐居放言,身中清,废中权。我则异于是,无可无不可。"

【注】①逸民,《论语》两用"逸民"。《孟子·公孙丑上》云:"柳下惠……遗佚而不怨,厄穷而不闵。"这一"逸"正是孟子"遗佚"之义。说本黄式三《论语后案》。逸,同"佚"。②虞仲、夷逸、朱张、少连,这四人言行多已不可考。虞仲前人认为就是吴太伯之弟仲雍,不可信。夷逸曾见《尸子》,有人劝他做官,他不肯。少连曾见《礼记·杂记》,孔子说他善于守孝。夏炘《景紫堂文集》卷三有逸民虞仲夷逸朱张皆无考说,于若干附会之说有所驳正(此用杨注)。③中(zhòng 众),符合。

【译】古今被遗落的人才有:伯夷、叔齐、虞仲、夷逸、朱张、柳下惠、少连。孔子说:"不降低自己的意志,不屈辱自己的身份,这就是伯夷、叔齐吧!"又说:"柳下惠、少连,被迫降低自己的意志,屈辱自己的身份,但说话合乎伦理,行为经过思虑,他们就是这样的。"又说:"虞仲、夷逸过着隐居生活,说话很随便,能保持自身洁白,离开官位合乎权宜。我却和这些人不同,不一定这样做,也不一定不这样做。"

【道生记】《备旨》此章见圣人不忍自处于逸,正惓惓难忘用世处。首节先纪其名,中三节述其行,末节乃自表其异也。逸对劳言,身不任天下国家之劳曰逸，不曰隐者而曰逸民，见其各出乎眼，自成一持世分量，其一皆有关于世风，非接舆沮溺辈可比也。叙次七人姓氏，朱张不见称于孔子，而记者列之，必当时亦曾论及而偶遗耳。

18·9 太师挚①适齐，亚饭干②适楚，三饭缭适蔡，四饭缺适秦，鼓方叔③入于河，播鼗武④入于汉，少师阳⑤、击磬襄⑥入于海。

【注】①太师挚，可能即师挚(8·15)。②亚饭干，乐师。下文的"三饭缭、四饭缺"也都是乐师。周朝制度规定天子和诸侯吃饭时要奏乐。第二次吃饭时奏乐的乐师名干。第三次吃饭时奏乐的乐师名缭。第四次吃饭时奏乐的乐师名缺。③鼓方叔，击鼓的乐师名方叔。④播鼗(táo 桃)武，摇两旁系小槌的小鼓的乐师，名武。⑤少师阳，副乐师，名阳。⑥击磬襄，击磬的乐师名襄。

【译】太师挚到齐国去了，二饭乐师干到楚国去了，三饭乐师缭到蔡国去了，四饭乐师缺到秦国去了，打鼓的方叔到黄河地区去了，摇小鼓的武到汉水地区去了，少师阳和击磬的襄到海滨去了。

【道生记】《备旨》此章以伶官之去，见鲁之衰。

18·10 周公谓鲁公①曰："君子不施②其亲，不使大臣怨乎不以③，故旧无大故，则不弃也；无求备于一人。"

【注】①鲁公，周公的儿子伯禽，封于鲁。②施，这里同"弛"，放松，引申为怠慢、疏远。③以，用。

【译】周公对鲁公说："君子不怠慢自己的亲族，不让大臣怨恨你不任用他们，老臣没有大过失，就不要抛弃他们；不要对一个人求全责备。"

【道生记】《集注》胡氏曰，此伯禽受封之国，周公训诫之辞。鲁人传诵，久而不忘也。其或夫子常与门弟子言之与？

《备旨》君子二字提起，下以亲亲、任贤、敦故、用才分四平看，皆忠厚之道。记者于鲁事日非，伶人散亡之后，而记此开国之语，使知鲁事之所以衰，非其先世之过也。

旧注："无求备是因材授任而无责备之心，就待群臣说。"

18·11 周有八士①：伯达、伯适、仲突、仲忽、叔夜、叔夏、季随、季骅。

【注】①八士，这八个人生平都不详。伯适的"适"读 kuò(括)，季骅的"骅"读 guā(瓜)。

【译】周朝有八个(出名的)士：伯达、伯适、仲突、仲忽、叔夜、叔夏、季随、季骅。

【道生记】《集注》或曰成王时人,或曰宣王时人。盖一母四乳而生八子也,然不可考矣。张子曰:记善人之多也。愚按:此篇孔子与三仁、逸民、师挚、八士,既皆称赞而品列之。于接舆、沮、溺、丈人,又每有惓惓接引之意,皆衰世之志也,其所感者深矣。在陈之叹,盖亦如此。三仁则无间然矣,其余数君子者,亦皆一时之高士。若使得闻圣人之道,以裁其所过,而勉其所不及,则其所立岂止于此而已哉?

《四书味根录·微子·总论》篇中所记皆衰世之志,首举三仁,商之衰也,柳下则周之衰。次孔子去齐去鲁,逢诸隐士,惓惓有接引之意。论古逸民,又隐隐示折中之思。至乐师散而极矣。末二章则《匪风》《下泉》之思也。

《诗·桧风·匪风》:匪风发兮,匪车偈兮。愿瞻周道,中心怛兮。朱传:周室衰微,贤人忧叹而作此诗。《诗·曹风·下泉》:冽彼下泉,浸彼苞稂,忾我寤叹,念彼周京。朱传:王室陵夷而小国困弊。故以寒泉下流而苞稂见伤为比,遂与其忾然以念周京也。

金王若虚《滹南辨惑》卷七:孔子谓殷有三仁,而记者曰:“微子去之,箕子为之奴,比干谏而死。”当纣之无道,三人者皆尝谏争而不能救也。微子知其颠济之不免,故遁于荒野而避之;二子不去而一被囚,一见杀,皆出于不幸耳。而其爱君忧世、志贞恻怛之诚,则三人之所同。故孔子俱称其仁,初不在于去就之迹也。后人泥于记者之言,以为三人之所为不同者,各有深意,而孔子之所取亦不过此。遂委曲而为之说。王氏曰:“微子不去,无以存殷之祀;箕子不奴,无以贻天下之法;比干不死,无以示人臣之节。”杨杰亦云:“微子仁于其亲,比干仁于其君,箕子仁于万世。”林少颖曰:“去者仁之清,奴者仁之和,死者仁之任。”张无垢曰:“比干之节易明,而箕子之仁难言。微子存商祀,其仁为大,故居二子之先。”皆过论也。甚者又曰:“纣无道而周有道,故微子去纣而归周,以为亲戚叛之之证。”若然,乃名教之罪人,尚足言仁乎?《洪范》一书诚为大典,然亦归周之后,因武王之问而陈之耳。使其平居果有意于垂世,则著之简策足矣。纵若不然,未为大过。而乃坐视国亡,佯狂苟免,以俟兴王而付此,恐仁者亦所不忍也。杨氏曰:“三人者各得其本心,故同谓之仁。”范氏曰:“三人者皆可以有天下,故均之曰仁。”二说皆疏,而范氏尤甚也。

子张篇第十九

【道生记】《集注》此篇皆记弟子之言,而子夏为多,子贡次之。盖孔门自颜子以下,颖悟莫若子贡。自曾子以下,笃实无若子夏。故特记之详焉,凡二十五章。

19·1 子张曰:"士见危致命,见得思^①义,祭思敬,丧思哀,其可已矣。"

【注】①思,反省。

【译】子张说:"士遇见国家危难时能豁出自己的生命,遇见有利可得时能反省是否合乎义,祭祀时能反省是否恭敬,临丧时能反省是否悲哀,这样就可以了。"

【道生记】《备旨》此章见士当先立大节,士字提起看。致字有果决意,思字有详审意。义敬哀皆言思。致命独不言思者,死生之际唯义是卫,不待思而决也。四者主力行说。其致知工夫,则在平日。其可已矣,犹云必如此乃成其为士耳,责备之辞。

前贤引:"真氏谓致命不待思,盖思则顾惜身家之念生,如何能致。"

19·2 子张曰:"执德不弘,信道不笃,焉能为有?焉能为亡^①?"

【注】①亡,同"无"。

【译】子张说:"实行德而不能发扬光大,信仰道而不能坚定不移,(这样的人)有他怎么能算多?没他怎么能算少?"

【道生记】《集注》有所得而守之太狭,则德孤;有所闻而信之不笃,则道废。焉能为有亡,犹言不足为轻重。

《备旨》朱子曰,弘而不笃,则容受太广后,随人走作反不能守正理。笃而不弘,则是确信一说,而或至于不通。二者又须互说。

前贤曰:"执德宏以量言,信道笃以志言,执与信皆属心。不宏是心上自足,非惟不能容人,自家亦自不能容。见人之善必不说,人告以过必不受。不笃是心上不定,或自己彷徨,或被人摇乱,或移于是非,或夺于利害皆是。"

19·3 子夏之门人问交于子张。子张曰:"子夏云何?"对曰:"子夏曰:'可者与^①之,其不可者拒之。'"子张曰:"异乎吾所闻:君子尊贤而容众,嘉^②善而矜^③不能。我之大贤与^④,于人何所不容?我之不贤与,人将拒我,如之何其拒人也?"

【注】①与,相与,交往。②嘉,赞美。③矜(jīn 今),怜惜。④与,语气词。

【译】 子夏的学生问子张怎么交朋友。子张反问道:"子夏怎么说的?"(这个学生)回答说:"子夏说:'可交的就同他交朋友,不可交的就拒绝。'"子张说:"这和我知道的不同:君子既尊敬贤人,又能容纳众人;能够赞美善人,又能怜惜能力不够的人。我如果是十分贤明的,对于别人有什么不能容纳的呢? 我如果不贤明,人家就会拒绝我了,又怎么谈得上我去拒绝别人呢?"

【道生记】《集注》子夏之言迫狭,子张讥之是也。但其所言亦有过高之弊:盖大贤虽无所不容,然大故亦所当绝。不贤固不可以拒人,然损友亦所当远。学者不可不察。

《备旨》朱子云,初学当如子夏之说。然不可者,但疏之而已,拒之则已甚。成德当如子张之说,然有大故,亦不可绝。

前贤云:"少年意气浮动,得子夏之所云而端其始,有宁为难合毋为易狎者,吾道所以有同人之助,而无比匪之伤也;儒者门墙过峻,得子张所云而大其成,有善用精明无伤浑厚者,天下所以乐名教之宽,而不受气节之累也。"

19·4 子夏曰:"虽小道①,必有可观者焉,致远恐泥②,是以君子不为也。"

【注】①小道,技能。②泥(nì 逆),陷入,妨碍。

【译】 子夏说:"虽然是小的技能,也一定有些可取的东西,但它对于实现远大的目标恐怕是有妨碍的,所以君子不干这些小事。"

【道生记】《集注》小道如农圃、医卜之属。泥,不通也。杨氏曰,百家众技犹耳目口鼻,皆有所明而不能相通。非无可观也,致远则泥矣,故君子不为也。

前贤云:"此自是君子自己不为,非绝人使不为也。""择吾道于甚正,则致此卫道之力,不容稍卑,百家之说,君子恐其泥于卑也;扩吾道于甚宏,则致此道之才,不能有隘,一流之效,君子恐其泥于隘也。"

19·5 子夏曰:"日知其所亡①,月无忘其所能,可谓好学也已矣。"

【注】①亡,同"无"。这里指不知道的东西。

【译】 子夏说:"每天学到一些过去不知道的东西,每月不忘记自己已经学会的东西,这就可以叫做好学了。"

【道生记】《集注》亡读作无。好,去声。

《备旨》此章示人纯心于学之功。知字对无忘字。圣贤之所谓知,实在身心上体勘,非如后人专为闻见之知也,故所亡所能俱兼知行说。日知是学能日新,月无忘是学能不失,好学全在日月字上见。

19·6　子夏曰："博学而笃志①，切问②而近思，仁在其中矣。"

【注】①志，志向。②切问，问与自己有关的问题。

【译】子夏说："广泛地学习而且能坚定自己的志向，问与自己有关的问题而且能联系自己进行反省，仁就在这里面了。"

【道生记】《集注》四者皆学问思辨之事耳，未及乎力行而为仁也。然从事于此，则心不外驰，而所存自熟，故曰仁在其中矣。

19·7　子夏："百工①居肆②以成其事，君子学以致其道。"

【注】①百工，各行各业的工匠。②肆，古代制造物品的场所，如作坊。

【译】子夏说："各行各业的工匠在作坊完成自己的工作，君子则通过学习来掌握圣王之道。"

【道生记】《集注》肆，谓官府造作之处。致，极也。工不居肆，则迁于异物而业不精。君子不学，则夺于外诱而志不笃。尹氏曰，学所以致其道也。百工居肆，必务成其事。君子之于学，可不知所务哉。愚按：二说相须，其义始备。

《备旨》致有二义。道有不能自致，用勇往精进之学。道有不容强致，用涵泳从容之学。

19·8　子夏曰："小人之过也必文。"

【译】子夏说："小人犯了错误一定要掩饰。"

【道生记】《集注》文，饰之也。小人惮于改过，而不惮于自欺，故必文以重其过。

前贤曰："有耻过而文者，有遂非而文者；耻过还有愧心，遂非全是欺心。愧心尚是常人，欺心直是小人。""必者，势所必至也。""过则必文，文了又过，终身在过内混日子。"

19·9　子夏曰："君子有三变：望之俨然，即之也温，听其言也厉。"

【译】子夏说："君子（的态度）有三种变化：看他的样子庄严可怕，同他接近温和可亲，听他说话语言严厉。"

【道生记】《集注》俨然者貌之庄，温者色之和，厉者辞之确。程子曰，他人俨然则不温，温则不厉，惟孔子全之。谢氏曰，此非有意于变，盖并行而不相悖也，如良玉温润而栗然。

《备旨》"俨然举一身言。""温指见于面者。""厉谓是非不易。"

19·10　子夏曰："君子信而后劳①其民；未信，则以为厉己也。信而后谏;未信,则以为谤己也。"

【注】①劳,动词,意谓使民劳作。

【译】子夏说:"君子要先取得老百姓的信任,而后再去使唤他们;否则,老百姓就会以为是虐待他们。要先取得(君主的)信任,而后去规劝;否则,(君主)就会以为是诽谤他。"

【道生记】《集注》信谓诚意恻怛而人信之也。厉犹病也。事上使下,皆必诚意交孚,而后可以有为。《讲》子夏劝居官者曰,君子以一身处上下之间,未有惠爱不孚而遽可以有为者。其使民也,必其爱民之诚意已积于平日,俾民心允孚乎我而信之矣,而后兴当为之役,以劳其民。斯民只见其爱,而忘其劳焉。苟未信而遽劳之,则民不谅其上之爱我,惟见其事之不堪,将以为虐下而厉乎己也。其事君也,必其忠君之诚意,已裕于平时,俾君心素谅夫我而信之矣,而后进说直之言,以谏其君。斯君惟嘉其忠而行其谏焉;苟未信而遽谏之,则君不谅其臣之纳忠,惟见其言之逆耳,将以为讪上而谤乎己。然则有事上使下之责者,当知所先矣。

《濠南辨惑》卷七:尹氏曰:"事上使下皆以信为主,人之不信者,皆己之信不足以取信故也。"晦庵亦云:"事上使下,皆须诚意交孚,而后可以有为。"王紫薇广之曰:"仰以事君,必先馨尽忠赤,深结主知,而使上见信;俯以临民,必先诰诚号令,感化人情,而使下见信。下既见信,则以之役使,虽劳不怨;上既见信,则以之献替,无言不从。是道也,出于至诚而已。"其说甚佳。盖此信字,在我者之事耳,而世人多错认了。人臣畏罪而不言,辄以是借口曰:"上不吾信也。"或一谏不从,则奉身而去,自谓无愧于其心。呜呼,彼亦尝先尽其在我者乎!

《备旨》此章勉人平素当积诚以动君民意。两段各重上句。己虽有信,必君民信之,始可谓之信。本文信字,指人信我说。《注》诚意恻怛,是人所以信之之由,信字当读断。君民间总少信不得,即劳民谏君,大不得已者,在信后无不可耳。两未信句反言,以决言之必不可缓也。只论道理必如此方尽善。若当谏当劳者,不得以未信借口,观比干之事君,子产之使民可见。

19·11　子夏曰:"大德不逾①闲②,小德出入可也。"

【注】①逾,超越。②闲,木栏。这里指界限。

【译】子夏说:"大节上不要超过界限,小节作风上有些出入是可以的。"

【道生记】《集注》大德小德犹言小节大节,闲,阑也,所以止物之出入。言人能先立乎其大者,则小节虽或未尽合理,亦无害也。吴氏曰,此章之言,不能无弊,学者详之。

《濠南辨惑》卷七:夫惟大德之人,然后周旋中节而不逾闲;小德则不能,故乍出乍入而无定。尹氏曰："有一不善,是出入也。"此说得之。曰可云者,犹言中人之性,可上可下耳,非可之谓也。旧疏曰："不责其备故曰可。"晦庵云："大德小德者,大节小节也。人当先立乎其大者,小者或未尽合理亦无害。"此则认为许可之可矣。夫细行不矜终为大德之累,跬步必谨,犹忧其过举也。而谓小节有时而逾闲,岂君子之训哉? 晦庵既已失之,而又戴吴氏之说,以为此章不能无弊。噫! 子夏本言小德之无常,而学者乃以为语之病,亦已诬矣。吴氏者,何人也? 贤贤易色章既云"子夏之言,其弊将至于废学"。而于此复尔,子夏之遇斯人,何其不幸也。

19·12 子游曰:"子夏之门人小子当洒扫应对进退,则可矣,抑①末也。本之则无,如之何?"子夏闻之,曰:"噫! 言游过矣! 君子之道,孰先传焉,孰后倦②焉,譬诸草木,区以别矣。君子之道,焉可诬也? 有始有卒者,其惟圣人乎!"

【注】①抑,但是,不过。②倦,可能是"传"字之误,译文照"传"字解。

【译】子游说:"子夏的学生做些打扫和迎送客人的事是可以的,不过这只是末节。根本的东西却没有学到,怎么可以呢?"子夏听了说:"咳! 子游错了! 君子之道哪一条先传授,哪一条后传授,这就像草和木一样,是有区别的。君子之道怎么可以随意歪曲呢? 能够按照次序有始有终地教授学生的,那只有圣人吧!"

【道生记】《集注》子游讥子夏弟子于威仪容节之间则可矣。然此小学至末耳。推其本,如大学正心诚意之事则无有。

《备旨》此章重教人有序:上,以子夏之言为主。子游讥子夏之教,见本末不可偏废;子夏论教当以序进,见始终不可或紊。本末先后是眼目。

前贤曰:"观游、夏之异教,而知圣人之道分矣。盖子游、子夏同一文学,而流派各分:子游之为学也,清通简易,故为政贵乎德化,德礼尚乎达权,盖近乎圣人之道也;而以此传其弟子,后世聪明才智之士多好之,则有独矜冥悟,高谈性命之家,所由盛矣。子夏之为学也,详尽笃实,故习礼必及仪容,序诗必极章句,盖近乎圣人之教也;而以此授其弟子,后世曲谨专心之儒多习之,则有致精名物,所穷经传之事,所由繁矣。"

按:此似影射程朱、陆王,待商榷。

19·13 子夏曰:"仕而优则学,学而优则仕。"

【译】子夏说:"做官做得好(的人)就应该学习,学习好(的人)就可以做官。"

【道生记】《集注》优,有余力也。仕与学理同而事异,故当其事者,必先有以尽其事,而后可及其余。然仕而学,则所以资其仕者益深;学而仕,则所以验其学者益广。

19·14 子游曰:"丧致乎哀而止。"

【译】子游说:"(对父母的)丧事做到悲痛就可以了。"

【道生记】《集注》致极其哀,不尚文饰也。杨氏曰,丧,与其易也宁戚。不若礼不足而哀有余之意。愚按:而止二字,亦微有过于高远而简略细微之弊。学者详之。

《备旨》此章见临丧以哀为本。子游平素考究丧礼,至此独言哀者,是探本之论,即夫子宁戚之意。

19·15 子游曰:"吾友张也为难能也,然而未仁。"

【译】子游说:"我的朋友子张可以说是很难得的了,然而还没有达到仁。"

19·16 曾子曰:"堂堂①乎张也,难与并为仁矣。"

【注】①堂堂,外表很有派头的样子。

【译】曾子说:"子张派头很大,是很难同他一起做到仁的。"

【道生记】《集注》堂堂,容貌之盛,言其务外自高,不可辅而为仁,亦不能有以辅人之仁也。范氏曰,子张外有余而内不足,故门人皆不与其为仁。子曰,刚毅木讷近仁,宁外不足而内有余,庶可以为仁矣。

前贤曰:"学者容貌岂不要端庄,但有诸内自形诸外,则威仪为德行之符,与此堂堂总别。"

19·17 曾子曰:"吾闻诸夫子:人未有自致者也,必也亲丧乎!"

【译】曾子说:"我听老师说过:人没有自动竭尽全力的事情,如果有的话,一定为办理父母的丧事吧!"

【道生记】《集注》致,尽其极也。盖人之真情所不能自已者。尹氏曰,亲丧固所自尽也,于此不用其诚,恶乎用其诚。

按:前贤谓《集注》主自然说;尹氏勉人自致,主当然说。

19·18 曾子曰:"吾闻诸夫子:孟庄子①之孝也,其他可能也,其不改父之臣与父之政,是难能也。"

【注】①孟庄子,鲁大夫孟孙速,他的父亲是孟孙蔑(孟献子)。

【译】曾子说:"我听老师说过:孟庄子行孝,(一般的礼仪)别人也都可以做到,而他不更换父亲的旧臣及其政治措施,那是别人难以做到的。"

19·19 孟氏使阳肤①为士师。问于曾子,曾子曰:"上失其道,民散久矣。如得其情,则哀矜②而勿喜。"

【注】①阳肤,相传是曾参的学生。②矜(jīn 今):怜悯。

【译】孟孙氏任命阳肤做法官。(阳肤)向曾子请教,曾子说:"当政的人不按正道行事,民心离散已经很久了。你若弄清了他们的情况,就会怜悯他们,而不要沾沾自喜。"

【道生记】《集注》散,谓情义乖离,不相维系。谢氏曰,民之散也,以使之无道,教之无素;故其犯法也,非迫于不得已,则陷于不知也。故得其情则哀矜而勿喜。

《备旨》此章曾子动阳肤以恤刑之心,重哀矜上。上失二句,原其犯罪之由。如得二句,示以治狱之仁。盖士师无变俗之权,所司者刑,故移下一层说。注使字内兼养意,迫于不得已,应使之无道;陷于不自知,应教之无素。情是犯罪之情,所谓罪状也。得情而喜,则太刻之情,或溢于法外;得情不矜,则不忍之意,常行于法中。

19·20 子贡曰:"纣①之不善,不如是之甚也。是以君子恶②居下流③,天下之恶皆归焉。"

【注】①纣,商朝最后一个君主,名辛,"纣"是他的谥号。②恶(wù 务),讨厌,憎恨。③下流,即下游。这里引申为由于干了坏事而处于众恶所归的地位。

【译】子贡说:"殷纣王的不善,不像传说的那么严重。所以君子憎恨处于下游,(如果处于下游)天下的一切坏事都会加在你的头上。"

【道生记】《集注》下流,地形卑下之处,众流之所归。喻人身有污贱之实,亦恶名之所聚也。子贡言此,欲人常自警省,不可置其身于不善之地。非谓纣本无罪,而虚被恶名也。

前人谓:归字与居字应"恶",是自警自戒意。谥法:残善损善曰纣。

19·21 子贡曰:"君子之过也,如日月之食焉:过也,人皆见之;更也,人皆仰之。"

【译】子贡说:"君子的过错如同日蚀和月蚀一样:他的过错,人们都看得见;他改正过错,人们都仰望着他。"

【道生记】前人谓:更是阅时,非更改也。盖君子之过本无可改,只前此心事未明,至今乃大白,便如更了。按:此于取譬日月意甚合。

19·22 卫公孙朝①问于子贡曰："仲尼②焉学?"子贡曰："文武之道,未坠于地③,在人。贤者识其大者,不贤者识其小者,莫不有文武之道焉。夫子焉不学? 而亦何常师之有?"

【注】①公孙朝,卫国大夫。②仲尼,孔子字。③坠于地,这里指失传。

【译】卫国的公孙朝问子贡："仲尼的学问是从哪里学来的?"子贡说:"文王武王之道,并没有失传,还在人间(流传)。贤能的人能够了解它的根本,不贤的人只能了解它的末节,无处没有文王武王之道。我的老师什么不学呢? 又何必要有固定的老师呢?"

【道生记】《集注》文武之道谓文王武王之谟训,功烈与凡周之礼乐文章皆是也。在人,言人有能记之者。识,记也。

《备旨》蔡虚斋曰,谟训,见于言论者;功烈,见于事为者;礼乐文章,见于政治者。如此解,文武之道便见。不是论道之全体。

前贤曰:"士希贤,贤师圣,师至圣人止矣。圣人无可师,则反师众人。盖众人之学圣人者极其至,而圣人之学众人者尽其余也。未坠在人,一反一正语:坠地便不在人,在人却不坠地。下三句正是在人处。焉不学,紧承莫不有说下,是道无人不有,即无人不学也,无人不学,所以无常师。一亦字承转说。"

19·23 叔孙武叔①语大夫于朝曰:"子贡贤于仲尼。"子服景伯②以告子贡。子贡曰:"譬之宫墙,赐之墙也及肩,窥见室家之好。夫子之墙数仞③,不得其门而入,不见宗庙之美,百官④之富。得其门者或寡矣。夫子之云,不亦宜乎!"

【注】①叔孙武叔,鲁国大夫,三桓之一,名洲仇。②子服景伯,鲁国大夫。③仞(rèn任),古时八尺或七尺叫一仞。④官,这里指房舍。按:本俞樾、杨树达之说,参杨注。

【译】叔孙武叔在朝中对大夫们说:"子贡比仲尼还要好。"子服景伯把这一番话告诉了子贡。子贡说:"(怎么能这么说呢?)拿围墙来作比喻,我家的围墙同肩一样高,谁都可以从墙头看到我的房屋美好。我老师家的围墙有几丈高,如果找不到门进去,就看不见里面宗庙的富丽堂皇,房舍的绚丽多彩。能找到门进去的人大概很少了。那么,武叔他老人家的这话,不也是自然的吗!"

【道生记】《集注》墙卑室浅。又,七尺曰仞。不入其门,则不见其中之所有,言墙高而官广也。

《备旨》此章见圣道之深,数仞及肩,以造位高卑言;室家美富,以蕴藉浅深言。俱是借言形容。《补》析说云:室家宗庙,百官都在宫里分别,不关墙事。惟官有不同,故墙有高卑。墙之高卑只以喻难见易见。非以墙之高卑,较圣贤分量也。

19·24 叔孙武叔毁仲尼。子贡曰："无以①为也！仲尼不可毁也。他人之贤者，丘陵也，犹可逾也；仲尼，日月也，无得而逾焉。人虽欲自绝，其何伤于日月乎？多②见其不知量也③。"

【注】①以，此。这里作副词用。②多，副词，徒然，只是。③不知量也，黄侃《义疏》解此句为"不知圣人之度量"，译文从朱熹《集注》。也，用法同"耳"（转抄杨注）。

【译】叔孙武叔诽谤仲尼。子贡说："不要这样做！仲尼是诽谤不了的。别人的贤德好比丘陵，还可以越过去；仲尼的贤德就像太阳和月亮，是无法越过的。虽然有人要自绝(于太阳和月亮)，对太阳和月亮有什么损伤呢？只不过表明他不自量力罢了。"

【道生记】《备旨》此章见圣道之高。无以为二句虚。他人四句，正言仲尼之不可毁，只就仲尼说。人虽欲以下，正言无以为也，方就武叔说。贤字指道德，日月喻高不喻明。可逾无得逾，自带丘陵、日月说；不然如何下个逾字。何伤于日月，亦是借喻语。盖本文原是正喻夹带指点也。

19·25 陈子禽谓子贡曰："子为恭也，仲尼岂贤于子乎？"子贡曰："君子一言以为知①，一言以为不知，言不可不慎也。夫子之不可及也，犹天之不可阶②而升也。夫子之得邦家者，所谓立之斯立，道③之斯行，绥之斯来，动之斯和。其生也荣，其死也哀。如之何其可及也？"

【注】①知，同"智"。②阶，梯。③道，同"导"，犹教说。

【译】陈子禽对子贡说："您对仲尼太恭敬了吧，难道他就比您强吗？"子贡说："君子说一句话可以表现出他的聪明，说一句话也可以表现出他的不聪明，所以说话不可不慎重。我的老师是无人比得上的，就像天不能搭着梯子爬上去一样。我的老师如治理一个国家，他要老百姓立于礼，老百姓就会立于礼；要引导老百姓，老百姓就会跟着走；要安抚老百姓，老百姓就会归顺；要发动老百姓，老百姓就会同心协力。老师他活着十分荣耀，老师死了令人十分悲哀。我怎么能赶得上老师呢？"

【道生记】《集注》立之谓植其生也。道，引也，谓教之也。行，从也。绥，安也。来，归附也。动，谓鼓舞之也。和，所谓于变时雍。言其感应之妙，神速如此。荣，谓莫不尊亲。哀，则如丧考妣。程子曰，此圣人之神化，上下与天地同流者也。谢氏曰，观子贡称圣人语，乃知晚年进德，盖极于高远也。夫子之得邦家者，其鼓舞群动，捷于桴鼓影响。人虽见其变化，而莫窥其所以变化也。盖不离于圣而有不可知者存焉，此殆难以思勉及也。

《备旨》此章见圣人之神化不可及,重在第三节,盛德无可形容,故拟之于天。犹恐子禽未晓,故末节又抽出功业之盛言之;然功业自道德中来,非有两层。

前贤曰:"身心意志之悉化,则神之所以无方也;意必固我之悉忘,则易之所以无体也。有方有体者其阶易见,而无方无体者其阶难知。神而明之,默而成之,则通天载于无声无臭也;不思而得,不勉而中,则顺帝则于不识不知也。未离乎声臭知识者,其阶易得;而既泯乎声臭知识者,其阶难求。"

尧曰篇第二十

20·1 尧曰："咨①！尔舜！天之历数②在尔躬，允执③其中。四海困穷，天禄永终。"

舜亦以命禹。

曰："予小子履④敢用玄牡⑤，敢昭告于皇皇后帝：有罪不敢赦。帝臣不蔽，简⑥在帝心。朕⑦躬有罪，无以万方；万方有罪，罪在朕躬。

周有大赉⑧，善人是富。"虽有周亲，不如仁人。百姓⑨有过，在予一人。"

谨权量，审法度⑩，修废官，四方之政行焉。兴灭国，继绝世，举逸民，天下之民归心焉。"

所重：民、食、丧、祭。

宽则得众，信则民⑪任焉，敏则有功，公则说。⑫

【注】①咨（zī 资），即"啧"（zé 则），感叹词，表示赞美。②天之历数，即帝王相承的次序。古代帝王都说自己能当帝王是由天命所决定的。③允，真诚。执，坚持。④予小子履，履是商汤的名字。他祭天地时，自称"予小子"意即天帝的儿子（天子）。⑤玄牡（mǔ 母），黑色的公牛。⑥简，阅。这里是知道的意思。⑦朕（zhèn 镇）：我。从秦始皇起专用作帝王的自称。⑧赉（lài 赖）：赏赐。⑨百姓，指受封的贵族。⑩谨权量，审法度，指检查度量衡。权，权衡，即量轻重的标准。量，量容积的标准。法度，指量长度的标准。⑪民，据 17·6"信则人任焉"，应作"人"。⑫这一章文字风格不一，前后不连贯，可能有脱落。前半章引自古代文献，"谨权量"以下的话是孔子说的。

【译】尧说："啧啧！舜啊！根据天命规定的次序，帝位已落到你的身上了，你要真正做得恰到好处。如果天下的人都陷于贫困，上天赐给你的禄位就永远完结了。"

舜也这样告诫过禹。

（商汤）说："我小子履大胆地用黑色的公牛来祭祀，向伟大的天帝祷告：有罪的人，我不敢擅自赦免。你的臣仆（夏桀）的罪过，我不敢隐瞒，你心里是明白的。我本人如果有罪，不要责怪天下万方；天下万方如果有罪，都归在我一人身上。"

周朝大发赏赐，分封诸侯，使善人都富贵起来。（周武王说：）"我虽有同姓亲戚，但不如有仁德的人。受封的贵族们有过错，都在我一人身上。"

（孔子说：）"谨慎地审查度量衡，恢复被废弃的官职，政令就可以通行于四方了。恢复被灭亡的国家,承续已断绝的后代,提拔被遗落的人才,天下的人民就都会心悦诚服了。”

国家所重视的是:民众、粮食、丧葬、祭祀。

宽厚就能得到众人的拥护,守信用就能得到别人的任用,勤快就能取得成功,公平就能使人高兴。

【道生记】《集注》(比照分列)此尧命舜而禅以帝位之辞。咨,嗟叹声。历数,帝王相继之次第,犹岁时气节之先后也。允,信也。中者,无过不及之名。四海之人困穷,则君禄亦永绝矣。戒之也。舜后逊位于禹,亦以此辞命之。今见于《虞书·大禹谟》。此引《商书·汤诰》之辞。盖汤既放桀而告诸侯也。与《书》文大同小异。曰上当有汤字,履,盖汤名。用玄牡,夏尚黑,未变其礼也。简,阅也,言桀有罪,己不敢赦。而天下贤人皆上帝之臣,己不敢蔽。简在帝心,惟帝所命。此述其初请命而伐桀之辞也。又言君有罪非民所致,民有罪实君所为。见其厚于责己薄于责人之意,此其告诸侯之辞也。此以下述武王事。赉,予也。武王克商,大赉于四海,见《周书·武成》篇。此言其所富者皆善人也。《诗·序》云赉所以锡予善人,盖本于此。兴灭继绝,谓封尧、舜、夏、商之后。举逸民,谓释箕子之囚,复商容之位。三者皆人心之所欲也。此于武王之事无所见,恐或泛言帝王之道也。杨氏曰,《论语》之书,皆圣人微言,而其徒传守之,以明斯道者也。故于终篇具载尧、舜咨命之言,汤武誓师之意,与夫施诸政事者,以明圣学之所传者,一于是而已,所以发明二十篇之大旨。《孟子》于终篇,亦历叙尧舜汤文孔子相承之次,皆此意也。

《潏南辨惑》卷七:东坡谓其杂取《禹谟》《汤诰》《泰誓》《武成》之文,而颠倒失次,不可复考。盖孔子之遗书,编简绝乱,有不可知者,故置之不论。而道学诸公曲为义训,以为圣人微言深旨。予谓东坡之说为近人情,故从之。程氏曰,曰予小子履上当脱一汤字。呜呼,岂特此一字而已哉?

前贤曰:“此章叙述商周,未尝标中字为提纲也。然朱子有云后面说许多事,皆是恰好当做底,则以中字做主亦可。”“宽者柔之中,敏者刚之中,信者中之实,公者中之体。盖泛言之曰宽敏信公,约言之一中而已。”

20·2 子张问于孔子曰:“何如斯①可以从政矣?”子曰:“尊五美,屏②四恶,斯可以从政矣。”子张曰:“何谓五美?”子曰:“君子惠而不费,劳而不怨,欲而不贪,泰而不骄,威而不猛。”子张曰:“何谓惠而不费?”子曰:“因民之所利而利之,斯不亦惠而不费乎? 择可劳而劳之,又谁怨? 欲仁而得仁,又焉贪? 君子无众寡,无小大,无敢慢,斯不亦

泰而不骄乎？君子正其衣冠，尊其瞻视，俨然人望而畏之，斯不亦威
而不猛乎？"子张曰："何谓四恶？"子曰："不教而杀谓之虐，不戒视成
谓之暴，慢令致期谓之贼，犹之③与人也，出纳之吝谓之有司④。"

【注】①斯，就。②屏（bǐng 丙），排除。③犹之，同样。④有司，管理财务的小官。这里
是小气的意思。

【译】子张问孔子说："如何才能管理政事呢？"孔子说："尊重五种美德，排
除四种恶政，就可以管理政事了。"子张问："什么是五种美德？"孔子说："君子
使老百姓受到一些好处而自己却不耗费，使唤老百姓而老百姓却不怨恨，追求
仁德而不贪图财利，庄重而不傲慢，威严却不凶猛。"子张问："怎样才能使老百
姓得到一些好处而不掏自己的腰包呢？"孔子说："叫老百姓做对他们自己有利
的事，这不就是对老百姓有好处而不掏自己腰包吗？选择老百姓能干的活让他
们去干，谁还会怨恨呢？自己追求仁德而得到仁，怎能叫做贪图财利呢？无论
人多人少，势力大小，君子都不敢怠慢，那不就是庄重而不傲慢吗？君子衣冠整
齐，目光严肃端正，使人望而生畏，这不也就是威严而不凶猛吗？"子张问："什么
是四种恶政呢？"孔子说："事先不教化而杀人，叫做虐，事先不预告而要求立刻
成功，叫做暴，命令下达很晚，又要求限期完成，叫做贼；同样给人东西，却很吝
惜，这就叫做小气。"

【道生记】《备旨》此章记孔子论政以继帝王之治，五美以道心运用，四恶
从人心纵肆。一尊一屏，法戒昭然。纯然无疵之谓美，有妨于治之谓恶。尊有
敬以持之之意，屏有严以绝之之意。君子二字贯下，惠、劳、欲、泰、威俱就政事
上说，惠、劳是施于人者；欲、泰、威是存于己者。美全在不费不怨不贪不骄不猛
上，五可字不可忽过。朱子谓五句只虚笼，令子张自不容不问。因民利一段重
因字，因时于天，因宜于地，因力于人。其中有多少区画在。择可劳一段重择
字，三农有隙，此时之可劳者也。一劳永逸，此理之可劳者也。择其事，择其人，
择其轻重，择其缓急皆是。凡一切教养人之政，皆本心之无私来。故欲仁得仁，
只我心固有之理而已。无众寡三句一气读，统上两无字，归并下一无字。可知
敬心纯一则自无愧怍，泰固从小心中来也。衣冠瞻视，不徒在形色上求，里面有
诚字在，故非猛。五段中须看三不亦字，二又字，皆是指点美处。（四恶之）上三
者是急迫之恶，属不仁；下一件是悠缓之恶，属不智。虐以立教言，暴以作事言，
贼以出令言，有司以用财言。不戒亦与慢令相似，但不戒无心故曰暴。慢令出
于有心故曰贼。出纳者，出于我而纳于彼，正言与也。有司之吝是本职，若为政
者而出此，则全是猜嫌疑虑之心，亦最害事，岂不为恶。

《集注》虐，谓残酷不仁。暴，谓卒遽无渐。致期，刻期也。贼者，切害之意。
缓于前而急于后，以误其民，而必刑之，是贼害之也。犹之，犹言均之也。均之

以物与人，而于其出纳之际，乃或吝而不果，则是有司之事，而非为政之体，所与虽多，人亦不怀其惠矣。项羽使人，有功当封，刻印刓，忍弗能予，卒以取败，亦其验也。尹氏曰，告问政者多矣，未有如此之备者也。故记之以继帝王之治。则夫子之为政可知也。夫子告颜渊为邦，示以法戒，告子张为政，示以美恶。盖惟戒而后法尽善，为屏而后尊无疵也。

《潏南辨惑》卷七：孔子谓政当屏四恶，而其一曰"出纳之吝，谓之有司"，与暴虐贼同称。夫当出则出，当纳则纳，自有道存，岂容或吝？盖非谓在君为不可，而有司亦不当耳。物，君之所命也，而有司掌之；出纳，君之所命也，而有司奉之。岂有君不吝于上而有司当吝于下乎？上下同心以归于至当，三代之直道也。自世之鄙夫惧失陷而获罪，求增羡以为能，是故习成此风而不能免。孔子所谓有司者，亦就其弊而言之耳。而王安石遂以屯膏吝啬为今道之正，其所见顾不鄙哉？以此谈经，安得不戾圣人？以此为政，安得不害天下？

20·3 孔子曰："不知命，无以为君子也；不知礼，无以立也；不知言，无以知人也。"

【译】孔子说："不懂得天命，就不能做君子；不懂得礼，就站不住脚；不了解他的言论，就不能了解这个人。"

【道生记】《集注》程子曰，知命者，知有命而信之也。人不知命，则见害必避，见利必趋，何以为君子。不知礼则耳目无所加，手足无所措。言之得失，可以知人之邪正。尹氏曰，知斯三者，则君子之事备矣。弟子记此以终篇，得无意乎。学者少而读之，老而不知一言为可用，不几于侮圣言者乎，夫子之罪人也，可不念哉！庆源辅氏曰，知命则在我者有定见，知礼则在我者有定守，知言则在人者无遁情。知斯三者，则内足成己之德，外足尽人之情，是故君子之事备。

前贤曰："前章于治人之事最详，此章于修己之事最切，以之殿《论语》，大有深意。""命字主气数上说，知命者亦非全诿气数，有尽人事以听天命意，故可以为君子。""不知命兼营求旷达二家，还重营求一边。""凡人日用间，无个绳墨准则，依而据之，则身心何所约束，德性何所坚定。""言有是非，有浅深，有真伪，《注》以得失二字该之。必由言以知人，然后在己之从违不谬。"

附录一 《论语》主要字词索引

目录

三画　义 190　士 190

四画　天与命 191　中庸 191　内省 191　仁 191　文 192

五画　正名 192　乐 192　礼与好古 192　圣 193

六画　刑 193

七画　孝 193　利 194　君子与小人 194　言与行 195　志 196

八画　性 196　直 196　贤 196　忠 197　知 197　学与思 197　诗 198

九画　政 198　信 198　勇 199

十画　恭 199　鬼神 199　恕 199　宽 199

十一画　教与诲 199

十二画　惠 200　敬 200　智(知) 200　道 200

十五画　德 201

正文

三画

义

信近于义,言可复也(1·13)

见义不为,无勇也(2·24)

君子喻于义(4·16)

其使民也义(5·16)

务民之义(6·22)

闻义不能徙(7·3)

不义而富且贵(7·16)

质直而好义(12·20)

上好义,则民莫敢不服(13·4)

见利思义(14·12)

君子义然后取(14·13)

言不及义(15·17)

君子义以为质(15·18)

见得思义(16·10,19·1)

行义以达其道(16·11)

君子义以为上。君子有勇而无义为乱,小人有勇而无义为盗(17·23)

君臣之义,如之何其废之(18·7)

君子之仕也,行其义也(18·7)

士

士志于道,而耻恶衣恶食者,未足与议也(4·9)

富而可求也,虽执鞭之士,吾亦为之(7·12)

士不可以不弘毅(8·7)

士何如斯可谓之达矣(12·20)

何如斯可谓之士矣(13·20,13·28)

士而怀居,不足以为士矣(14·2)

志士仁人,无求生以害仁,有杀身以成仁(15·9)

友其士之仁者(15·10)

柳下惠为士师(18·2)

周有八士(18·11)

士见危致命,见得思义,祭思敬,丧思
哀,其可已矣(19·1)

孟氏使阳肤为士师(19·19)

四画

天与命

五十而知天命(2·4)

获罪于天,无所祷也(3·13)

天将以夫子为木铎(3·24)

天厌之(6·28)

天生德于予(7·23)

唯天为大(8·19)

天之未丧斯文也,匡人其如予何(9·5)

固天纵之将圣,又多能也(9·6)

凤鸟不至,河不出图(9·9)

吾谁欺?欺天乎(9·12)

天丧予(11·9)

赐不受命(11·19)

死生有命,富贵在天(12·5)

不怨天,不尤人,下学而上达,知我者
其天乎(14·35)

道之将行也与,命也;道之将废也与,
命也(14·36)

畏天命(16·8)

天何言哉? 四时行焉,百物生焉。天
何言哉(17·19)

天之历数在尔躬(20·1)

不知命,无以为君子也(20·3)

中庸

礼之用,和为贵(1·12)

君子之于天下也,无适也,无莫也(4·10)

中庸之为德也,其至矣乎(6·29)

过犹不及(11·16)

四海之内,皆兄弟也(12·5)

不得中行而与之,必也狂狷乎(13·21)

允执其中(20·1)

内省

吾日三省吾身(1·4)

见贤思齐焉,见不贤而内自省(4·17)

已矣乎! 吾未见能见其过而内自讼者
也(5·27)

子绝四:毋意,毋必,毋固,毋我(9·4)

内省不疚,夫何忧何惧(12·4)

仁

孝弟也者,其为仁之本与(1·2)

巧言令色,鲜矣仁(1·3,17·17)

人而不仁(3·3)

仁者安仁,知者利仁(4·2)

唯仁者能好人,能恶人(4·3)

苟志于仁矣,无恶也(4·4)

君子无终食之间违仁(4·5)

有能一日用其力于仁矣乎? 我未见力
不足者(4·6)

观过,斯知仁矣(4·7)

知者乐水,仁者乐山。知者动,仁者
静。知者乐,仁者寿(6·23)

夫仁者,己欲立而立人,己欲达而达人。
能近取譬,可谓仁之方也已(6·30)

仁远乎哉? 我欲仁,斯仁至矣(7·30)

若圣与仁,则吾岂敢(7·34)

君子笃于亲,则民兴于仁(8·2)

子罕言利,与命与仁(9·1)

知者不惑,仁者不忧,勇者不惧(9·29)

克己复礼为仁(12·1)

仲弓问仁。子曰:"出门如见大宾,使
民如承大祭。己所不欲,勿施于人。
在邦无怨,在家无怨。"(12·2)

樊迟问仁。子曰:"爱人。"(12·22)

如有王者,必世而后仁(13·12)

刚、毅、木、讷,近仁(13·27)

仁者必有勇,勇者不必有仁(14·4)

君子而不仁者有矣夫,未有小人而仁者也(14·6)

仁者不忧,知者不惑,勇者不惧(14·28)

志士仁人,无求生以害仁,有杀身以成仁(15·9)

民之于仁也,甚于水火(15·35)

当仁不让于师(15·36)

能行五者于天下,为仁矣……恭、宽、信、敏、惠(17·6)

微子去之,箕子为之奴,比干谏而死。孔子曰:"殷有三仁焉!"(18·1)

博学而笃志,切问而近思,仁在其中矣(19·6)

文

行有余力,则以学文(1·6)

周监于二代,郁郁乎文哉(3·14)

文质彬彬,然后君子(6·18)

博学于文(6·27,12·15)

子以四教:文、行、忠、信(7·25)

文王既没,文不在兹乎(9·5)

夫子循循然善诱人,博我以文,约我以礼(9·11)

故远人不服,则修文德以来之(16·1)

五画

正名

觚不觚,觚哉!觚哉(6·25)

君君,臣臣,父父,子子(12·11)

必也正名乎!……名不正则言不顺,言不顺则事不成(13·3)

乐

人而不仁,如乐何(3·3)

子谓《韶》:"尽美矣,又尽善也。"(3·25)

子在齐闻《韶》,三月不知肉味,曰:"不图为乐之至于斯也。"(7·14)

兴于《诗》,立于礼,成于乐(8·8)

吾自卫反鲁,然后乐正,《雅》《颂》各得其所(9·15)

乐则《韶》《舞》,放郑声,远佞人(15·11)

乐云乐云,钟鼓云乎哉(17·11)

恶郑声之乱雅乐也(17·18)

三年不为乐,乐必崩(17·21)

礼与好古

礼之用,和为贵(1·12)

恭近于礼,远耻辱也(1·13)

道之以德,齐之以礼,有耻且格(2·3)

温故而知新,可以为师矣(2·11)

周因于殷礼,所损益可知也(2·23)

八佾舞于庭,是可忍也,孰不可忍也(3·1)

三家者以《雍》彻(3·2)

人而不仁,如礼何(3·3)

礼,与其奢也,宁俭(3·4)

季氏旅于泰山(3·6)

吾从周(3·14)

入太庙,每事问……子闻之,曰:"是礼也!"(3·15)

尔爱其羊,我爱其礼(3·17)

事君尽礼,人以为谄也(3·18)

君使臣以礼,臣事君以忠(3·19)

居上不宽,为礼不敬,临丧不哀,吾何以观之哉(3·26)

不能以礼让为国,如礼何(4·13)

齐一变,至于鲁,鲁一变,至于道(6·24)

博学于文,约之以礼,亦可以弗畔矣夫(6·27,12·15)

述而不作,信而好古(7·1)

久矣吾不复梦见周公(7·5)

"昭公知礼乎?"孔子曰:"知礼。"(7·31)

恭而无礼则劳,慎而无礼则葸,勇而无礼则乱,直而无礼则绞(8·2)

立于礼(8·8)

不学礼,无以立(16·13)

不知礼,无以立也(20·3)

巍巍乎! 舜、禹之有天下也,而不与焉(8·18)

巍巍乎! 唯天为大,唯尧则之(8·19)

舜有臣五人,而天下治。……(8·20)

周之德,其可谓至德也已矣(8·20)

禹,吾无间然矣(8·21)

麻冕,礼也(9·3)

博我以文,约我以礼(9·11)

先进于礼乐,野人也;后进于礼乐,君子也(11·1)

为国以礼(11·26)

克己复礼为仁(12·1)

上好礼,则民莫敢不敬(13·4)

陈成子弑简公。孔子沐浴而朝,告于哀公曰:"陈恒弑其君,请讨之。"(14·21)

上好礼,则民易使也(14·41)

无为而治者,其舜也与(15·5)

行夏之时,乘殷之辂,服周之冕(15·11)

天下有道,则礼乐征伐自天子出;天下无道,则礼乐征伐自诸侯出(16·2)

如有用我者,吾其为东周乎(17·5)

礼云礼云,玉帛云乎哉(17·11)

古者民有三疾,今也或是之亡也(17·16)

君子三年不为礼,礼必坏(17·21)

兴灭国,继绝世,举逸民(20·1)

圣

"如有博施于民而能济众,何如? 可谓

仁乎?"子曰:"何事于仁,必也圣乎! 尧舜其犹病诸!"(6·30)

圣人,吾不得而见之矣(7·26)

若圣与仁,则吾岂敢(7·34)

固天纵之将圣,又多能也(9·6)

仰之弥高,钻之弥坚;瞻之在前,忽焉在后。夫子循循然善诱人(9·11)

畏圣人之言(16·8)

有始有卒者,其惟圣人乎(19·12)

仲尼,日月也,无得而逾焉(19·24)

夫子之不可及也,犹天之不可阶而升也(19·25)

六画

刑

齐之以刑(2·3)

君子怀刑,小人怀惠(4·11)

礼乐不兴则刑罚不中,刑罚不中则民无所错手足(13·3)

七画

孝

其为人也孝弟,而好犯上者,鲜矣(1·2)

弟子入则孝,出则弟(1·6)

事父母,能竭其力(1·7)

慎终,追远,民德归厚矣(1·9)

三年无改于父之道,可谓孝矣(1·11,4·20)

孟懿子问孝。子曰:"无违。"(2·5)

孟武伯问孝。子曰:"父母,唯其疾之忧。"(2·6)

子游问孝。子曰:"今之孝者,是谓能养。至于犬马,皆能有养。不敬,何以别乎?"(2·7)

子夏问孝,子曰:"色难。"(2·8)

孝慈,则忠(2·20)

事父母几谏。见志不从,又敬不违,劳

而不怨(4·18)

父母在,不远游,游必有方(4·19)

父母之年,不可不知也。一则以喜,一则以惧(4·21)

出则事公卿,入则事父兄(9·16)

子生三年,然后免于父母之怀。夫三年之丧,天下之通丧也(17·21)

孟庄子之孝也,其他可能也,其不改父之臣与父之政,是难能也(19·18)

利

言寡尤,行寡悔,禄在其中矣(2·18)

放于利而行,多怨(4·12)

小人喻于利(4·16)

子罕言利,与命与仁(9·1)

见小利,则大事不成(13·17)

见利思义(14·12)

耕也,馁在其中矣;学也,禄在其中矣(15·32)

因民之所利而利之(20·2)

君子与小人

人不知,而不愠,不亦君子乎(1·1)

君子务本,本立而道生(1·2)

君子不重,则不威(1·8)

君子食无求饱,居无求安(1·14)

君子不器(2·12)

君子周而不比,小人比而不周(2·14)

君子无所争(3·7)

君子去仁,恶乎成名?君子无终食之间违仁,造次必是,颠沛必是(4·5)

君子怀德,小人怀土;君子怀刑,小人怀惠(4·11)

君子喻于义,小人喻于利(4·16)

子谓子产有君子之道四焉:其行己也恭,其事上也敬,其养民也惠,其使

民也义(5·16)

君子周急不继富(6·4)

女为君子儒!无为小人儒(6·13)

文质彬彬,然后君子(6·18)

君子博学于文,约之以礼,亦可以弗畔矣夫(6·27)

君子坦荡荡,小人长戚戚(7·37)

君子笃于亲,则民兴于仁(8·2)

君子所贵乎道者三:动容貌,斯远暴慢矣;正颜色,斯近信矣;出辞气,斯远鄙倍矣(8·4)

可以托六尺之孤,可以寄百里之命,临大节而不可夺也,君子人与?君子人也(8·6)

先进于礼乐,野人也;后进于礼乐,君子也(11·1)

君子不忧不惧(12·4)

君子敬而无失,与人恭而有礼,四海之内,皆兄弟也。君子何患乎无兄弟也(12·5)

君子成人之美,不成人之恶。小人反是(12·16)

君子之德风,小人之德草,草上之风,必偃(12·19)

君子以文会友,以友辅仁(12·24)

君子名之必可言也,言之必可行也(13·3)

君子和而不同,小人同而不和(13·23)

君子易事而难说也。……小人难事而易说也(13·25)

君子泰而不骄,小人骄而不泰(13·26)

君子而不仁者有矣夫,未有小人而仁者也(14·6)

君子上达,小人下达(14·23)

君子思不出其位(14·26)

君子耻其言而过其行(14·27)

君子道者三,我无能焉:仁者不忧,知者不惑,勇者不惧(14·28)

君子固穷,小人穷斯滥矣(15·2)

君子哉蘧伯玉!邦有道则仕,邦无道则可卷而怀之(15·7)

君子义以为质,礼以行之,孙以出之,信以成之(15·18)

君子病无能焉,不病人之不己知也(15·19)

君子疾没世而名不称焉(15·20)

君子求诸己,小人求诸人(15·21)

君子矜而不争,群而不党(15·22)

君子不以言举人,不以人废言(15·23)

君子不可小知而可大受也,小人不可大受而可小知也(15·34)

君子贞而不谅(15·37)

君子疾夫舍曰欲之而必为之辞(16·1)

君子有三戒:少之时,血气未定,戒之在色;及其壮也,血气方刚,戒之在斗;及其老也,血气既衰,戒之在得(16·7)

君子有三畏:畏天命,畏大人,畏圣人之言。小人不知天命而不畏也,狎大人,侮圣人之言(16·8)

君子有九思:视思明,听思聪,色思温,貌思恭,言思忠,事思敬,疑思问,忿思难,见得思义(16·10)

君子学道则爱人,小人学道则易使也(17·4)

君子三年不为礼,礼必坏;三年不为乐,乐必崩(17·21)

君子义以为上。君子有勇而无义为乱,小人有勇而无义为盗(17·23)

"君子亦有恶乎?"子曰:"有恶:恶称人之恶者,恶居下流而讪上者,恶勇而无礼者,恶果敢而窒者。"(17·24)

唯女子与小人为难养也,近之则不孙,远之则怨(17·25)

君子不施其亲,不使大臣怨乎不以,故旧无大故,则不弃也;无求备于一人(18·10)

君子尊贤而容众,嘉善而矜不能(19·3)

虽小道,必有可观者焉,致远恐泥,是以君子不为也(19·4)

百工居肆以成其事,君子学以致其道(19·7)

小人之过也必文(19·8)

君子有三变:望之俨然,即之也温,听其言也厉(19·9)

君子信而后劳其民;未信,则以为厉己也(19·10)

君子之过也,如日月之食焉(19·21)

君子惠而不费,劳而不怨,欲而不贪,泰而不骄,威而不猛(20·2)

不知命,无以为君子也(20·3)

言与行

巧言令色,鲜矣仁(1·3,17·17)

与朋友交,言而有信(1·7)

敏于事而慎于言(1·14)

先行其言而后从之(2·13)

言寡尤,行寡悔,禄在其中矣(2·18)

古者言之不出,耻躬之不逮也(4·22)

君子欲讷于言而敏于行(4·24)

躬行君子,则吾未之有得(7·33)

人之将死,其言也善(8·4)

法语之言,能无从乎?改之为贵。巽与之言,能无说乎?绎之为贵(9·24)

其在宗庙朝廷,便便言,唯谨尔(10·1)

朝,与下大夫言,侃侃如也;与上大夫言,闇闇如也(10·2)

非礼勿言(12·1)

仁者,其言也讱(12·3)

名不正则言不顺(13·3)

故君子名之必可言也,言之必可行也(13·3)

行己有耻(13·20)

言必信,行必果,硁硁然小人哉(13·20)

邦有道,危言危行;邦无道,危行言孙(14·3)

有德者必有言,有言者不必有德(14·4)

夫子时然后言,人不厌其言(14·13)

其言之不怍,则为之也难(14·20)

君子耻其言而过其行(14·27)

言忠信,行笃敬(15·6)

群居终日,言不及义,好行小慧,难矣哉(15·17)

君子不以言举人,不以人废言(15·23)

巧言乱德。小不忍则乱大谋(15·27)

言未及之而言谓之躁,言及之而不言谓之隐,未见颜色而言谓之瞽(16·6)

畏圣人之言(16·8)

言思忠(16·10)

天何言哉(17·19)

君子之仕也,行其义也。道之不行,已知之矣(18·7)

君子一言以为知,一言以为不知,言不可不慎也(19·25)

不知言,无以知人也(20·3)

志

父在,观其志(1·11)

苟志于仁矣,无恶也(4·4)

士志于道,而耻恶衣恶食者,未足与议也(4·9)

见志不从(4·18)

盍各言尔志(5·26)

愿闻子之志(5·26)

志于道(7·6)

三军可夺帅也,匹夫不可夺志也(9·26)

志士仁人,无求生以害仁,有杀身以成仁(15·9)

不降其志,不辱其身(18·8)

降志辱身矣(18·8)

八画

性

夫子之言性与天道,不可得而闻也(5·13)

性相近也,习相远也(17·2)

直

举直错诸枉,则民服;举枉错诸直,则民不服(2·19)

人之生也直,罔之生也幸而免(6·19)

直而无礼则绞(8·2)

狂而不直,侗而不愿,悾悾而不信,吾不知之矣(8·16)

举直错诸枉,能使枉者直(12·22)

父为子隐,子为父隐,直在其中矣(13·18)

以直报怨,以德报德(14·34)

好直不好学,其蔽也绞(17·8)

古之愚也直,今之愚也诈而已矣(17·16)

贤

贤贤易色(1·7)

见贤思齐焉,见不贤而内自省也(4·17)

举贤才(13·2)

不逆诈,不亿不信,抑亦先觉者,是贤乎(14·31)

贤者辟世,其次辟地,其次辟色,其次辟言(14·37)

君子尊贤而容众(19·3)

贤者识其大者,不贤者识其小者(19·22)

忠

为人谋而不忠乎(1·4)

事君,能致其身(1·7)

主忠信(1·8,9·25,12·10)

孝慈,则忠(2·20)

事君尽礼,人以为谄也(3·18)

臣事君以忠(3·19)

夫子之道,忠恕而已矣(4·15)

忠矣……焉得仁(5·19)

君在,踧踖如也(10·2)

入公门,鞠躬如也,如不容(10·4)

君命召,不俟驾行矣(10·20)

居之无倦,行之以忠(12·14)

居处恭,执事敬,与人忠(13·19)

忠焉,能勿诲乎(14·7)

勿欺也,而犯之(14·22)

言忠信,行笃敬(15·6)

事君,敬其事而后其食(15·38)

士见危致命,见得思义,祭思敬,丧思哀,其可已矣(19·1)

知

告诸往而知来者(1·15)

五十而知天命(2·4)

温故而知新(2·11)

知之为知之(2·17)

观过,斯知仁矣(4·7)

闻一以知十(5·9)

知之者不如好之者(6·20)

中人以上,可以语上也;中人以下,不可以语上也(6·21)

我非生而知之者,好古,敏以求之者也(7·20)

盖有不知而作之者,我无是也。多闻,

择其善者而从之,多见而识之,知之次也(7·28)

民可使由之,不可使知之(8·9)

吾有知乎哉?无知也(9·8)

未知生,焉知死(11·12)

君子不可小知而可大受也(15·34)

小人不知天命而不畏也(16·8)

生而知之者,上也;学而知之者,次也(16·9)

不知命,无以为君子也;不知礼,无以立也;不知言,无以知人也(20·3)

学与思

学而时习之,不亦说乎(1·1)

行有余力,则以学文(1·6)

君子食无求饱,居无求安;敏于事而慎于言,就有道而正焉,可谓好学也已(1·14)

吾十有五而志于学(2·4)

吾与回言终日,不违,如愚。退而省其私,亦足以发,回也不愚(2·9)

学而不思则罔,思而不学则殆(2·15)

季文子三思而后行(5·20)

加我数年,五十以学《易》,可以无大过矣(7·17)

三人行,必有我师焉(7·22)

三年学,不至于谷,不易得也(8·12)

何必读书,然后为学(11·25)

樊迟请学稼。子曰:“吾不如老农。”(13·4)

古之学者为己,今之学者为人(14·24)

下学而上达。知我者其天乎(14·35)

女以予为多学而识之者与? ……非也,予一以贯之(15·3)

以思,无益,不如学也(15·31)

学也,禄在其中矣(15·32)

学而知之者,次也;困而学之,又其次也;困而不学,民斯为下矣(16·9)

不学《诗》,无以言。……不学礼,无以立(16·13)

君子学道则爱人,小人学道则易使也(17·4)

好仁不好学,其蔽也愚;好知不好学,其蔽也荡(17·8)

博学而笃志,切问而近思,仁在其中矣(19·6)

君子学以致其道(19·7)

学而优则仕(19·13)

卫公孙朝问于子贡曰:"仲尼焉学?"子贡曰:"文武之道,未坠于地,在人。"(19·22)

诗

《诗》三百,一言以蔽之,曰:"思无邪。"(2·2)

《关雎》乐而不淫,哀而不伤(3·20)

兴于《诗》,立于礼,成于乐(8·8)

吾自卫反鲁,然后乐正,《雅》《颂》各得其所(9·15)

诵《诗》三百,授之以政,不达;使于四方,不能专对;虽多,亦奚以为(13·5)

不学《诗》,无以言(16·13)

《诗》可以兴,可以观,可以群,可以怨(17·9)

人而不为《周南》《召南》,其犹正墙面而立也与(17·10)

九画

政

为政以德(2·1)

道之以政,齐之以刑,民免而无耻(2·3)

不在其位,不谋其政(8·14,14·26)

子贡问政。子曰:"足食,足兵,民信之矣。"(12·7)

齐景公问政于孔子。孔子对曰:"君君,臣臣,父父,子子。"(12·11)

子张问政。子曰:"居之无倦,行之以忠。"(12·14)

季康子问政于孔子。孔子对曰:"政者,正也。子帅以正,孰敢不正?"(12·17)

子为政,焉用杀(12·19)

子路问政。子曰:"先之劳之。"(13·1)

仲弓……问政。子曰:"先有司,赦小过,举贤才。"(13·2)

子路曰:"卫君待子而为政,子将奚先?"子曰:"必也正名乎!"(13·3)

其身正,不令而行;其身不正,虽令不从(13·6)

苟正其身矣,于从政乎何有? 不能正其身,如正人何(13·13)

如知为君之难也,不几乎一言而兴邦乎? ……如不善而莫之违也,不几乎一言而丧邦乎(13·15)

叶公问政。子曰:"近者说,远者来。"(13·16)

子夏……问政。子曰:"无欲速,无见小利。欲速,则不达;见小利,则大事不成。"(13·17)

无为而治者,其舜也与(15·5)

天下有道,则政不在大夫(16·2)

禄之去公室五世矣,政逮于大夫四世矣,故夫三桓之子孙微矣(16·3)

尊五美,屏四恶,斯可以从政矣(20·2)

信

与朋友交而不信乎(1·4)

敬事而信(1·5)

谨而信(1·6)

言而有信(1·7)

信近于义,言可复也(1·13)

人而无信,不知其可也(2·22)

老者安之,朋友信之,少者怀之(5·26)

述而不作,信而好古(7·1)

民无信不立(12·7)

上好信,则民莫敢不用情(13·4)

言必信,行必果,硁硁然小人哉(13·20)

信则人任焉(17·6,20·1)

好信不好学,其蔽也贼(17·8)

君子信而后劳其民(19·10)

信而后谏;未信,则以为谤己也(19·10)

勇

见义不为,无勇也(2·24)

勇而无礼则乱(8·2)

好勇疾贫,乱也(8·10)

三军可夺帅也,匹夫不可夺志也(9·26)

勇者不惧(9·29,14·28)

仁者必有勇,勇者不必有仁(14·4)

好勇不好学,其蔽也乱(17·8)

君子有勇而无义为乱(17·23)

恶不孙以为勇者(17·24)

十画

恭

夫子温、良、恭、俭、让以得之(1·10)

恭近于礼,远耻辱也(1·13)

其行己也恭(5·16)

巧言、令色、足恭(5·25)

子温而厉,威而不猛,恭而安(7·38)

恭而无礼则劳(8·2)

居处恭(13·19)

恭己正南面而已矣(15·5)

貌思恭(16·10)

恭、宽、信、敏、惠(17·6)

恭则不侮(17·6)

鬼神

非其鬼而祭之,谄也(2·24)

祭神如神在(3·12)

敬鬼神而远之(6·22)

子不语怪、力、乱、神(7·21)

子疾病,子路请祷……子曰:"丘之祷
　久矣。"(7·35)

禹,吾无间然矣! 菲饮食而致孝乎鬼
　神(8·21)

未能事人,焉能事鬼(11·12)

恕

夫子之道,忠恕而已矣(4·15)

我不欲人之加诸我也,吾亦欲无加诸
　人(5·12)

不念旧恶,怨是用希(5·23)

己欲立而立人,己欲达而达人(6·30)

犯而不校(8·5)

己所不欲,勿施于人(12·2,15·24)

躬自厚而薄责于人(15·15)

宽

居上不宽,为礼不敬,临丧不哀,吾何
　以观之哉(3·26)

宽则得众(17·6,20·1)

十一画

教与诲

由,诲女,知之乎(2·17)

举善而教不能,则劝(2·20)

学而不厌,诲人不倦(7·2)

自行束脩以上,吾未尝无诲焉(7·7)

不愤不启,不悱不发(7·8)

子以四教:文、行、忠、信(7·25)

抑为之不厌,诲人不倦,则可谓云尔已矣(7·34)

"既富矣,又何加焉?"曰:"教之。"(13·9)

善人教民七年,亦可以即戎矣(13·29)

以不教民战,是谓弃之(13·30)

忠焉,能勿诲乎(14·7)

有教无类(15·39)

不教而杀谓之虐(20·2)

十二画

惠

君子怀刑,小人怀惠(4·11)

其养民也惠(5·16)

惠则足以使人(17·6)

君子惠而不费(20·2)

敬

道千乘之国,敬事而信(1·5)

今之孝者,是谓能养。至于犬马,皆能有养。不敬,何以别乎(2·7)

临之以庄,则敬(2·20)

其事上也敬(5·16)

晏平仲善与人交,久而敬之(5·17)

居敬而行简,以临其民,不亦可乎(6·2)

君子敬而无失,与人恭而有礼(12·5)

上好礼,则民莫敢不敬(13·4)

居处恭,执事敬,与人忠(13·19)

修己以敬(14·42)

知及之,仁能守之,不庄以莅之,则民不敬(15·33)

事君,敬其事而后其食(15·38)

事思敬(16·10)

祭思敬(19·1)

智(知)

知者利仁(4·2)

知者乐水,仁者乐山。知者动,仁者静。知者乐,仁者寿(6·23)

知者不惑,仁者不忧,勇者不惧(9·29)

仁者不忧,知者不惑,勇者不惧(14·28)

樊迟……问知。子曰:"知人。"(12·22)

知者不失人,亦不失言(15·8)

唯上知与下愚不移(17·3)

好知不好学,其蔽也荡(17·8)

道

君子务本,本立而道生(1·2)

三年无改于父之道,可谓孝矣(1·11,4·20)

礼之用,和为贵。先王之道,斯为美(1·12)

天下之无道也久矣,天将以夫子为木铎(3·24)

朝闻道,夕死可矣(4·8)

士志于道,而耻恶衣恶食者,未足与议也(4·9)

参乎!吾道一以贯之(4·15)

夫子之道,忠恕而已矣(4·15)

子谓南容:"邦有道,不废;邦无道,免于刑戮。"(5·2)

道不行,乘桴浮于海(5·7)

邦有道,则知;邦无道,则愚。其知可及也,其愚不可及也(5·21)

齐一变,至于鲁,鲁一变,至于道(6·24)

志于道,据于德,依于仁,游于艺(7·6)

笃信好学,守死善道。危邦不入,乱邦不居。天下有道则见,无道则隐。邦有道,贫且贱焉,耻也;邦无道,富且贵焉,耻也(8·13)

可与共学,未可与适道;可与适道,未可与立;可与立,未可与权(9·30)

道之将行也与,命也;道之将废也与,

命也(14·36)

人能弘道,非道弘人(15·29)

君子谋道不谋食。耕也,馁在其中矣;
　学也,禄在其中矣。君子忧道不忧
　贫(15·32)

道不同,不相为谋(15·40)

天下有道,则礼乐征伐自天子出(16·2)

隐居以求其志,行义以达其道(16·11)

君子学道则爱人,小人学道则易使
　也(17·4)

百工居肆以成其事,君子学以致其
　道(19·7)

上失其道,民散久矣。如得其情,则哀
　矜而勿喜(19·19)

十五画

德

慎终,追远,民德归厚矣(1·9)

为政以德,譬如北辰,居其所而众星拱
　之(2·1)

道之以德,齐之以礼,有耻且格(2·3)

君子怀德,小人怀土(4·11)

德不孤,必有邻(4·25)

天生德于予,桓魋其如予何(7·23)

泰伯,其可谓至德也已矣(8·1)

如有周公之才之美,使骄且吝,其余不
　足观也已(8·11)

吾未见好德如好色者也(9·18,15·13)

主忠信,徙义,崇德也(12·10)

君子之德风,小人之德草,草上之风,
　必偃(12·19)

先事后得,非崇德与(12·21)

有德者必有言,有言者不必有德(14·4)

骥不称其力,称其德也(14·33)

以直报怨,以德报德(14·34)

巧言乱德(15·27)

故远人不服,则修文德以来之(16·1)

乡原,德之贼也(17·13)

道听而涂说,德之弃也(17·14)

大德不逾闲,小德出入可也(19·11)

附录二 《论语》主要人名索引(首字前有＊者是孔子的弟子)

目录

二画(202 页)　卜

三画(202 页)　三、子、卫

四画(203 页)　王、比、公、长、卞、文、孔

五画(203 页)　左、世、叶、史、冉、申、召、宁、司

六画(203 页)　老、有、达、尧、师、夷、朱、仲、伊、纣、齐、汤

七画(204 页)　巫、吴、伯、佛、牢、宋、闵、言、阳

八画(204 页)　武、林、周、叔、季、陈、孟

九画(204 页)　南、柳、禹、羿

十画(204 页)　原、晋、泰、桓、晏、殷、皋、宰、祝、高

十一画(204 页)　荷、晨、崔、桀

十二画(204 页)　棘、臧、曾、鲁

十三画(205 页)　楚、虞、舜、微、阙

十四画(205 页)　樊、箕、管、僎、裨、澹、端

十五画(205 页)　稷、颛、颜

十九画(205 页)　蘧

正文

二画

＊卜商(见子夏)

三画

三桓(三子、三家):3·2,14·21,16·3

子文:5·19

＊子华(见公西华)

子羽:14·8

子西:14·9

子产:5·16,14·8,14·9

＊子贡(端木赐):1·10,1·15,2·13,
　3·17,5·4,5·9,5·12,5·13,5·15,
　6·8,6·30,7·15,9·6,9·13,11·3,

11·13,11·16,11·19,12·7,12·8,
12·23,13·20,13·24,14·17,14·28,
14·29,14·35,15·3,15·10,15·24,
17·19,17·24,19·20,19·21,19·22,
19·23,19·24,19·25

＊子张(颛孙师):2·18,2·23,5·19,
11·16,11·18,11·20,12·6,12·10,
12·14,12·20,14·40,15·6,15·42,
17·6,19·1,19·2,19·3,19·15,
19·16,20·2

＊子羔(高柴):11·18,11·25

＊子夏(卜商):1·7,2·8,3·8,6·13,

11·3,11·16,12·5,12·22,13·17,
19·3,19·4,19·6,19·7,19·8,19·9,
19·10,19·11,19·12,19·13

*子路(季路、仲由):2·17,5·7,5·8,
5·14,5·26,6·8,6·28,7·11,7·19,
7·35,9·12,9·27,10·27,11·3,
11·12,11·13,11·15,11·22,11·24,
11·25,11·26,12·12,13·1,13·3,
13·28,14·12,14·16,14·22,14·36,
14·38,14·42,15·2,16·1,17·5,
17·7,17·23,18·6,18·7

*子游(言偃):2·7,4·26,6·14,11·3,
17·4,19·12,19·14,19·15

*子贱:5·3

子服景伯:14·36,19·23

子桑伯子:6·2

*子禽(陈子禽、陈亢):1·10,16·13,19·25

卫灵公:14·19,15·1

卫公子荆:13·8

卫公孙朝:19·22

四画

王孙贾:3·13,14·19

比干:18·1

*公西华(公孙赤):5·8,6·4,7·34,
11·22,11·26

公叔文子:14·13,14·18

公子纠:14·16,14·17

公伯寮:14·36

公明贾:14·13

*公冶长:5·1

公山弗扰:17·5

长沮:18·6

卞庄子:14·12

文王:9·5,19·22

孔文子(仲叔圉):5·15,14·19

五画

左丘明:5·25

世叔:14·8

叶公:7·19,13·16,13·18

史鱼:15·7

*冉有(冉求、冉子):3·6,5·8,6·4,6·8,
6·12,7·15,11·3,11·13,11·17,
11·22,11·24,11·26,13·9,13·14,
14·12,16·1

*冉雍(仲弓):5·5,6·1,6·2,6·6,11·3,
12·2,13·2

*冉伯牛:6·10,11·3

*申枨:5·11

召忽:14·16

宁武子:5·21

*司马牛:12·3,12·4,12·5

六画

老彭:7·1

*有子(有若):1·2,1·12,1·13,12·9

达巷党人:9·2

尧:6·30,8·19,14·42,20·1

师冕:15·42

师挚:8·15,18·9

夷逸:18·8

朱张:18·8

*仲弓(见冉雍)

仲叔圉(见孔文子)

*仲由(见子路)

伊尹:12·22

纣:19·20

齐桓公:14·15,14·16,14·17

齐景公:12·11,16·12,18·3

齐简公:14·21

汤(履):12·22,20·1

七画

*巫马期:7·31

吴孟子:7·31

伯夷:5·23,7·15,16·12,18·8

伯鱼(孔鲤):11·8,16·13,17·10

佛肸:17·7

牢:9·7

宋朝:6·16

*闵子骞(闵子):6·9,11·3,11·5,11·13,
　11·14

*言偃(见子游)

阳货:17·1

阳肤:19·19

八画

武王:8·20,19·22

林放:3·4,3·6

周公:7·5,8·11,11·17,18·10

周任:16·1

叔孙武叔:19·23,19·24

叔齐:5·23,7·15,16·12,18·8

季文子:5·20

季氏(季孙):3·1,3·6,6·9,11·17,
　13·2,14·36,16·1,18·3

季桓子:18·4

季康子(康子):2·20,6·8,10·16,11·
　7,12·17,12·18,12·19,14·19

季子然:11·24

*季路(见子路)

*陈亢(见子禽)

*陈子禽(见子禽)

陈司败:7·31

陈成子:14·21

陈文子:5·19

孟氏:18·3,19·19

孟庄子:19·18

孟懿子:2·5

孟武伯:2·6,5·8

孟敬子:8·4

孟公绰(公绰):14·11,14·12

孟之反:6·15

九画

南子:6·28

*南容(南宫适):5·2,11·6,14·5

柳下惠:15·14,18·2,18·8

禹:8·18,8·21,14·5,20·1

羿:14·5

十画

*原宪(原思):6·5,14·1

原壤:14·43

晋文公:14·15

泰伯:8·1

桓魋:7·23

晏平仲:5·17

殷高宗:14·40

皋陶:12·22

*宰我(宰予):3·21,5·10,6·26,11·3,17·21

祝鮀:6·16,14·19

*高柴(见子羔)

十一画

荷蒉者:14·39

荷蓧丈人:18·7

晨门:14·38

崔子:5·19

桀溺:18·6

十二画

棘子成:12·8

臧文仲:5·18,15·14

臧武仲:14·12,14·14

*曾子(参):1·4,1·9,4·15,8·3,8·4,
　8·5,8·6,8·7,11·18,12·24,14·26,
　19·16,19·17,19·18,19·19

*曾皙(点):11·26

鲁公:18·10

鲁昭公:7·31

鲁定公:13·15

鲁哀公:2·19,3·21,6·3,12·9,14·21

鲁大师:3·23

十三画

楚狂接舆:18·5

虞仲:18·8

舜:6·30,8·18,8·20,12·22,14·42,15·5,
　20·1

微子:18·1

微生高:5·24

微生亩:14·32

阙党童子:14·44

十四画

*樊迟:2·5,6·22,12·21,13·4,13·19

箕子:18·1

管仲(管氏):3·22,14·9,14·16,14·17

僎:14·18

裨谌:14·8

*澹台灭明:6·14

*端木赐(见子贡)

十五画

稷:14·5

*颛孙师(见子张)

*颜路:11·8

*颜渊(颜回):2·9,5·9,5·26,6·3,6·7,
　6·11,7·11,8·5,9·11,9·20,9·21,
　11·3,11·4,11·7,11·8,11·9,
　11·10,11·11,11·19,11·23,12·1,
　15·11

十九画

蘧伯玉:14·25,15·7

《论语》参考资料一

王若虚《论语辨惑序》（《滹南辨惑》卷三，上海大东书局 1933 年）："解《论语》者，不知其几家，义略备矣。然旧说多失之不及，而新说每伤于太过。夫圣人之意，或不尽于言，亦不外乎言也。不尽于言，而执其言以求之，宜其失之不及也。不外乎言，而离其言以求之，宜其伤于太过也。盍亦揆以人情而约之中道乎？尝谓宋儒之议论，不为无功；而亦不能无罪焉。彼其推明心术之微，剖析义利之辨，而斟酌时中之权，委曲疏通，多先儒之所未到，斯固有功矣。至于消息过深，揄扬过侈，以为句句必涵养气象，而事事皆关造化，将以尊圣人，而不免反累；名为排异端，而实流于其中，亦岂为无罪也哉？至于谢显道、张子韶之徒，迂谈浮夸，往往令人发笑。噫，其甚矣！永嘉叶氏曰：'今世学者以性为不可不言，命为不可不知，凡《六经》孔子之书，无不牵合其论而上下其词，精深微妙，茫然不可测识；而圣贤之实，犹未著也。昔人之浅，不求之于心也；今世之妙，不止之于心也。不求于心，不止于心，皆非所以至圣贤者。'可谓切中其病矣。晦庵删取众说，最为简当，然尚有不安及未尽者。窃不自揆，尝以所见正其失而补其遗，凡若干章。非敢以传世也，姑为吾家童蒙之训云。"

《总论》："解《论语》者有三过焉：过于深也，过于高也，过于厚也。圣人之言，亦人情而已。是以明白而易知，中庸而可久。学者求之太过，则其论虽美，而要为失其实，亦何贵乎此哉？夫子之言性与天道，子贡自谓其不得闻；而宋儒皆以为实闻之。问死，问鬼神，夫子不以告子路；而宋儒皆以为实告之。《乡党》所载，乃圣人言动之常，无意义者多矣；而或谓其与《春秋》相表里。终篇唐舜禹汤之事寂寥残缺，殆有阙文，不当强解；而或谓圣学所传，所以著明二十篇之大旨。若是之类，皆过于深者也。圣人虽无名利之心，然常就名利以诱人，使之由人欲而识天理，故虽中下之人皆可企而及；兹其所以为教之周也。如曰'不患莫己知，求为可知也'。此正就名而使之求实耳。而谢显道曰：'是犹有求知之意，非圣人之至论。'子张学干禄，夫子为言得禄之道；此正就利而使之思义耳。而张九成曰：'圣人之门，无为人谋求利之说，禄之为义，自足而已。'宁武子邦无道则愚，夫子以为不可及，杨龟山曰：'有知愚之名，则非行其所无事；言不可及，则过乎中道矣。'蘧伯玉邦无道则卷而怀之，夫子以为君子。而张南轩曰：'此犹有卷怀之意，未及乎潜龙之隐见，果圣人之旨乎？'若是之类，皆过于高者也。凡人有好则有恶，有喜则有怒，有誉则有毁，圣人亦何以异哉？而学者一以春风和气期之，凡忿疾讥斥之辞，必周遮护讳而为之说。子曰：'十室之邑，必有忠信如丘者焉，不如丘之好学也。'此盖笃实教人，欲其知所勉耳。而卫瓘以焉字属下句，意谓圣人不敢以不学待天下也,此正缪戾,而世或喜之。子曰:'四十五十而无闻焉,斯亦不足畏也已。''年四十而见恶焉,其终也已。'人固有晚而改节者,然概观之,亦可见其终身矣。而苏东坡皆疑其有为而言。子贡问当时从政者,夫子比之斗筲而不数。盖师弟之间商评之语,何害于德。而张九成极论以为自称之辞。至于杖叩原壤呼之为贼,此其鄙弃,无复可疑。而范纯夫犹有因其才而教诲之,若是之类皆过于厚者也。知此三者,而圣人之实著矣。"

白安石曰(摘自方以智《通雅·读书类略提语》):"朱子教人半日静坐,半日读书,有错行之用焉。鬼神通之,精神之极也,有翕关之几焉。圣人表中正以与万世化,诸子各出一奇以与天下争。达士遣放,自怡耳。才士标新,博趣耳。策讽必中隐情之利害,琦辨必用惠秉之颠倒。读书知言,主仆明矣。读圣作,当虚心以从经;览百氏,当化书以从我。察其两端,用中道行;中备四时,随其环应。惠秉者,惠施公孙龙也。"

崔东壁曰(《洙泗考信录》卷三,页60):"按《论语》,孔子之言,皆平实切于日用而无亿(臆)中之事。"

崔东壁曰(同上,卷四,页17—18):"余按鲁《论语》中所记之君大夫,如哀公、康子、敬子、景伯之属皆以谥举。曾子、有子皆以子称。且记曾子疾革之言。则是孔子既没数十年后,七十子之门人追记其师之所述以成篇,而后儒辑之以成书者。非孔子之门人弟子之所记而辑焉者也。然其义理精纯,文体简质,较之《戴记》,独为得真。盖皆笃实之儒,谨识师言,而不敢大有增损益于其间也。唯其后之五篇多可疑者。《季氏》篇文多排偶,全与他篇不伦。而颛臾一章,至与经传抵牾。《微子》篇杂记古今逸事,有与圣门绝无涉者。而楚狂三章,语意乃类庄周,皆不似孔氏遗书。且孔子者对君大夫之称,自言与门人言,则但称子。此《论语》体例也。而《季氏》篇章首皆称孔子,《微子》篇亦往往称孔子,尤其显然而可见者。《阳货》篇纯驳互见,文亦错出不均。问仁、六言、三疾等章,文体略与《季氏》篇同。而武城、佛肸二章,于孔子前称夫子,乃战国之言,非春秋时语。盖杂辑成之者,非一人之笔也。《子张》篇记门弟子之言,较前后篇文体独为少粹,惟称孔子为仲尼,亦与他篇小异。至《尧曰》篇,古《论语》本两篇,篇或一章或二章,其文尤不类。皆断简无所属,附之于书末者,鲁《论语》以其少故合之。而不学者遂附会之,以为终篇历数尧舜禹汤武王之事,而以孔子继之,谬矣。窃意此五篇者,皆后人之所续入,如《春秋》之有续经者然;如《孟子》之有外篇者然;如以《考工记》补《周官》者然。其中义理事实之可疑者,盖亦有之,今不能以遍举。学者所当精择而详考也。其前十五篇中,唯《雍也》篇南子章事理可疑;《先进》篇侍坐章文体少异,语意亦类庄周;而皆称夫子不称子,亦与《阳货》篇同。至《乡党》篇之色斯举章,则残缺无首尾,而语意亦不伦;皆与

《季氏》篇之末三章，《微子》篇之末二章相似，似后人所续入者。盖当其初，篇皆别行，传其书者，续有所得，辄附之于篇末，以致醇疵不等，文体互异。惜乎后世未有好学深思之士，为之分别而厘正之也。"

　　崔东壁曰(同上，卷三，页9)："《世家》载沮、溺、丈人之事于自叶反蔡之时，而载接舆事于楚。余按：此三章其文皆似《庄子》，与《论语》他篇之言不伦。以晨门、荷蒉两章较之可见。而此篇(《微子》)杂记古人言行，亦不似出于孔氏门人之手者。后两章(沮、溺、丈人)末虽载孔子、子路之言，然于圣人忧世之深心，无所发明，而分行义与行道为二，于理亦似未安。莘野、南阳岂得概谓之乱伦乎？恐系后人之所伪托，姑存之以俟有识者决之。"

《论语》参考资料二

杨守敬曰:按柳宗元《论语辨》曰:诸儒习以《论语》为孔子弟子所记,不然也。孔子弟子曾参最少,又老且死(柳文作"老而死"),而是书记其将死之言,则去孔子之时甚远。而当时弟子略无存者矣。余则谓非特不成于诸弟子,直以为出于思、孟之后。按《中庸》之作,世属子思,而《中庸》引孔子之言二十一,惟中庸之为德也一章见于《论语》。夫子思虽亲炙杏坛,其年齿自应后于诸子。若使诸子纂录遗经,子思不容不见。《孟子》书中引孔子语者二十九,惟里仁为美章与《论语》同。若大哉尧之为君。万章曰、孔子在陈、恶似而非者、乡愿德之贼、学不厌而教不倦、君薨听于冢宰、求也为季氏宰等章,皆与《论语》小异。其余俱不见于《论语》。引诸弟子者十有二,而生事之以礼云云(见《论语》2·5章),在《论语》为夫子告樊迟之言,孟轲以为曾子。若使子舆亲见《论语》,何舛误若斯。况孔子之作《春秋》也,事关王迹,垂范千载。故曰、与其托之空言,不如见之行事之深切著明。然则述圣人之言行者,孰大于斯。而窃取之义,知我罪我之辞,若非孟子,竟从阙如。语其疏漏,可胜道哉。盖圣人既没,其遗言遗行,虽未著于竹帛,而七十弟子之徒,传闻不绝,迨数传之后,各尊所闻,遂有参差,亦其势使然,于是有私淑吾党者,惧圣言之永绝,相与搜集此书。其中大义微言,争光日月,必非后人所能假托。但自孟子而后,去圣愈远,其智皆不足以知圣人,采之者既非一家,定之者又少抉择,转经丧乱,此脱彼复。故鲁人所传谓之《鲁论》,齐人所传谓之《齐论》,壁中所得谓之《古论》。篇第既异,章句复殊,而谓毫无依附,得乎?程子曰:"《论语》,曾子、有子弟子所撰。所以知者,惟二子名(按:当是不名)。"此说本之柳子厚,其实亦非也。按叶氏《爱日斋丛钞》曰:鹤山魏氏记常熟县学有曰:柳宗元谓曾子、有子不字,遂谓是书出于曾、有之门,盖以字轻而子重也。及考诸孔门之训,则字为至贵。盖字与子,皆得兼称。如门人之于孔子,进而称子不敢氏,退而称仲尼不言子。其次或既子且字,如闵子骞等,不一二人。若渊、弓至游、夏,字而不得子也。有子、曾子,子而不得字也。就二者而论,则字为尊。盖子虽有师道之称,然系于氏者,不过男子之美称耳。如《孝经》字仲尼而子曾子,《礼运》字仲尼而名言偃,至于游、夏之门人,皆字其师。子思字其祖。孟子字其师之祖。相传至今,人之字仲尼者,无敢以为疑也。愚谓称子称字,在古人似无甚轻重,如《中庸》既称子曰又称仲尼曰。《孟子》既称孔子曰又称仲尼曰,此岂有例可说乎? ——竹添光鸿《论语会笺》

陈澧《东塾读书记》:"《论语》二十篇,以学而时习之五字为首。赵邠卿云,圣人之道学而时习(孟子章旨),得其意矣。陆氏释文云,以学为首者,明人必须学也,亦至精之语。学者何,读书也。朱子云:昔子路曰,有民人焉,有社稷焉,何必读书,然后为学。而夫子恶之(见《论语》11·25 章)。然则仕本于学,而学必读书,固孔门之遗法也。"(尽心堂记)《论语》言仁者五十八章。《论语》言礼者凡四十余章(与所辑有异)。

《季氏》篇第十六注⑬附证《晋书·卷五十六·江统传·徙戎论》(末段)"夫为邦者,患不在贫而在不均,忧不在寡而在不安"。当从本章孔子之言。

可以推测"寡""贫"二字应互移。下文"盖均无贫和无寡"固源上文而来。前注窃加提出,今得此文,可证所拟。

《论语·里仁》4·15 子曰:"参乎! 吾道一以贯之。"宋儒好讲一贯,惟朱子之说平实。《语类》云,尝譬之一,便如一条索,那贯的事物,便如许多散钱。须是积得这许多散钱了,欲将那一条索来串穿,这便是一贯。顾亭林说,予一以贯之云,三百之诗至泛也,而曰一言以蔽之,曰思无邪(《日知录》卷七)。此说最明白。《诗》三百者,多学也,博也。一言以蔽之者,一贯也,约也。思无邪者,忠恕也,礼也。

德行、言语、政事、文学,皆圣人之学也,惟圣人能兼备之。诸贤则各为一科,所谓学焉而得其性之所近也。惟诸贤各为一科,故合之圣人之学乃全。后世或讲道学,或擅辞章,或优干济,或通经史,即四科之学也。

圣门重诗教,子夏言诗,固为文学之科。然思无邪,则德行之事也。达于政而能言,则政事言语之材也。是诗教兼四科也。然此非易事,但能无失小子之业,而免于面墙之诮,斯可矣。故欲兴经学,宜以《诗》为先也。

朱注云,仁者爱之理,心之德也。此乃朱注之大义也。仁者,爱之理者,谓仁非必指爱之事。若论事,则颜子闭户,安能与禹稷同道乎? 心之德者,谓心之德主乎仁,犹目之德明,耳之德聪也(说见《语类》卷六)。此二语明白无疑义也。然《论语》言仁者五十八章。有不可以爱解之者,且有不可以心德解之者。如子张未仁,难与并为仁(见《论语》19·15,19·16 章),不可解为子张未有心德,且不可解为子张难与相爱也。若欲解五十八章之仁字皆密合,求之圣门之书之言仁者,惟《中庸》云"肫肫其仁"(郑注云:肫肫,恳诚貌。朱注云:恳至貌)。此语最善形容仁字。可据以增成爱之理,心之德之说。爱是肫恳,心德亦是肫恳。子张尊贤容众,嘉善而矜不能,是能相爱也,但未肫恳耳(朱注云:子张少诚实恻怛之意,诚实恻怛即肫恳也)。"回也,其心三月不违仁,其余则日月至焉"(见《论语》6·7 章),颜子常有肫恳之心,其余则不能常肫恳也,"雍也仁而不佞"(见《论语》6·7 章),仲弓肫恳而不佞也。凡《论语》仁字,以爱解之,以心德解之,而稍觉未密合者,以肫恳之意增成之,则无不合者矣。

《论语》言礼者,凡四十余章。自视听言动,与凡事亲、教子、事君、使臣、使民、为国，莫不以礼。其所以为礼者，曰敬，曰让，曰约，曰节之，曰文之。其本在俭，其用在和，而先之以仁之守，义之质，学之博。先进后进不同，则从先进。礼虽废而犹爱之。夏殷礼不足征，而犹能言之（见《论语》3·9章）。射不主皮之语（见《论语》3·16章），则述《仪礼》之文也。《乡党》一篇，则皆《礼记》之类也。《论语》之言礼，至博至精，探索之而靡尽也。

《东塾读书记》子夏曰：日知其所亡，月无忘其所能（见《论语》19·5章）。读之似甚浅近。然二者实学问之定法也。于稽其类，则知新者知也，温故者无忘也。知及之者知也，仁能守之者无忘也。择善者知也，固执者无忘也。深造者知也，自得之者无忘也。知斯二者知也，弗去者无忘也。平旦之气者知也，操则存者无忘也。四书之理皆如此。顾亭林著书名《日知录》，甚有意。

伊川语录云：伯温问学者，如何可以有所得。曰，将《论语》诸弟子问处，便作己问。将圣人答处，便作今日耳闻，自然有得。孔孟复生，不过以此教人。——《二程遗书》卷二十二

朱子云：昔有人见龟山先生请教，先生令读《论语》。其人复问，《论语》中要切是何语。先生曰，皆要切，且熟读可也。此语甚有味（《答江隐君书》）。又云：以《论语》为先，一日只看一二段，莫问精粗难易，但只须从头看将去。读而未晓则思，思而未晓则读，反复玩味，久之必自有得矣。近年与朋友商量，亦多以此告之，然未见有看得彻尾者。人情喜新厌常乃如此，甚可叹（《答王钦之书》）。又云：《大学》，诸生看者，多无入处，不如看《论语》者，渐见次第（《答黄直卿书》）。又云：《语录》散漫亦难看，卒无入头处，不如且就《论语》做功夫（《答魏元履书》）。

马一浮先师曰：《论语》有三大问目：一问仁，一问政，一问孝。凡答问仁者，皆《诗》教义也；答问政者，皆《书》教义也；答问孝者，皆《礼》《乐》义也。故曰：子所雅言，《诗》《书》、执礼，皆雅言也（《论语》7·18章）。兴于《诗》，立于礼，成于乐（《论语》8·8章），言执礼不及乐者，礼主于行，重在执守，行而乐之即乐，以礼统乐也。言兴《诗》不及《书》者，《书》以道事，即指政事，《诗》通于政，以《诗》统《书》也。《易》为礼乐之原，言礼乐则《易》在其中。故曰："明则有礼乐，幽则有鬼神也。"《春秋》为《诗》《书》之用，言《诗》《书》，则《春秋》在其中，故曰"《诗》亡然后《春秋》作"也。——《复性书院讲录·论语大义一》（山东人民出版社1998年，55—56页）